RECOMENDACIONES DE LA FAMILIA

«Recomiendo mucho que usted lea este libro, cuyo mensaje fortalece en nuestros corazones el estilo de vida que los hijos de Dios son llamados a tener: somos llamados para ser santos, así como es nuestro Padre. (1 P 15-16). También quiero recomendar al escritor, mi esposo amado Luciano. Él es una inspiración para mí en su compromiso y vida con Dios. La manera como basa sus decisiones sobre los fundamentos de la Palabra, en todos estos años que he vivido a su lado, me enseña sobre el temor y el amor. De forma práctica, su vida revela que la decisión de un vivir santo no siempre será fácil, pero que no hay alegría mayor que poder presentarse al Señor como un obrero aprobado (2 Ti 2:15). Muchas veces escuché a mi marido hablar de su gran anhelo, el día en que escuchará: "¡Muy bien, siervo bueno y fiel; entra en el gozo de tu Señor!". Ese anhelo nos ha contagiado como familia y creo que lo contagiará a usted en esta lectura».

—Kelly Subirá (esposa)

«He vivido en la casa de este hombre por casi dos décadas. Soy testigo de que él decidió caminar en santidad y agradarle al Señor. En todos estos años, nunca lo vi elegir el camino más fácil o intentar tomar atajos. Lo que vi fue una estricta preocupación por moverse de manera íntegra, que agrade al Señor. Mi padre tiene autoridad para enseñar lo que está enseñando. Este libro aborda la santidad de una forma completa, de manera profunda y esclarecedora, por más que se comunique con simplicidad. La Santidad es totalmente necesaria en la jornada con Dios. No me acuerdo de haber leído otro material que fuera tan edificante. No es exagerado decir que este libro será un punto de referencia en su vida».

—Israel Subirá (hijo)

«Es con mucho honor y alegría en el corazón que recomiendo este libro primordial. Pocos hombres en el mundo tienen tanta autoridad para enseñar sobre santidad como Luciano Subirá. Además de ser un escritor extremadamente admirable, él acarrea un bagaje distinguido sobre el tema, que es importantísimo para todo el cuerpo de Cristo y para el crecimiento de Su reino. Que este libro nos llene los corazones con el mismo temor y celo por la santidad que se encuentra en Cristo Jesús».

—Priscila Huber Subirá (nuera)

«Una de las características que más admiro en mi padre es su compromiso con la Biblia. Al aconsejar o exhortar, él siempre muestra lo que la palabra de Dios, en su totalidad, establece con respecto a cada asunto. Los versículos citados por él en situaciones cotidianas son claramente mucho más que "frases memorizadas". Son verdades que guían cada una de sus actitudes como individuo, como sacerdote de nuestra casa y como pastor. Respeto lo que él predica, porque conozco lo que él vive. Sé que, por detrás de este libro, existe un propósito: que usted pueda disfrutar de las bendiciones que una conducta de santidad provoca. Su relación con Jesús y con las personas será revolucionado por la obediencia a la palabra de Dios y, por consecuencia, habrá frutos en todas las áreas de su vida. El adjetivo usado para describir a la iglesia de los últimos tiempos es "santa". ¿Cómo podríamos tratar con indiferencia un asunto tan relevante a los ojos de Dios? ¡Estoy llena de expectativas por lo que usted vivirá con la lectura de cada capítulo!».

—Lissa Subirá (hija)

LUCIANO SUBIRÁ

PRÓLOGO POR JOHN BEVERE

EL IMPACTO DE LA SANTIDAD

COMPROMISO PROFUNDO,
RESULTADOS EXTRAORDINARIOS

PATMOS

El impacto de la santidad: Compromiso profundo, resultados extraordinarios

Publicado por Editorial Patmos,
Miramar, FL 33025

Publicado originalmente en portugués por Editora Orvalho, Curitiba, PR, Brasil, con el título *O impacto da santidade: Compromisso profundo, resultados extraordinários* © 2018 Luciano Subirá.

Diseño de portada e interior por Adrián Romano.
Revisado por Regina Romano.

ISBN: 978-1-64691-349-7

Categoría: Vida cristiana.

Impreso en Colombia | *Printed in Colombia*

CONTENIDO

Dedico este mensaje a mis amados hijos, Israel y Lissa Subirá.
Que ustedes, junto con sus familias, perpetúen el legado
que les transmití por precepto y ejemplo. No solo dentro
de nuestro linaje, sino también a todos los que ustedes,
en su generación, servirán.

PRÓLOGO

¡Santidad! Es una palabra que ni siquiera podemos mencionarla en muchas iglesias hoy en día. No porque sea profana, inapropiada u ofensiva. A menudo es rechazada porque muchos la asocian con el legalismo y el merecimiento de la salvación por medio de las buenas obras. Cuando es mencionada, usted puede observar como algunas personas retroceden rápidamente o se desconectan. Sin embargo, el concepto de Santidad en el Nuevo Testamento no tiene nada que ver con estas suposiciones. Aunque muy mal entendido, se refiere a un estilo de vida magnífico y deseable.

La Biblia desafía nuestros errores con esta increíble revelación: Sin santidad nadie verá al Señor. ¡Esa afirmación merece nuestra total atención! Solamente los que andan en santidad pueden probar Su presencia. Conocer y probar Su presencia, debería ser el mayor anhelo de todo hijo de Dios. Por lo tanto, la santidad nos orienta a conocerlo verdaderamente, por experiencia, no solo en la teoría. Con ese entendimiento, es la hora de redefinir la santidad.

Estoy muy agradecido con mi querido amigo, Luciano Subirá, por haber escrito *El impacto de la santidad*, porque este mensaje de santidad es la esencia, el meollo del cristianismo. A medida que abrazamos y vivimos la santidad, presenciamos cómo la Novia de Cristo surge en belleza y poder.

A lo largo del libro, el autor explora los fundamentos de la santidad y como ella funciona en cada aspecto de nuestra vida, con la influencia de la gracia de Dios, su presencia capacitadora, que nos habilita a vivir extraordinariamente. Él también señala los peligros de una vida y de un ministerio destituidos de la santidad, y señala como salvarnos de nosotros mismos.

Finalmente, la santidad tiene que ver con buscar lo que le agrada a Dios, con el objetivo de poder crecer en amistad con Él. ¿Por qué se conformaría con cualquier cosa? Cuando usted termine de leer este libro, no se encogerá mas delante de la palabra santidad. ¡En cambio, su corazón arderá con una gran devoción reavivada por Jesús!

Atentamente,

—John Bevere,
Ministro y autor de varios *best-sellers*.
Cofundador de *Messenger International*.

INTRODUCCIÓN

«No es posible estudiar la Biblia con diligencia y seriedad sin que nos salte a la vista un hecho evidente: ¡para Dios, el tema de la santidad personal es muy importante!». (A. W. Tozer)

En el año del 2008, comenté en una reunión de pastores de nuestra iglesia que haría una conferencia interna para el liderazgo. El enfoque sería sobre santidad e integridad en la vida de los líderes. Muchos pastores de iglesias agregadas preguntaron si podrían participar y traer a sus propios líderes. Lo consentí. Invité a pastores amigos para ministrar y así ocurrió en Curitiba la primera conferencia: Casa de Sadoc, una Conferencia para Ministros Comprometidos.

Al principio, la intención no era promover nada muy grande o expresivo. En verdad, el primer evento fue muy improvisado, pero impactante, tanto es que se levantó un clamor unánime para que se convirtiera en un evento anual.

Con el tiempo, las prédicas en audio y video se difundieron. Estaban alcanzado muchas más personas que el público que reuníamos anualmente. Por todas partes, había palabras proféticas que señalaban un propósito más amplio.

Al inicio del año 2017, tras nueve años de la primera conferencia, escuché directamente del Señor la inequívoca instrucción de expandir. El mensaje debería difundirse de manera consistente y planificada. Ya no debía limitarse a ser un evento anual llamado «Casa de Sadoc» en Curitiba, sino cinco eventos por año, uno en cada región diferente de Brasil. Así lo hicimos, en este orden: sudeste, nordeste, norte, sur y centro-oeste.

En septiembre del 2017, poco después de la primera conferencia regional, estaba ministrando en otro evento con un profeta de Dios que había llegado de otra nación y no hablaba mi idioma. Él nunca me había visto antes ni sabía nada acerca de mí, pero afirmó tener una palabra para entregarme:

«El Señor me ha dicho acerca de una persona que caminó al lado de David, que se llamaba Sadoc. Él manda decirte que viene levantándote para restaurar ese estándar sacerdotal, el estándar sacerdotal de Sadoc. También veo cinco anillos que son colocados en tu mano, uno para cada dedo, y eso significa cinco diferentes lugares de autoridad en donde el Señor quiere que lleves ese mensaje».

No hago nada porque alguien me lo haya dicho o profetizado, pero entiendo la importancia, luego de haber recibido la dirección de Dios, de contar con palabras de confirmación. Esa profecía ratificó lo que ya estaba en mi corazón. Corroboró la instrucción que, anteriormente, yo había entendido de parte del Señor. Sabía que debería mantener lo que había iniciado en aquel año: la Casa de Sadoc, ocurriendo en las cinco diferentes regiones de Brasil, hasta que no hubiese una orden contraria.

Una vez consolidado el respaldo divino para esa expansión, el Señor me instó para que fuera un poco más allá. También he entendido, en espíritu, la misión de escribir este libro, de registrar sistemáticamente el mensaje de Sadoc. El objetivo es simple y quedó claro para mí: más que despertar líderes para la santidad, hay una necesidad urgente de un alineamiento doctrinario.

Se dividió el contenido del libro en tres partes: Fundamentos de la Santificación, Santificación Total y, Santidad y Ministerio. Además de las palabras compartidas en diferentes ediciones de la conferencia, usted encontrará en esta lectura dos de los módulos de entrenamiento que imparto en la formación de líderes, tanto en la iglesia local como en nuestros cursos en línea: *Santificación total* y *El carácter del líder*.

El libro viene con el sello de la Casa de Sadoc. Aunque la conferencia ya no exista, las páginas perdurarán. Lectores de Brasil y del mundo seguirán encontrando instrucciones claras y fundamentadas acerca del llamado divino a la santidad.

Venimos orando por avivamiento. Sin embargo, hay que reconocer que el camino para eso debe de ser cementado, tanto en el entendimiento como en la práctica, con arrepentimiento y santificación. Como dijo muy bien el evangelista Billy Graham: «Todo avivamiento que ya aconteció en la historia del mundo o en la historia de la iglesia dio gran énfasis a la santidad de Dios». Menciono también a mi pastor, Abe Huber, hombre de conducta ejemplar que, en su libro estupendo *Discipulado Uno a Uno*, afirma proféticamente: «El avivamiento que cubrirá la Tierra con la gloria de Dios será precedido de un gran avivamiento de santidad y temor de Dios».

Estoy convencido de que este contenido lo bendecirá. Recomiendo no solo su lectura, sino también una reflexión y un estudio de cada una de estas verdades. Si encuentra edificación, comparta con los demás. Uno de los mayores encargos que recibí del Padre Celestial fue el de proclamar este mensaje. Entonces, me atrevo a pedirle: ¡Ayúdeme a difundirlo!

—Luciano Subirá
www.orvalho.com

PARTE 1

FUNDAMENTOS DE LA SANTIFICACIÓN

1

EL LLAMAMIENTO PARA SER SANTO

«Somos una porción santa, exhorta, hagamos, por tanto, todo lo que exige la santidad». (Clemente de Roma)

La Biblia declara que somos *llamados* por Dios. No lo dice solo una vez, sino en diversas ocasiones, y eso revela la importancia del tema para Aquel que inspiró cada palabra de las Escrituras.

¿Sabe usted cuál es el llamamiento divino? ¿Lo conoce con claridad? Para llevarlo a cabo, hay que entenderlo. Normalmente relacionamos la expresión «llamamiento» o «llamado» a una simple invitación al servicio. Pero hay algo mucho más grande que eso.

La Biblia define el llamamiento de Dios para el hombre como una convocatoria a *ser*, y no sencillamente al *hacer*.

Eso mismo: el *ser* viene antes del *hacer*. Vea:

> Pablo, llamado a ser apóstol de Jesucristo por la voluntad de Dios, y el hermano Sóstenes, a la iglesia de Dios que está en Corinto, a los santificados en Cristo Jesús, llamados a ser santos con todos los que en cualquier lugar invocan el nombre de nuestro Señor Jesucristo, Señor de ellos y nuestro: Gracia y paz a vosotros, de Dios nuestro Padre y del Señor Jesucristo. (1 Corintios 1:1-3)

Ya sea cuando Pablo habla de su propio llamado para ser apóstol, o de nuestro llamado para que seamos santos, el énfasis está en el *ser*. Sin embargo, generalmente asociamos el llamamiento divino solamente como una tarea a ser ejecutada, una misión a ser cumplida, o un trabajo por hacer. Cuando reducimos esa convocatoria del Señor a simplemente una labor, nos lleva (conscientes o no) a sobrevalorar el requisito de habilidad o la capacitación para la productividad, en detrimento de la importancia del carácter.

Coincido con Tony Cooke, quien en su libro *Cualificados: Sirviendo a Dios con honra y acabando la carrera con integridad*, afirma:

> El reto más importante del liderazgo espiritual no consiste simplemente en saber las palabras correctas que se deben *decir* o las cosas correctas que se deben *hacer*, sino en *convertirse* en la persona correcta.

Obviamente no me quiero oponer a la necesidad de capacitación en la vida de los que anhelan servir al Señor, pero espero ser un instrumento de alerta para el hecho de que el ministerio no se resume en *hacer*, en solamente realizar los trabajos que el Padre Celestial nos ha confiado. El ministerio empieza por el *ser*.

¿A ser qué? El llamamiento divino enfoca la santidad. ¡Somos llamados a ser santos! El apóstol Pablo les presentó ese llamamiento a los hermanos de Roma:

> A todos los que estáis en Roma, amados de Dios, *llamados a ser santos*: Gracia y paz a vosotros, de Dios nuestro Padre y del Señor Jesucristo. (Romanos 1:7, énfasis añadido)

Nuestros ministros y obreros parecen haber despertado a la importancia de la capacitación, y eso lo aprecio. Muchos buscan perfeccionarse en la oratoria, en las habilidades de relación interpersonal y trabajo en equipo, en las destrezas de liderazgo e incluso en la gestión. En el ámbito del liderazgo evangélico, nunca se habló tanto del *coaching* como últimamente. Y lo repito: no estoy criticando, mucho menos me opongo. Estoy a favor del perfeccionamiento de los líderes. Lo que no puedo aceptar es que el perfeccionamiento de las habilidades para *hacer* sustituya los requisitos del *ser*.

El llamamiento tiene dos características distintas. Según John Blanchard: «Moralmente, el cristiano es llamado a la santidad; dinámicamente, él es llamado para el servicio». El problema es que nuestro llamamiento secundario, el del servicio, no parece solamente que ha reemplazado al primero, ¡sino que lo ha eliminado completamente!

La Iglesia del siglo XXI vive una crisis de integridad sin precedentes. Actualmente, hay líderes con más habilidades que en el pasado. Hoy en día la mayoría de los que lideran el rebaño de Cristo no son simplemente pastores y predicadores, sino también políglotas, terapeutas, mentores, emprendedores, entre otros. A pesar de que hayamos avanzado aspecto de habilidades, necesitamos reconocer que, por otro lado, retrocedimos en el requisito carácter.

Aunque no me parezca que eso sea un problema exclusivo de la modernidad. El pastor anglicano John Charles Ryle ya decía lo siguiente en su libro *Santidad*:

> El tema de la santidad personal ha caído tristemente al patio trasero. En muchos barrios el estándar de vida se ha vuelto dolorosamente bajo. La inmensa importancia de «acicalar la doctrina de Dios nuestro Salvador» (Tito 2:10), para hacerla adorable y hermosa según nuestros hábitos diarios y temperamentos ha ido demasiado lejos.[1]

En su libro titulado *Extraordinario*, John Bevere, uno de los autores que más estimo, declara:

> Uno de los frutos de la gracia es la santidad, de la cual no se habla mucho en nuestras iglesias en estos tiempos. Yo creo que se debe a dos razones. En primer lugar, culpo a predicadores viles o legalistas que han abusado de muchos que verdaderamente querían agradar a Dios. Esos zelotes han reducido la santidad a un estilo de vida tímido y han quitado a la vida la alegría. Esto, desde luego, está lejos del corazón de Dios. Afortunadamente, un buen número de personas ha encontrado libertad de esa tiranía, aunque no sin consecuencias. Uno de los resultados más dañinos es que ahora retroceden cuando oyen mencionar la santidad.

1. Extraído de la traducción del inglés por Erika Escobar.

> (...) En segundo lugar, en un tono totalmente distinto, la verdadera santidad requiere esfuerzo por nuestra parte, lo cual muchos no están dispuestos a hacer. Debido a que debemos cooperar con la gracia de Dios para producir el fruto de la santidad en nuestras vidas, muchos ministros, o de modo inconsciente o a propósito, evitan predicarlo para evitar perder el atractivo del evangelio.[2]

Aún evidenciando la importancia de la santidad, Bevere añade:

> La verdadera santidad es un tema muy atrayente e importante. Jesús no regresará a buscar una iglesia contaminada y mundana, sino «una iglesia que no tuviese mancha, ni arruga, ni cosa semejante» (Ef 5:27). Por tanto, si Jesús regresará a buscar una iglesia santa, entonces yo, sin duda alguna, quiero saber todo sobre la santidad.[3]

Podemos afirmar que no solo necesitamos avivamiento en nuestros días, sino también de reforma. La doctrina de la santidad, así como la labor del ministerio, especialmente a lo que se refiere a la vida del ministro, necesita ajustarse mucho. Es tiempo de que volvamos a la Palabra. Es hora de rescatar la verdad bíblica de que el ministerio no es un negocio que deba emprenderse solamente con habilidades humanas y naturales. Según las Escrituras, se fundamenta en el ejemplo y en el carácter.

Antes de profundizar el entendimiento sobre los requisitos ministeriales, empecemos por el inicio. Vamos a comprender el proyecto de Dios para todo cristiano, y no solo para los ministros. Reconocer que no hay diferencia entre el modelo divino para el liderazgo y para el pueblo es de suma importancia.

En cierta ocasión, cuando hablaba de las cualificaciones que se exigen a quienes aspiran al episcopado (1 Ti 3:1), alguien me dijo: «Dios tiene un padrón más alto para los líderes que para el pueblo». Al escuchar esa declaración peligrosa, contesté: «¡De ninguna manera! El modelo divino es el mismo para todo cristiano. La diferencia está en que los líderes tienen que alcanzar primero el modelo para que sean ejemplos».

---

2. Extraído del libro *Extraordinario* de John Bevere. Publicado en español por Casa Creación.
3. *Ibid.*

Larry Stockstill, en el libro *El remanente: Cómo restaurar el llamado a la integridad personal*, afirma:

> Considere que, aunque esté enfatizando la integridad en el ministerio, los principios se aplican a todos. Dios no tiene un doble estándar; lo que Él espera del pastor que está en evidencia, también lo espera de todos los creyentes. Todos somos embajadores de Cristo, todos somos sacerdotes de Su reino, y todos necesitamos mantener los más altos estándares de integridad en nuestra vida pública y privada.[4]

EL PROYECTO DIVINO

La Palabra de Dios nos exhorta a llevar una vida diferente de aquella que teníamos antes de la conversión. El estándar establecido es el propio Dios, la santidad divina:

> Como hijos obedientes, no os conforméis a los deseos que antes teníais estando en vuestra ignorancia; sino, como aquel que os llamó es santo, sed también vosotros santos en toda vuestra manera de vivir; porque escrito está: Sed santos, porque yo soy santo. (1 Pedro 1:14-16)

Fíjese que la santidad no es ocasional, ni limitada a una u otra área. Se exige *en toda nuestra manera de vivir*. Y por una sola razón: Dios es completamente santo y nos ha creado para que seamos como Él, con el fin de que nos conformáramos completamente con Su santidad. Por lo tanto, es justo afirmar que la santidad, así como el pecado, es una cuestión de naturaleza. Antes de la conversión éramos, por naturaleza, hijos de la desobediencia (Ef 2:3), y después, con el nuevo nacimiento, cuando somos partícipes de la naturaleza divina (2 P 1:4), nos transformamos en hijos de la obediencia (1 P 1:14).

Sin embargo, el hecho que sea una cuestión de naturaleza no significa que la santidad deja de ser una ordenanza. Esto se debe a que la naturaleza que nos domina depende, también, de nuestra decisión de obedecer

4. Traducido de la versión en portugués.

o no al mandamiento. Es de suma importancia entender que estamos hablando de un mandamiento divino. En otras palabras, ¡la santidad no es una opción!

Aun sobre el pasaje de la carta de Pedro, A. W. Tozer afirmó:

> Su argumento viene tan simple que sofisticadamente tropezamos sobre él. ¡Los hijos de Dios deben ser santos porque Dios mismo es santo! Fácilmente vemos el hecho de que Pedro fue un Apóstol y que está aquí confrontándonos con la fuerza de un requerimiento judicial completamente alineado con la verdad del antiguo testamento concerniente a la persona y el carácter de Dios y también alineado con lo que el Señor Jesús enseño y reveló a sus discípulos y seguidores. Personalmente soy de la idea que nosotros que clamamos ser cristianos apostólicos no tenemos el privilegio de ignorar estos requerimientos judiciales. No quiero decir que un pastor puede prohibir o que una iglesia puede obligar. Solo significa que moralmente hemos ignorado ese mandamiento: «¡Sean santos!».
>
> Porque es una palabra apostólica, debemos encarar el hecho de que tendremos que tratar eso de alguna forma, y no ignorarlo como cristianos.
>
> Ciertamente nada nos ha provisto con una opinión sobre ese asunto. ¿Quién nos ha dado el derecho o privilegio para ver dentro de la biblia y decir: «deseo considerar este asunto y si me gusta lo compro»? Por usar el lenguaje de hoy.
>
> Hay algo básicamente malo con nuestro cristianismo y nuestra espiritualidad si nosotros descuidadamente presumimos que, si nos gusta una doctrina bíblica y elegimos por no «comprarla», no se hace ningún daño.
>
> Los mandamientos que hemos recibido de nuestro señor o de los apóstoles no pueden ser sobrestimados o ignorados por cristianos serios y comprometidos. Dios nunca nos ha instruido a que pesáramos sus deseos para nosotros y sus mandamientos hacia nosotros en la balanza de nuestro propio juicio y decidiéramos lo que queremos hacer de ellos.[5]

5. Tomado de la versión en español de *Lo llamo herejía* disponible en: https://en.calameo.com/read/005181335cf0a67bfbf51.

Pero, ¿cómo lograr esta vida Santa? El apóstol Pedro, en su segunda epístola, nos muestra que la ayuda que tenemos es la naturaleza del propio Dios:

> Como todas las cosas que pertenecen a la vida y a la piedad nos han sido dadas por su divino poder, mediante el conocimiento de aquel que nos llamó por su gloria y excelencia, por medio de las cuales nos ha dado preciosas y grandísimas promesas, para que por ellas llegaseis a ser participantes de la naturaleza divina, habiendo huido de la corrupción que hay en el mundo a causa de la concupiscencia. (2 Pedro 1:3-4)

¿Cómo tener y utilizar la naturaleza divina para huir de las pasiones del mundo? ¿Cómo funciona eso? Más adelante lo explicaré. Pero ahora, quiero afirmarles que participar de la naturaleza divina y permitirse ser controlado por ella es la única manera de librarse de la corrupción de las pasiones que hay en el mundo. Jesús vivió aquí sin pecado y se volvió nuestro modelo, el estándar divino para toda la humanidad. Necesitamos entender: el proyecto divino es para que nos moldeemos a la imagen del Señor Jesús.

> Porque a los que antes conoció, también los predestinó para que fuesen hechos conformes a la imagen de su Hijo, para que él sea el primogénito entre muchos hermanos. (Romanos 8:29)

Jesús vino a la tierra como único hijo (Jn 3:16), pero con la intención de volverse el primogénito de muchos otros hijos de Dios, que serían generados a Su propia semejanza. La salvación que se nos ofreció no tiene solo el propósito de perdonar pecados, sino de transformarnos a imagen de Cristo.

Así como Adán fue la cabeza de la humanidad y generó a muchos seres semejantes a sí mismo, también Cristo vino para ser la cabeza de una nueva humanidad.

> Así también está escrito: Fue hecho el primer hombre Adán alma viviente; el postrer Adán, espíritu vivificante. Mas lo espiritual no es primero, sino lo animal; luego lo espiritual. El primer hombre es de la tierra,

> terrenal; el segundo hombre, que es el Señor, es del cielo. Cual el terrenal, tales también los terrenales; y cual el celestial, tales también los celestiales. Y así como hemos traído la imagen del terrenal, traeremos también la imagen del celestial. (1 Corintios 15:45-49)

Cuando Adán pecó, probó la muerte espiritual. Esa muerte fue transmitida a todos los hombres (Ro 5:12), porque cada uno reproduce según su especie. Cristo vino para ser el último Adán, la cabeza de un nuevo pueblo, generada espiritualmente (Jn 3:6). Ya el Espíritu Santo, que habita en nosotros, tiene la siguiente misión: transformarnos a imagen de Jesús.

> Por tanto, nosotros todos, mirando a cara descubierta como en un espejo la gloria del Señor, somos transformados de gloria en gloria en la misma imagen, como por el Espíritu del Señor. (2 Corintios 3:18)

O, como esta descrito en la paráfrasis de la biblia *El Mensaje*: «Y así nos transfiguramos como el Mesías, nuestras vidas gradualmente se vuelven más brillantes y más bellas a medida que Dios entra en nuestras vidas y nos hacemos como él».[6]

SER VERSUS HACER

Lo que hacemos (obras) debería ser una extensión de lo que somos (carácter). En el día de rendición de cuentas delante del Señor, las obras no serán excusas para la ausencia de santidad y carácter de Cristo en nosotros:

> Muchos me dirán en aquel día: Señor, Señor, ¿no profetizamos en tu nombre, y en tu nombre echamos fuera demonios, y en tu nombre hicimos muchos milagros? Y entonces les declararé: Nunca os conocí; apartaos de mí, hacedores de maldad. (Mateo 7:22-23)

Fíjese que Jesús no los llama mentirosos; no afirma que aquellos hechos no ocurrieron, tampoco afirma que no se han hecho tales obras

---

6. *The Message*, traducción libre

en Su nombre. Eso ni siquiera se cuestiona. Esas personas, de hecho, realizaron las obras del ministerio en nombre de Jesús. ¡Y tuvieron resultados! Sin embargo, el *hacer* no elimina la necesidad del *ser*, de tener un carácter que refleje la santidad y compromiso con Dios.

El mensaje de Cristo que fue enviado al ángel (el mensajero) de la iglesia de Éfeso, que está en el libro de Apocalipsis, revela una crisis: alto rendimiento versus identidad. El Señor Jesús exalta las obras y el ministerio de una iglesia de alto rendimiento. Sin embargo, advierte que, si persistiese en el pecado de no amarlo intensamente, una transgresión del más grande mandamiento (Mr 12:30-31), Él quitaría de las manos del mensajero lo que anteriormente le había confiado.

> Yo conozco tus obras, y tu arduo trabajo y paciencia; y que no puedes soportar a los malos, y has probado a los que se dicen ser apóstoles, y no lo son, y los has hallado mentirosos; y has sufrido, y has tenido paciencia, y has trabajado arduamente por amor de mi nombre, y no has desmayado. Pero tengo contra ti, que has dejado tu primer amor. Recuerda, por tanto, de dónde has caído, y arrepiéntete, y haz las primeras obras; pues si no, vendré pronto a ti, y quitaré tu candelero de su lugar, si no te hubieres arrepentido. (Apocalipsis 2:2-5)

La enseñanza que aprendemos aquí es que nuestro Señor Jesucristo no está buscando a alguien que presente alta productividad en el ministerio, sino a alguien que sea ejemplo y referencia para el rebaño, o sea, que tenga una conducta ejemplar.

¿Qué significa la oración «quitaré tu candelero de su lugar»? ¡Cristo estaba hablando de sacarle la iglesia que le había encargado a aquel mensajero! La propia Biblia se explica:

> El misterio de las siete estrellas que has visto en mi diestra, y de los siete candeleros de oro: las siete estrellas son los ángeles (mensajeros) de las siete iglesias, y los siete candelabros que has visto, son las siete iglesias. (Apocalipsis 1:20)

Los candeleros se refieren a las iglesias y las estrellas aluden a los ángeles (o mensajeros) de esas iglesias. El Señor le está diciendo al ministro de alta productividad que el servicio incorporado con el pecado no le interesa a Él. Ese ministro debería ser retirado de su posición de liderazgo.

Cuando Pablo le escribe a Timoteo sobre aquellos que anhelan el episcopado (1 Ti 3:1), destaca que el obispo debe ser irreprochable. Presenta una lista de 16 cualificaciones que el obrero debe tener (si sumamos a las de los diáconos). Lo interesante es que, entre todas las cualificaciones, solo hay una que se refiere a la *habilidad*: «Sea apto para enseñar» (1 Ti 3:2). ¡Las demás señalan *rasgos de carácter*!

Aun así, en nuestra actual «cadena de producción» de obreros, lo que aparentemente la iglesia valora más es la habilidad. Si alguien demuestra conocimiento bíblico y predica, enseña, aconseja o ministra bien, parece ser lo suficiente para estar en el ministerio.

¿Y las otras 15 características y cualificaciones necesarias para los ministros?

Acaban siendo silenciosamente ignoradas en muchas iglesias e institutos de formación ministerial.

¿Cuáles son las amplias repercusiones de ese gran error nuestro?

Además de la hipocresía practicada por aquellos que predican sin dar testimonio de vida, sin un carácter ejemplar, todavía tenemos otro agravante. El estándar de vida cristiana que se sugiere veladamente a los que están debajo de los cuidados de ese tipo de ministro (que posee mucha habilidad, pero poco carácter) degrada terriblemente lo que Dios determinó para Su pueblo.

En ese sentido, Neil Anderson y Robert Saucy, en el libro *Santificación: Cómo vivir rectamente en un mundo corrompido*,[7] hablan acerca de los cristianos que no crecieron espiritualmente:

> Ellos probablemente están viviendo lo que se les ha enseñado. Hay más posibilidad que el problema se origine en el liderazgo cristiano y en la educación cristiana superior. No podemos esperar que alumnos o miembros de la iglesia se escalen por encima de sus líderes. Las Escrituras nos enseñan que el discípulo no es superior a su maestro; mas todo el que fuere perfeccionado, será como su maestro (Lc 6:40).

7. Traducido de la versión en portugués.

Más adelante trataremos a fondo esta cuestión, pero vale destacar que el liderazgo debe basarse en el carácter. Sabemos que, aunque los ministros sean malos ejemplos, la Palabra de Dios permanece verdadera y debe ser proclamada. Como dijo el propio Cristo: «Así que, todo lo que os digan que guardéis, guardadlo y hacedlo; mas no hagáis conforme a sus obras, porque dicen, y no hacen» (Mt 23:3). Sin embargo, si no hay testimonio de los que están encabezando, no habrá ánimo para obedecer la verdad.

ANTES DEL «ENVÍAME»

Cuando era niño, escuché a una misionera que trabajaba en una tribu indígena en la Amazonia que hablaba sobre la necesidad de que las personas se rindieran a Dios y al ministerio, que Él le estaba llamando a todos aquellos que quisieran corresponder, y citó el texto clásico de Isaías:

> Después oí la voz del Señor, que decía: ¿A quién enviaré, y quién irá por nosotros? Entonces respondí yo: Heme aquí, envíame a mí. (Isaías 6:8)

Esa porción de las Escrituras parecía que ardía en mi corazón mientras ella hablaba e, impactado, alrededor de los siete años, decidí que usaría el resto de mi vida para servirle al Señor. Pero no fui el único. He visto a mucha gente que, a través de ese pasaje bíblico, fueron motivadas para el trabajo de Dios.

Isaías nos inspira a responder *sí* a Dios. A decir: «heme aquí, envíame a mí». Pero, antes de disponerse a *hacer* algo para Dios, él mismo reconoció la importancia de reflejar la santidad de Dios, de *ser* diferente de los demás pecadores.

El profeta tuvo una visión del Señor en el trono, rodeado de seres angelicales que exaltaban la santidad divina. Eso le impactó sobremanera:

> Entonces dije: ¡Ay de mí! que soy muerto; porque siendo hombre inmundo de labios, y habitando en medio de pueblo que tiene labios inmundos, han visto mis ojos al Rey, Jehová de los ejércitos. (Isaías 6:5)

Isaías se ve como «dos guisantes en una vaina», como alguien común, igual al resto del pueblo que, hasta entonces, él confrontaba por ser tan pecador. Sin embargo, lo que aprendemos en ese texto es que Dios tiene la provisión para la santificación:

> Y voló hacia mí uno de los serafines, teniendo en su mano un carbón encendido, tomado del altar con unas tenazas; y tocando con él sobre mi boca, dijo: He aquí que esto tocó tus labios, y es quitada tu culpa, y limpio tu pecado. (Isaías 6:6-7)

Hoy nosotros también podemos (y necesitamos) probar el fuego santificador. Así daremos prioridad al *ser* antes del *hacer*.

Reitero que no estoy atacando a la productividad ministerial. El apóstol escribió que debemos ser abundantes en la obra del Señor:

> Por tanto, mis amados hermanos, estad firmes, constantes, abundando siempre en la obra del Señor, sabiendo que vuestro trabajo en el Señor no es en vano. (1 Corintios 15:58, LBLA)

La palabra griega usada en los manuscritos originales y traducida como «abundando» es *perisseuo*. Según el Léxico de Strong, eso significa «sobrepasar una cantidad conocida; tener más y por encima de un número conocido o bien de una medida; tener en exceso; sobrar; tener mucho; algo que viene en abundancia, o bien que transborda, algo que cae en el campo de alguien en gran medida; abundar; tener en abundancia; transbordar». [8] En ninguno de los probables significados podemos ver otra cosa que no indique mucho trabajo. Creo que debemos ser fructíferos y productivos en el ministerio.

Pero antes de ser abundantes en la obra, primeramente, se nos ordena que seamos firmes e inquebrantables. Esas características solo reflejan constancia y perseverancia en el servicio al Señor, sino también valores internos, tenacidad en la fe y compromiso con Dios.

En pocas palabras, primero debemos decidir *ser*, para entonces, solamente ahí, transbordar por medio del hacer en las obras del ministerio.

8. Traducido de la versión en portugués.

Aunque el propósito de este libro sea abordar la importancia de la santidad en la vida del líder, he dejado ese énfasis para el final. En los capítulos siguientes estudiaremos primero los fundamentos de la doctrina de la santificación, así como su alcance. Pienso que de esta forma las piezas del rompecabezas van a encajar bien.

2

TRES NIVELES DE SANTIFICACIÓN

«El Señor Jesucristo no lleva a nadie al cielo que Él no haya santificado en la tierra. Esta Cabeza viva no permite miembros muertos». (John Owen)

En 2016, Brasil fue el anfitrión de los Juegos Olímpicos tan esperados. En la edición celebrada en Rio de Janeiro, el jamaicano Usain Bolt, campeón olímpico y plusmarquista mundial, se destacó una vez más al ganar la medalla de oro en los 100 metros lisos y en otras dos modalidades. Ejecutar una buena salida, mantener el ritmo y, por supuesto, concluir la línea de meta fueron fundamentales para la victoria de Bolt. En cada una de estas etapas, el rendimiento excepcional de Bolt fue crucial, demostrando que cualquier corredor depende de tres fases clave: la salida, el desarrollo y la línea de meta.

La carrera de la *santificación* sigue la misma lógica, así como la propia *vida cristiana*. Para entender una es imprescindible comprender la otra, porque son inseparables, cada nivel de santificación corresponde a una etapa de la vida cristiana.

> Entrad por la puerta estrecha; porque ancha es la puerta, y espacioso el camino que lleva a la perdición, y muchos son los que entran por ella;

> porque estrecha es la puerta, y angosto el camino que lleva a la vida, y pocos son los que la hallan. (Mateo 7:13-14)

En los ejemplos citados Jesús está enseñando acerca de una jornada que involucra tres etapas: 1) se entra por una *puerta*, 2) se recorre un *camino* y 3) se alcanza el *destino* (o meta). Lo que difiere, y consecuentemente determina el futuro para la vida o perdición, es el ancho de la puerta y del camino; como también la cantidad de gente que pasa en cada caso. Sin embargo, las etapas coinciden, independiente del escenario.

Lo que encontramos en la declaración de Jesús, descrita en el evangelio de Mateo, y claramente sostenida por otros textos bíblicos, es la distinción de tres momentos importantes de la caminata cristiana. Hay un inicio, un medio y un final. Si no reconocemos esa demarcación de etapas, nuestra doctrina se volverá incoherente y desconcertante. Por esa razón, vamos a tratar ligeramente cada etapa de la vida cristiana antes de explotar mejor los niveles de santificación.

LA PUERTA

> Respondió Jesús: De cierto, de cierto te digo, que el que no naciere de agua y del Espíritu, no puede entrar en el reino de Dios. Lo que es nacido de la carne, carne es; y lo que es nacido del Espíritu, espíritu es. No te maravilles de que te dije: Os es necesario nacer de nuevo. (Juan 3:5-7)

En la conversación con Nicodemo, el Señor Jesús deja claro que hay una entrada para el reino de Dios: el nuevo nacimiento, donde todo empieza. Enseguida, Cristo se denomina como siendo la «puerta» de entrada.

> Volvió, pues, Jesús a decirles: De cierto, de cierto os digo: *Yo soy la puerta de las ovejas*. Todos los que antes de mí vinieron, ladrones son y salteadores; pero no los oyeron las ovejas. Yo soy la puerta; el que por mí entrare, será salvo; y entrará, y saldrá, y hallará pastos. (Juan 10:7-9, énfasis añadido)

Nadie entra en el reino de Dios sin pasar por la puerta, y esa puerta es Cristo. La experiencia de convertirse a Él es la única entrada.

EL CAMINO

El camino es la vida cristiana. Abarca la jornada que empieza cuando alguien entra por la puerta y se extiende hasta la llegada a la meta. Las experiencias de la puerta y de la meta son instantáneas, mientras que el camino es un proceso, una verdadera jornada que, por supuesto, solo se puede recorrer después de pasar por la puerta.

Por cierto, las profecías que apuntaban hacia la Nueva Alianza no se centraban únicamente en la salvación, sino específicamente en un camino. Observe:

> Y habrá allí calzada y camino, y será llamado *Camino* de Santidad; no pasará inmundo por él, sino que él mismo estará con ellos; el que anduviere en este camino, por torpe que sea, no se extraviará. (Isaías 35:8, énfasis añadido)

> Pues este es aquel de quien habló el profeta Isaías, cuando dijo: Voz del que clama en el desierto: Preparad el *camino* del Señor, Enderezad sus sendas. (Mateo 3:3, énfasis añadido)

También somos informados, por la propia Escritura Sagrada, de que la fe cristiana era denominada así al inicio:

> Saulo, respirando aún amenazas y muerte contra los discípulos del Señor, vino al sumo sacerdote, y le pidió cartas para las sinagogas de Damasco, a fin de que si hallase algunos hombres o mujeres de este *Camino*, los trajese presos a Jerusalén. (Hechos 9:1-2, énfasis añadido)

> Pero endureciéndose algunos y no creyendo, maldiciendo el *Camino* delante de la multitud, se apartó Pablo de ellos y separó a los discípulos, discutiendo cada día en la escuela de uno llamado Tiranno. (Hechos 19:9, énfasis añadido)

> Pero esto te confieso, que según el *Camino* que ellos llaman herejía, así sirvo al Dios de mis padres, creyendo todas las cosas que en la ley y en los profetas están escritas; teniendo esperanza en Dios, la cual ellos

también abrigan, de que ha de haber resurrección de los muertos, así de justos como de injustos. (Hechos 24:14-15, énfasis añadido)

Solo cuando comprendemos la analogía del *camino,* es que se nos aclaran algunos textos acerca de la manera de cómo debemos *andar*:

> Yo pues, preso en el Señor, os ruego que *andéis* como es digno de la vocación con que fuisteis llamados. (Efesios 4:1, énfasis añadido)

> Esto, pues, digo y requiero en el Señor: que ya no *andéis* como los otros gentiles, que andan en la vanidad de su mente. (Efesios 4:17, énfasis añadido)

> El que dice que permanece en él, debe *andar* como *él* anduvo. (1 Juan 2:6, énfasis añadido)

> Y este es el amor, que *andemos* según sus mandamientos. Este es el mandamiento: que *andéis* en amor, como vosotros habéis oído desde el principio. (2 Juan 6, énfasis añadido)

El *camino* no indica solamente una caminata genérica, sino que también la acción necesaria para que sea posible moverse del lugar: el *andar*, la jornada. O sea, habla de movimiento, de avance continuo.

LA META

> Hermanos, yo mismo no pretendo haberlo ya alcanzado; pero una cosa hago: olvidando ciertamente lo que queda atrás, y extendiéndome a lo que está delante, prosigo a *la meta*, al premio del supremo llamamiento de Dios en Cristo Jesús. (Filipenses 3:13-14, énfasis añadido)

Pablo enfatizó que avanzaba en la vida cristiana centrado en la *meta*. Se trata de la meta que se debe alcanzar, del destino que nos aguarda.

El apóstol todavía menciona un premio para aquel que logra llegar. ¿Pero cuál es ese premio? Una corona, reservada para aquellos que completan el *camino* (la Biblia también se refiere como *carrera*). Está descripta esa maravillosa esperanza en la segunda carta de Pablo a Timoteo:

> He peleado la buena batalla, he acabado la *carrera*, he guardado la fe. Por lo demás, me está guardada la corona de justicia, la cual me dará el Señor, juez justo, en aquel día; y no sólo a mí, sino también a todos los que aman su venida. (2 Timoteo 4:7-8, énfasis añadido)

Sabemos que hay una meta. También ya entendimos que quien logra alcanzarla recibe un premio. No obstante, hace falta determinar qué es la meta. Finalmente, ¿cuál es el objetivo final de nuestra fe? El apóstol Pedro contesta:

> Obteniendo el fin de vuestra fe, que es la salvación de vuestras almas. (1 Pedro 1:9)

Hemos visto que Pablo seguía con la mirada puesta en la meta, en el premio, era así como andaba mientras esperaba el Gran Día. Vea como el autor de la epístola a los Hebreos describe, con una terminología distinta, esa manera de correr la carrera:

> Por tanto, nosotros también, teniendo en derredor nuestro tan grande nube de testigos, despojémonos de todo peso y del pecado que nos asedia, y corramos con paciencia la *carrera* que tenemos por delante, *puestos los ojos en Jesús, el autor y consumador de la fe*, el cual por el gozo puesto delante de *él* sufrió la cruz, menospreciando el oprobio, y se sentó a la diestra del trono de Dios. (Hebreos 12:1-2, énfasis añadido)

Un premio, una corona, una alegría por la cual merece la pena habernos perseverado y despojado de todo pecado. Eso, y mucho más de lo que imaginamos, se nos reserva para el Gran Día, el acto final de la salvación de nuestras almas. ¡Qué hermosa esperanza! ¡Qué bella meta perseguimos!

Hablamos del inicio (puerta), del medio (camino), y ahora llegamos al final (meta). La importancia de reconocer correctamente esas tres etapas antes de hablar de los niveles de santificación está en el sencillo hecho de que el proceso santificador sucede en ellas. Además, el desarrollo de la santidad ocurre en cada una de esas etapas de forma distinta y complementaria.

TRES NIVELES DE SANTIFICACIÓN

Así como hemos visto las diferencias entre cada etapa de la vida cristiana, las etapas del proceso de santificación también se deben diferenciar. Comencemos por construir una visión global del tema, mirar la fotografía ampliada para después comprender cada nivel separadamente.

La santificación se realiza en tres niveles:

1. inicial (la experiencia de la *puerta*);
2. progresiva (la experiencia del *camino*);
3. final (la experiencia de la *meta*).

Permitamos que la misma Escritura Sagrada nos presente la distinción:

> Mas ahora que habéis sido libertados del pecado y hechos siervos de Dios, tenéis por vuestro fruto la santificación, y como fin, la vida eterna. (Romanos 6:22)

En el versículo anterior, el apóstol Pablo habla primeramente de nuestra liberación y transformación, conjugando los verbos en el pasado: *habéis sido* libertados y *habéis sido* hechos siervos. Por supuesto que se trata de algo que ya sucedió. Se trata de la santificación *inicial*.

Después, él habla acerca del fruto de esa experiencia, que nos conducirá a un proceso *para la* santificación. Se trata de la santificación *progresiva*.

Finalmente, señala al futuro cuando dice: «y como fin, la vida eterna». Aunque ya estemos disfrutando de la vida eterna, su provisión plena es algo que todavía aguardamos. Se trata de la santificación *final*.

Dado que no se puede construir una doctrina basándonos en apenas un solo versículo, vamos a ver otros que respaldan el mismo entendimiento. La epístola a los Corintios presenta una evidente diferencia entre los dos primeros niveles:

> Pablo, llamado a ser apóstol de Jesucristo por la voluntad de Dios, y el hermano Sóstenes, a la iglesia de Dios que está en Corinto, a los santificados en Cristo Jesús, llamados a ser santos con todos los que en cualquier lugar invocan el nombre de nuestro Señor Jesucristo, Señor de ellos y nuestro: Gracia y paz a vosotros, de Dios nuestro Padre y del Señor Jesucristo. (1 Corintios 1:1-3)

En el saludo inicial, el apóstol direcciona la carta a la iglesia de Dios que está en Corintios y enfatiza: «a los santificados en Cristo Jesús». Aquí encontramos un factor específico de la obra de la santificación: un suceso pasado. No habla de lo que está sucediendo, sino de lo que ya sucedió. Se trata de la santificación *inicial.*

Sin embargo, en el mismo versículo se refiere a los hermanos de Corinto como: «llamados para ser santos», o sea una convocatoria para «ser», para adquirir características de santo, una experiencia a ser vivida, probada en el propio vivir. Pablo nos transmite la idea tanto de mantener y conservar la santificación inicial, como también de perfeccionarla. Esa es la santificación *progresiva.*

Pero aún no llegamos al final del proceso. Además de la santificación progresiva hay un nivel distinto que nos aguarda después de la vida terrena. Se trata de nuestra condición futura, cuando se manifieste la plenitud de la vida eterna. Volveremos a ese tópico más adelante, pero por el momento lo definiremos como *santificación final.*

Bíblicamente, es innegable que la salvación tiene tres etapas diferentes que podemos aplicar en la vida del creyente como pasado, presente y futuro. Vea en estos versículos el tiempo verbal destacado:

1. **Pasado**: «Al contrario, nosotros creemos que somos salvados gratuitamente por la bondad del Señor Jesús, lo mismo que ellos» (Hch 15:11, DHH).[9]
2. **Presente**: «Porque la palabra de la cruz es locura a los que se pierden; pero a los que se salvan, esto es, a nosotros, es poder de Dios» (1 Co 1:18).

9. En la versión Almeida en portugués, se presenta el verbo en el pasado.

3. **Futuro**: «Porque si siendo enemigos, fuimos reconciliados con Dios por la muerte de su Hijo, mucho más, estando reconciliados, seremos salvos por su vida» (Ro 5:10).

Algunos lo describen de la siguiente manera: «*Fuimos* salvos, *estamos siendo* salvos y *seremos* plenamente salvos». Por lo tanto, la mayoría plantea la santificación principalmente en el tiempo presente, como lo expone la clásica definición teológica: «En la *conversión* somos libres de la *condenación* del pecado; en la *santificación* somos libres del *poder* del pecado y en la *glorificación* seremos libres de la *presencia* del pecado».

Coincido con este último entendimiento en lo que respecta a la liberación progresiva del pecado, un poco más en cada etapa. No obstante, basándose en las pruebas bíblicas que indiscutiblemente ponen la santificación en los tres tiempos (pasado, presente y futuro), sugiero una nomenclatura extendida: «En la *santificación inicial* somos libres de la *condenación* del pecado; en la *santificación progresiva* somos libres del *poder* del pecado y en la *santificación final* seremos libres de la *presencia* del pecado».

De nuevo cito el libro *Santificación*, para destacar la definición hecha por los autores Neil T. Anderson y Robert L. Saucy:

> Las Escrituras hablan claramente acerca de la santificación del creyente como habiendo sido realizada, como siendo realizada y como finalmente concluida en el futuro. En general, nos referimos a esos tiempos verbales como los tres tiempos de la santificación. Es importante que entendamos todas las tres, para al final ver como Dios nos ha santificado, sigue santificándonos, y nos garantiza una perfecta santidad final.[10]

El entendimiento de las etapas de la vida cristiana y de los niveles de santificación, son de suma importancia. Sin esa claridad no distinguimos lo que Dios, en Cristo Jesús, ya hizo por nosotros, de aquello que todavía se debe hacer en el presente y en el futuro. Además, no diferenciamos cuál es la responsabilidad divina y cuál es la humana. Sin tener en cuenta que podemos confundir la aplicación de los versículos y chocarnos con supuestas contradicciones bíblicas.

---

10. Traducido de la versión en portugués.

Establecidas las debidas diferencias, ahora vamos a traer un poco más de luz sobre los niveles de santificación, diseñando una vista panorámica. A continuación, profundizaremos el entendimiento, dedicando un capítulo para cada nivel de la obra santificadora.

SANTIFICACIÓN INICIAL

Muchos textos bíblicos respaldan que, al rendirnos al señorío de Jesús y al nacer de nuevo, hemos sido santificados. Veamos algunos:

> Para que abran sus ojos, para que se conviertan de las tinieblas a la luz, y de la potestad de Satanás a Dios; para que reciban, por la fe que es en mí, perdón de pecados y herencia entre los santificados. (Hechos 26:18)

Cuando Jesús se le aparece a Saulo, lo comisiona a predicar el Evangelio a los gentiles, y le explica el objetivo: «para que reciban, por la fe que es en mí, perdón de pecados y herencia entre los santificados». El Señor está diciendo que, en el momento que los gentiles creyesen, tendrían sus pecados perdonados y serían santificados. O sea, hay una acción inicial de santificación que se da por la fe en Cristo. Es algo que se cree, que se recibe por fe.

El mismo apóstol Pablo, habiendo entendido el mensaje, les dice a los hermanos de Corinto:

> ¿No sabéis que los injustos no heredarán el reino de Dios? No erréis; ni los fornicarios, ni los idólatras, ni los adúlteros, ni los afeminados, ni los que se echan con varones, ni los ladrones, ni los avaros, ni los borrachos, ni los maldicientes, ni los estafadores, heredarán el reino de Dios. Y esto erais algunos; mas ya habéis sido lavados, ya *habéis sido santificados*, ya habéis sido justificados en el nombre del Señor Jesús, y por el Espíritu de nuestro Dios. (1 Corintios 6:9-11, énfasis añadido)

Nuevamente vemos la santificación presentada como un hecho ocurrido en el pretérito. Pablo afirma lo que el Señor *hizo*, pese al pasado de pecado de aquellos hermanos: «ya habéis sido santificados». Sin embargo, esa purificación solo se hizo posible con la expiación de Jesús en favor nuestro.

El escritor de la epístola a los Hebreos traza un paralelo entre el sacrificio que se hacía en el Día de la Expiación en el Antiguo Pacto, y el sacrificio de Jesús por nosotros. Señala que la sangre de Cristo tenía el propósito de *santificarnos*:

> Porque los cuerpos de aquellos animales cuya sangre a causa del pecado es introducida en el santuario por el sumo sacerdote, son quemados fuera del campamento. Por lo cual también Jesús, *para santificar al pueblo* mediante su propia sangre, padeció fuera de la puerta. (Hebreos 13:11-12, énfasis añadido)

Esa es la santificación inicial, proveniente de la obra de Cristo Jesús en la cruz. En el momento de Su muerte y resurrección, todo nuestro pasado de pecado fue definitivamente quitado y la suciedad espiritual fue lavada (Tit 3:5). Nos volvimos nuevas criaturas, las cosas viejas ya pasaron y se hizo una nueva realidad (2 Co 5:17).

¿Cuándo esa santificación inicial, conquistada por Jesús en la cruz, se vuelve realidad en mi vida y en la suya? En el exacto momento del nuevo nacimiento, por la fe genuina en Cristo y en Su obra expiatoria, en ese momento, instantáneamente, somos santificados.

¿Eso significa que todo está finalizado? De ninguna manera.

La santificación inicial no es concluyente. Al contrario, convoca el próximo nivel: la santificación progresiva.

SANTIFICACIÓN PROGRESIVA

Además de la santificación inicial, la Biblia destaca una obra de continuidad de aquello que ya experimentamos con el nuevo nacimiento.

> Pues la voluntad de Dios fue que el sacrificio del cuerpo de Jesucristo *nos hiciera santos*, una vez y para siempre. Bajo el antiguo pacto, el sacerdote oficia de pie delante del altar día tras día, ofreciendo los mismos sacrificios una y otra vez, los cuales nunca pueden quitar los pecados;

> pero nuestro Sumo Sacerdote se ofreció a sí mismo a Dios como un solo sacrificio por los pecados, válido para siempre. Luego se sentó en el lugar de honor, a la derecha de Dios. Allí espera hasta que sus enemigos sean humillados y puestos por debajo de sus pies. Pues mediante esa única ofrenda, él perfeccionó para siempre a los que *está haciendo santos*. (Hebreos 10:10-14, NTV, énfasis añadido)

Es importante observar que en el versículo 10, el escritor de la carta a los Hebreos declara que *nos hiciera* santos (pretérito), mientras que, en el versículo 14, habla acerca de los que *está haciendo* santos (en el presente, gerundio), lo que significa continuidad. Así que vemos una clara distinción entre santificación inicial y santificación progresiva.

Hay que mirarlo bajo la perspectiva correcta: los diferentes niveles de santificación no compiten entre sí ni se anulan mutuamente. En realidad, ellos se complementan. El hecho de haber sucedido una santificación inicial no exime lo que viene después. Por otro lado, la necesidad de seguir adelante lo que se empezó no disminuye la calidad de la santificación inicial, únicamente lleva a otro nivel. Lo mismo pasa con la santificación final. Estamos hablando de etapas distintas, pero complementarias.

De hecho, después de la santificación inicial, aún hay necesidad de algo más. El apóstol Pablo se refirió a esto como el perfeccionamiento de la santidad:

> Así que, amados, puesto que tenemos tales promesas, limpiémonos de toda contaminación de carne y de espíritu, perfeccionando la santidad en el temor de Dios. (2 Corintios 7:1)

La palabra traducida como «perfeccionando», en el griego original, es *epiteleo*. De acuerdo con el Léxico de Strong, significa «completar, realizar, perfeccionar, ejecutar, concluir». Las palabras «completar» y «concluir», junto con «perfeccionar», señalan algo más allá de la santificación inicial.

Vamos a observar otro texto que enfoca la misma verdad:

> Procuren estar en paz con todos y llevar una vida santa; pues sin la santidad, nadie podrá ver al Señor. Procuren que a nadie le falte la gracia de

> Dios, a fin de que ninguno sea como una planta de raíz amarga que hace daño y envenena a la gente. (Hebreos 12:14-15, DHH)

Cuando se dice que no *le falte la gracia de Dios*, queda claro que el escritor se dirige a personas que ya tuvieron una experiencia con Cristo, que ya probaron de la acción de la gracia divina y ahora deben avanzar en la santificación (aparte de que la carta misma ya está dirigida a los cristianos). Esa santificación que debe ser seguida *es la santificación de los que ya fueron santificados*. Es la continuidad o perfeccionamiento de lo que ya se inició.

Una de las maneras de diferenciar los dos primeros niveles de santificación es reconocer que la santificación inicial es el resultado de nuestro encuentro con Cristo, mientras que la santificación progresiva es la preparación para Su venida. Vea dos afirmaciones de Pablo a los hermanos de la iglesia de Tesalónica, que respaldan ese entendimiento:

> Para que sean afirmados vuestros corazones, irreprensibles en santidad delante de Dios nuestro Padre, *en la venida* de nuestro Señor Jesucristo con todos sus santos. (1 Tesalonicenses 3:13, énfasis añadido)

> Y el mismo Dios de paz os santifique por completo; y todo vuestro ser, espíritu, alma y cuerpo, sea guardado irreprensible *para la venida* de nuestro Señor Jesucristo. (1 Tesalonicenses 5:23, énfasis añadido)

Otra forma de distinguir la santificación inicial de la progresiva es observar como ambas se pueden experimentar, además de identificar el tiempo en que suceden (una en la conversión y otra en la caminata cristiana). Fíjese en la declaración divina a través del profeta Isaías:

> Venid luego, dice Jehová, y estemos a cuenta: si vuestros pecados fueren como la grana, como la nieve serán emblanquecidos; si fueren rojos como el carmesí, vendrán a ser como blanca lana. (Isaías 1:18)

La idea central de ese versículo es mostrar el poder perdonador de Dios. Él usa la ilustración de una tela con colores vibrantes por causa del teñido, que se puede limpiar completamente y volverse blanca. Se hace esa comparación porque no hay manchas de pecado que Dios no pueda remover y limpiar de nuestras vestimentas espirituales. El texto no habla solo del perdón, sino de la santificación.

Sin embargo, cabe resaltar que el Señor no solamente señala dos colorantes diferentes sino que también muestra dos ejemplos de elementos blancos: primeramente, la *nieve* y después la *lana*. ¿Por qué dos tipos de blanco? No creo que sea por casualidad, una vez que la Palabra de Dios hace referencia a si misma: «Todo lo que antes se dijo en las Escrituras, se escribió para nuestra instrucción» (Ro 15:4, DHH).

En mi niñez, aprendí con mi padre Juarez Subirá que hay un simbolismo en ese texto: tanto la nieve como la lana son figuras de la obra divina de santificación y son muy particulares en su esencia. La *nieve* que viene de arriba, del cielo para la tierra, representa la *santificación inicial* que se nos ha imputado por la fe en Cristo Jesús por causa del nuevo nacimiento. La *lana*, que nace de adentro hacia fuera de la oveja, representa la *santificación progresiva*, resultado de la naturaleza divina que se manifiesta en nuestro interior y sale a punto de volverse visible. La primera literalmente cae del cielo y nos afecta, la otra sale de nosotros mismos, de adentro hacia afuera, progresivamente.

Establecidas las distinciones entre los dos primeros tipos de santificación, pasemos al tercer y último nivel: la *santificación final*.

SANTIFICACIÓN FINAL

Para situarnos cronológicamente, podemos decir que la *santificación inicial* es el resultado de habernos encontrado con Cristo. La *santificación progresiva* es la preparación para la venida de Jesús. Ya la *santificación final* se alcanzará con la venida de Cristo.

La Palabra de Dios revela un aspecto de la redención que solamente se completará en los últimos tiempos:

> Porque el anhelo ardiente de la creación es el aguardar la manifestación de los hijos de Dios Porque la creación fue sujetada a vanidad, no por su propia voluntad, sino por causa del que la sujetó en esperanza; porque también la creación misma será libertada de la esclavitud de corrupción, a la libertad gloriosa de los hijos de Dios. (Romanos 8:19-21)

El apóstol se refiere a la «manifestación de los hijos de Dios» y a la «*libertad gloriosa de los hijos de Dios*» lo que ocurrirá al final, cuando Jesús venga a buscar a los fieles. En ese tiempo, la misma creación será «*libertada de la esclavitud de corrupción*».

Eso quiere decir que hoy disfrutamos parcialmente de la salvación. Nuestro espíritu ya fue regenerado y nuestra alma sigue en proceso de restauración por la Palabra de Dios, por lo tanto, nuestro cuerpo solo será definitiva y completamente transformado cuando Jesús venga.

La conclusión del proceso de restauración del alma es la definitiva transformación del cuerpo, a la que llamamos *glorificación*, o *santificación final*. Se puede afirmar que *aguardamos* la redención de nuestro cuerpo, algo que todavía no se consumó. Vea lo que dice la Biblia:

> Porque el anhelo ardiente de la creación es el aguardar la manifestación de los hijos de Dios. Porque la creación fue sujetada a vanidad, no por su propia voluntad, sino por causa del que la sujetó en esperanza porque también la creación misma será libertada de la esclavitud de corrupción, a la libertad gloriosa de los hijos de Dios. (Romanos 8:19-21)

El gemido de la creación (y el nuestro también) es por la completa redención. En nuestro caso, el anhelo es por la redención del cuerpo, una experiencia que la Palabra de Dios deja claro que todavía no se ha concluido. Fíjese que la inclinación de los deseos de la carne no desapareció después de la experiencia del nuevo nacimiento. Nuestra responsabilidad como cristianos es de frenar esa propensión. Es de ejercer dominio propio. Las Escrituras nos muestran la tarea de abnegarse desde el inicio de la humanidad. Cuando Caín planeaba pecar, el Señor le advirtió:

> Si haces lo bueno, ¿no serás enaltecido? Pero si no haces lo bueno, el pecado está a la puerta y te seducirá; *pero tú debes enseñorearte de él.* (Génesis 4:7, RVA–2015, énfasis añadido)

Observe las frases: «el pecado está a la puerta» y «te seducirá». Por supuesto que tenemos una batalla que hay que pelear contra el pecado y la posibilidad de que entre por medio de deseos no frenados. Justamente por eso mismo, Dios le advirtió a Caín: «pero tú debes enseñorearte de él». La manera de mantener el pecado hacia fuera sigue siendo el dominio propio. El trato apropiado que se debe dar a nuestro cuerpo es mantenerlo constantemente a «raya», o sea, bajo control. Es ahí que surge el cuestionamiento: ¿hasta cuándo pelearemos esa batalla? Hasta la glorificación del cuerpo, hasta la santificación final.

El apóstol Pablo les explicó a los hermanos de Corinto que carne y sangre no pueden heredar el reino de Dios, ni la corrupción (del hombre) puede heredar la incorrupción (celestial). Resaltó el hecho de que por eso mismo nuestro cuerpo necesitará probar una transformación en la venida de Cristo, en la consumación de la obra de la redención:

> Pero una cosa les digo, hermanos: ni la carne ni la sangre pueden heredar el reino de Dios, y tampoco la corrupción puede heredar la incorrupción. Presten atención, que les voy a contar un misterio: No todos moriremos, pero todos seremos transformados en un instante, en un abrir y cerrar de ojos, cuando suene la trompeta final. Pues la trompeta sonará, y los muertos serán resucitados incorruptibles, y nosotros seremos transformados. Porque es necesario que lo corruptible se vista de incorrupción, y lo mortal se vista de inmortalidad. Y cuando esto, que es corruptible, se haya vestido de incorrupción, y esto, que es mortal, se haya vestido de inmortalidad, entonces se cumplirá la palabra escrita: «Devorada será la muerte por la victoria». (1 Corintios 15:50-54, RVC)

Todos los santos, que hasta entonces tenían cuerpos corruptos, serán *glorificados* para entrar en el ambiente incorruptible que es el cielo. La diferencia es que los *muertos* serán resucitados y los *vivos*, transformados. Vea como se describe la experiencia en la carta de Pablo a los Tesalonicenses:

> Por lo cual os decimos esto en palabra del Señor: que nosotros que vivimos, que habremos quedado hasta la venida del Señor, no precederemos a los que durmieron. Porque el Señor mismo con voz de mando, con voz de arcángel, y con trompeta de Dios, descenderá del cielo; y los muertos en Cristo resucitarán primero. Luego nosotros los que vivimos, los que hayamos quedado, seremos arrebatados juntamente con ellos en las nubes para recibir al Señor en el aire, y así estaremos siempre con el Señor. (1 Tesalonicenses 4:15-17)

Es evidente en estos textos que la transformación final de nuestros cuerpos ocurrirá en la venida de nuestro Señor Jesús Cristo, por lo tanto, en el futuro. Pablo añadió la manera, en la carta a los hermanos filipenses, explicando que esa transformación será exactamente la misma que Cristo Jesús probó en Su propio cuerpo después de la resurrección.

> Mas nuestra ciudadanía está en los cielos, de donde también esperamos al Salvador, al Señor Jesucristo; el cual transformará el cuerpo de la humillación nuestra, para que sea semejante al cuerpo de la gloria suya, por el poder con el cual puede también sujetar a sí mismo todas las cosas. (Filipenses 3:20-21)

Jesús transformará nuestro *cuerpo de la humillación* para ser igual al *cuerpo de la gloria suya*: así será la *glorificación*, del mismo modo como le pasó a Cristo.

A pesar de transformado, fíjese que, después de la resurrección, el cuerpo de Jesús todavía conservaba la apariencia humana común, tanto que pudo ser reconocido por los discípulos. Él todavía tenía las marcas de los clavos y permitió que las tocara (Lc 24:39-40). Podía comer los alimentos como lo hacía antes (Lc 24:41-43). Pero la realidad de Su cuerpo estaba mucho más allá, y sin las limitaciones físicas de antes. Jesús aparece y desaparece delante de Sus discípulos (Lc 24:31,36). Fue elevado al cielo, anulando la ley de la gravedad (Hch 1:9). Sin embargo, declaró: «palpad, y ved; porque un espíritu no tiene carne ni huesos, como veis que yo tengo.» (Lc 24:39). Su cuerpo fue glorificado y Él transformará nuestros cuerpos para que sean exactamente como el Suyo. ¡Qué experiencia gloriosa y misteriosa! Es cuando se cumplirá la promesa divina:

> Enjugará Dios toda lágrima de los ojos de ellos; y ya no habrá muerte, ni habrá más llanto, ni clamor, ni dolor; porque las primeras cosas pasaron. Y el que estaba sentado en el trono dijo: He aquí, yo hago nuevas todas las cosas. Y me dijo: Escribe; porque estas palabras son fieles y verdaderas. (Apocalipsis 21:4-5)

Acuérdese: no significa que Dios solo empezará a hacer algo nuevo cuando estemos en el cielo. Su venida sella la conclusión del proceso de hacer nuevas todas las cosas, del proceso de santificación que tuvo inicio en la *conversión*, debe ser perfeccionado a lo largo de la *caminata cristiana*, pero se concluirá en la *glorificación*.

3

SANTIFICACIÓN INICIAL

«El milagro más grande que Dios puede hacer hoy día es tomar a un hombre impuro de un mundo impuro y hacerlo santo y luego colocarlo de nuevo en ese mismo mundo impuro y preservarlo santo». (Leonard Ravenhill)[11]

Considerando la posibilidad de alcanzar a todo tipo de público a través de esta enseñanza, incluyendo personas con diferentes niveles de conocimiento y madurez cristiana, creo que debo empezar a diferenciar los niveles de santificación de los *fundamentos* de la obra salvadora de Cristo. La *santificación inicial* ocurre en el encuentro del hombre con Cristo, en la conversión. Está conectada con la experiencia del nuevo nacimiento. Es el momento en que se apagó el pasado de pecado y de culpa.

> ¿No sabéis que los injustos no heredarán el reino de Dios? No erréis; ni los fornicarios, ni los idólatras, ni los adúlteros, ni los afeminados, ni los que se echan con varones, ni los ladrones, ni los avaros, ni los borrachos, ni los maldicientes, ni los estafadores, heredarán el reino de Dios. Y esto erais algunos; mas ya habéis sido lavados, ya habéis sido santificados, ya habéis sido justificados en el nombre del Señor Jesús, y por el Espíritu de nuestro Dios. (1 Corintios 6:9-11)

11. Traducción del inglés desde Goodreads. Recuperado de https://www.goodreads.com/quotes/671830-the-greatest-miracle-that-god-can-do-today-is-to

El apóstol Pablo vincula la incidencia de la santificación inicial «habéis sido santificados» con la justificación «habéis sido justificados», y el lavado de la regeneración «habéis sido lavados». Al determinar el tiempo, se puede también definir la naturaleza de cada experiencia.

Pero antes de iniciar este viaje por la Palabra de Dios, vamos a aclarar un poco el escenario. Existe mucho desconcierto con respecto a los términos utilizados en la Biblia, que son complementarios: justificación, regeneración, santificación, salvación. Vamos a entender, de manera general, las diferencias.

La salvación, como hemos definido anteriormente, tiene tres etapas diferentes: puerta, camino y meta. Cuando alguien se refiere a la salvación como siendo solamente su encuentro con Cristo, pone un límite para algo más grande respecto a aquella etapa inicial.

La santificación, que es parte de la obra salvadora, también se manifiesta en las mismas tres etapas. La santificación inicial es la experiencia de la puerta, la santificación progresiva corresponde al camino. Y la santificación final solamente se vivirá cuando lleguemos a la meta de nuestra caminata de fe, cuando lleguemos al destino que usualmente se denomina *glorificación*.

Por lo tanto, los términos como «salvación» y «santificación» son más amplios, pues se manifiestan en las tres etapas de la vida cristiana, mientras «justificación» y «regeneración», que son características de la conversión, pertenecen solamente a la experiencia inicial. Creo que es importante visualizar esas características en una plantilla:

TERMINOLOGÍA	DEFINICIÓN	CUANDO OCURRE
Adopción (Jn 1:12 y Ro 8:17)	Hecho por el cual nos convertimos en hijos de Dios.	En el momento de la conversión, por la fe y de forma inmediata.
Redención (Col 2:14 y Ap 5:9-10)	Acción de compra con el pago de nuestra deuda por medio de la muerte de Cristo.	
Justificación (2 Co 5:21)	Acto divino que no solo perdonó nuestros pecados, sino también nos absolvió delante de Dios.	
Regeneración (Tit 3:5; Jn 3:6)	Experiencia del nuevo nacimiento.	

Salvación (Ef 2:8-9; 1 Ti 2:4)	Obra divina que rescata al hombre de la condenación y lo direcciona hasta la completa transformación. Ocurre en 3 etapas:	**Puerta**	En el momento de la conversión, por la fe y de forma inmediata
		Camino	A lo largo de toda la vida cristiana
		Meta	Cuando completemos la carrera
Santificación (1 Co 1:2; 2 Co 7:1; Ro 8:24)	Obra divina que absuelve al hombre de su pasado, lo empodera para vencer el pecado y lo conduce a la transformación final. Ocurre en 3 etapas:	**Inicial**	En el momento de la conversión, por la fe
		Progresiva	Durante toda la vida cristiana, por la sumisión a la nueva naturaleza
		Final	En la glorificación, tras la muerte y resurrección
Glorificación (Ro 8:24; 1 Co 15:50-53)	Acto divino de erradicación del pecado o bien de consumación del proceso de salvación		En la venida de Jesús

CONDICIÓN DEL HOMBRE SIN CRISTO

La santificación inicial se hace necesaria por la condición del hombre sin Cristo. No hay ningún justo. La Palabra de Dios declara que todos son pecadores:

> ¿Qué, pues? ¿Somos nosotros mejores que ellos? En ninguna manera; pues ya hemos acusado a judíos y a gentiles, que todos están bajo pecado. Como está escrito: No hay justo, ni aun uno; No hay quien entienda, No hay quien busque a Dios. Todos se desviaron, a una se hicieron inútiles. (Romanos 3:9-12)

Lo que pasa es que ya nacimos así, en la condición de pecadores. David ha declarado: «He aquí, en maldad he sido formado, y en pecado me concibió mi madre» (Sal 51:5). Sin embargo, nacer en la iniquidad no se refiere solo al propio salmista. Todos los impíos ya vienen al mundo en situación semejante, conforme señala otro salmo:

> Se apartaron los impíos desde la matriz; Se descarriaron hablando mentira desde que nacieron. (Salmos 58:3)

El hecho de que alguien no vea o no reconozca la naturaleza pecaminosa no cambia la realidad de que todos estamos bajo el pecado desde el nacimiento. Mire lo que dice en Proverbios:

> Hay generación limpia en su propia opinión, Si bien no se ha limpiado de su inmundicia. (Proverbios 30:12)

Eso pasó al principio de la historia. Volvamos al comienzo de todo para comprender mejor como la humanidad pasó a ser prisionera del pecado.

Dios creó a Adán a Su imagen y semejanza. Obviamente incluía una naturaleza que reflejaba la santidad divina. El Señor advirtió al primer hombre que no pecara y le notificó que si lo hacía, ciertamente moriría (Gn 2:17). El Creador no hacía referencia solo a la muerte natural, sino a la muerte espiritual principalmente. De hecho, sucedió: Adán pecó; hubo un pecado original. Sin embargo, las Escrituras muestran que el problema ha sido transferido para toda la humanidad:

> Por tanto, como el pecado entró en el mundo por un hombre, y por el pecado la muerte, así la muerte *pasó a todos los hombres*, por cuanto todos pecaron. (Romanos 5:12, énfasis añadido)

¿Por qué la muerte se ha transferido a todos los hombres? Porque en la creación, Dios determinó que todo se reprodujera según la propia especie. Como «cabeza» de la humanidad, Adán fue constituido para reproducir seres semejantes a sí mismo. Al fallar, resulta que comprometió el estándar planeado por Dios para la humanidad: Adán pecó y entonces reprodujo pecadores. Fue precisamente por eso que Cristo vino: no solo para perdonar nuestros pecados, sino para ser una nueva «cabeza de la humanidad» y reproducir seres semejantes a Sí mismo. Por eso que a Cristo se lo denomina como el *segundo* y el *postrer* Adán:

> Así también está escrito: Fue hecho el primer hombre Adán alma viviente; el *postrer* Adán, espíritu vivificante. Mas lo espiritual no es primero,

> sino lo animal; luego lo espiritual. El primer hombre es de la tierra, terrenal; el segundo hombre, que es el Señor, es del cielo. *Cual el terrenal, tales también los terrenales; y cual el celestial, tales también los celestiales.* Y así como hemos traído la imagen del terrenal, traeremos también la imagen del celestial. (1 Corintios 15:45-49, énfasis añadido)

La redención es más que perdonar nuestros pecados ya cometidos, es alterar nuestra naturaleza, nuestra condición, nuestra posición.

Ya demostré en el primer capítulo que el proyecto divino es que seamos santos porque Dios es santo y espera que nuestra vida refleje Su naturaleza aquí en la tierra. Por lo tanto, santidad es más que no pecar. Es reproducir la naturaleza de Dios.

Cambiamos de naturaleza, cambiamos de posición, ahora tenemos el ADN del postrer Adán, porque nacimos de nuevo en Él. Eso no significa que automáticamente cambiamos nuestro comportamiento; no paramos inmediatamente de vociferar con los cónyuges, de mentir al jefe, de tener pensamientos impuros, de guardar rencor. Fuimos perdonados por tener tales comportamientos hasta ahí, pero lo que ocurrió en la redención fue mucho más que eso.

Me explico. En primer lugar, a través de la redención, salimos de la condición anterior para una nueva. Cambiamos de posición espiritual: pasamos de muertos a vivos, de pecadores a santos, de enemigos a amigos; en el sentido de tener los pecados pasados perdonados y el abismo de separación cubierto por un puente. Todavía no hemos cambiado completamente nuestro comportamiento, pero delante de Dios, de los ángeles, del diablo, de los demonios, delante de la realidad espiritual, fuimos santificados y declarados como justos, sin culpa.

En segundo lugar, al recibir a Cristo, también ganamos la capacidad de cambiar nuestras actitudes. Y enfatizo: todavía no hemos cambiado, pero esa capacidad ya está dentro de nosotros desde el momento de la santificación inicial, del momento en que cambiamos de posición espiritual. Al final, hemos comenzado a tener dentro de nosotros a Aquel que venció al pecado no solamente en la cruz (de una vez por todas), sino también en el día a día (muchas veces, todos los días). Pasamos a tener el ADN divino, que aún necesita ser desarrollado y aplicado a las diferentes áreas de nuestro comportamiento, pero ya está ahí.

O sea, Jesús garantizó que recibiéramos en la santificación inicial tanto una porción de perdón para los pecados pasados, cambiando nuestra condición espiritual, como también la capacidad necesaria para conseguir cambiar de actitud a partir de ahí. Pero, permitir que esa naturaleza divina transforme nuestro carácter día tras día, eso es un tema para el próximo capítulo.

Así que volvamos al principio.

SOLUCIÓN DE DIOS

Dios fue el proveedor de la salvación. El Creador sabía que el hombre cedería al pecado y ya tenía un plan: enviar a Su hijo Jesucristo.

> Porque de tal manera amó Dios al mundo, *que ha dado a su Hijo unigénito*, para que todo aquel que en él cree, no se pierda, mas tenga vida eterna. (Juan 3:16, énfasis añadido)

Dios dio a su Hijo. ¿Cuándo? ¿Solamente en el momento en que Cristo vino al mundo? ¡No! Esa historia ha comenzado mucho antes de nuestra existencia:

> Sabiendo que fuisteis rescatados de vuestra vana manera de vivir, la cual recibisteis de vuestros padres, no con cosas corruptibles, como oro o plata, sino con la sangre preciosa de Cristo, como de un cordero sin mancha y sin contaminación, ya destinado *desde antes de la fundación del mundo*, pero manifestado en los postreros tiempos por amor de vosotros. (1 Pedro 1:18-20, énfasis añadido)

¡Aleluya! Vea: la sangre de Cristo fue conocida «antes de la fundación del mundo». Eso significa que Dios, en Su presciencia, no fue sorprendido por el pecado del hombre. Él ya tenía un plan eterno para sanar el problema que el pecado traería.

La provisión divina de salvación fue dispensada en favor de toda la humanidad, no solo para algunos. No hay dudas acerca de eso, pues las Escrituras afirman expresamente que Dios «quiere que todos los hombres sean salvos y vengan al conocimiento de la verdad» (1 Ti 2:4). Sin embargo, es importante destacar que la solución providenciada por Dios no soluciona automáticamente el problema de todos; el hombre puede aceptar o no la salvación divina que se le ofrece. La Biblia habla de gente que rechazó y de gente que recibió a Cristo:

> A lo suyo vino, y *los suyos no le recibieron*. Mas *a todos los que le recibieron*, a los que creen en su nombre, les dio potestad de ser hechos hijos de Dios; los cuales no son engendrados de sangre, ni de voluntad de carne, ni de voluntad de varón, sino de Dios. (Juan 1:11-13, énfasis añadido)

Pero, ¿cómo se recibe a Cristo? ¿Cómo experimentar Su obra redentora?

COMO SE RECIBE LA SANTIFICACIÓN INICIAL

> Porque por gracia sois salvos por medio de la fe; y esto no de vosotros, pues es don de Dios; no por obras, *para que nadie se gloríe*. (Efesios 2:8-9, énfasis añadido)

La solución de Dios para el problema del pecado se recibe por la fe en la obra de la cruz, no por obras. Observe el destaque del por qué es la gracia la que salva: «para que nadie se gloríe». En la carta a los romanos, Pablo habla acerca de esa jactancia o vanagloria de obras siendo excluida por la fe:

> Con la mira de manifestar en este tiempo su justicia, a fin de que él sea el justo, y el que justifica al que es de la fe de Jesús. ¿Dónde, *pues, está la jactancia? Queda excluida*. ¿Por cuál ley? ¿Por la de las obras? No, sino *por la ley de la fe*. Concluimos, pues, que el hombre es justificado por fe sin las obras de la ley. (Romanos 3:26-28, énfasis añadido)

Ya hemos afirmado que Jesucristo es la solución divina para el estatus de pecador de todos los hombres. Aquí vimos que no son las obras que nos conectan con la salvación que está en Jesús, sino la fe. Si es por la fe que Lo recibimos, también es solo por la fe que obtenemos la santificación inicial porque ella ocurre justamente cuando Lo encontramos, cuando creemos en Él. Ocurre lo mismo con el nuevo nacimiento y la justificación, experiencias que ocurren en el momento de la fe en Cristo.

El Señor Jesús, cuando se manifestó a Pablo y lo comisionó para predicar a los gentiles, también habló acerca de la santificación inicial siendo ratificada por la fe:

> Librándote de tu pueblo, y de los gentiles, a quienes ahora te envío, para que abras sus ojos, para que se conviertan de las tinieblas a la luz, y de la potestad de Satanás a Dios; para que reciban, *por la fe* que es en mí, perdón de pecados y herencia entre los *santificados*. (Hechos 26:17-18, énfasis añadido)

Luego de reconocer que la santificación inicial empieza por la fe, quiero detallar un poco el *proceso* que lleva a ese resultado.

AGENTES SANTIFICADORES

La Palabra de Dios nos habla de tres agentes santificadores que actúan en la experiencia inicial:

1. La acción del Espíritu Santo.
2. La Palabra de Dios.
3. La sangre de Cristo.

Cada uno de ellos tiene su rol y, juntos, se complementan.

Santificación del Espíritu

La acción del Espíritu Santo en la santificación inicial está clara en el Nuevo Testamento y está relacionada al nuevo nacimiento: es *por medio* del lavamiento del Espíritu que somos limpios.

> Pero cuando se manifestó la bondad de Dios nuestro Salvador, y su amor para con los hombres, nos salvó, no por obras de justicia que

> nosotros hubiéramos hecho, sino por su misericordia, *por el lavamiento de la regeneración* y por la renovación en el Espíritu Santo. (Tito 3:4-5, énfasis añadido)

La salvación fue planeada en la eternidad y manifestada en su debido tiempo. Pero, desde el propósito divino firmado en la eternidad, ese rol santificador del Espíritu Santo ya había sido determinado. Pablo nos demuestra eso en la epístola a los tesalonicenses:

> Pero nosotros debemos dar siempre gracias a Dios respecto a vosotros, hermanos amados por el Señor, de que Dios os haya escogido desde el principio para salvación, *mediante la santificación por el Espíritu* y la fe en la verdad, a lo cual os llamó mediante nuestro evangelio, para alcanzar la gloria de nuestro Señor Jesucristo. (2 Tesalonicenses 2:13-14, énfasis añadido)

Observe como el apóstol Pedro también señala la obra santificadora del Espíritu Santo en nosotros:

> Pedro, apóstol de Jesucristo, a los expatriados de la dispersión en el Ponto, Galacia, Capadocia, Asia y Bitinia, elegidos según la presciencia de Dios Padre en *santificación del Espíritu*, para obedecer y ser rociados con la sangre de Jesucristo: Gracia y paz os sean multiplicadas. (1 Pedro 1:1-2, énfasis añadido)

Según las descripciones bíblicas, es correcto afirmar que el Espíritu de Dios es Santo y también santificador. Él es quien nos *proporciona* la experiencia inicial de santificación, Él hace que suceda. Aunque Su acción también esté presente en los demás niveles de santificación (la progresiva y la final), ella es decisiva en esta etapa. Es el Espíritu Santo que procesa el lavado inicial en el hombre que cree en Cristo.

Palabra de Dios

Así como la acción del Espíritu Santo, la Palabra de Dios también aparece en la santificación inicial. Vamos a revisar el pasaje mencionado anteriormente:

> Pero nosotros debemos dar siempre gracias a Dios respecto a vosotros, hermanos amados por el Señor, de que Dios os haya escogido desde el principio para salvación, *mediante la santificación* por el Espíritu y la fe en la verdad, a lo cual os llamó mediante nuestro evangelio, para alcanzar la gloria de nuestro Señor Jesucristo. (2 Tesalonicenses 2:13-14, énfasis añadido)

El texto bíblico habla acerca de la acción del Espíritu en la santificación, pero también menciona la fe en la verdad, una evidente referencia al evangelio predicado, a la Palabra de Dios. O sea, hay una acción combinada entre el Espíritu Santo y la Palabra de Dios cuando existe fe por parte del hombre, Espíritu y Palabra actúan juntos para limpiarlo.

Nos percatamos acerca de esa asociación desde el relato bíblico de la creación. El Espíritu *se movía sobre la faz de las aguas* cuando Dios usó Su palabra para determinar: «*Sea*». La combinación entre Espíritu y Palabra es un «químico explosivo». ¡Sus efectos son poderosos!

El apóstol Pedro también habla acerca de la purificación causada por la obediencia a la Palabra de Dios y la presenta como semilla que es responsable por nuestro renacimiento:

> Habiendo purificado vuestras almas por la *obediencia a la verdad*, mediante el Espíritu, para el amor fraternal no fingido, amaos unos a otros entrañablemente, de corazón puro; *siendo renacidos, no de simiente corruptible, sino de incorruptible, por la palabra de Dios* que vive y permanece para siempre. (1 Pedro 1:22-23, énfasis añadido)

De suerte que, así como es mediante el Espíritu que ocurre el lavado de la regeneración, también es mediante la Palabra que somos renacidos. Una acción combinada entre esos agentes santificadores.

Ya vimos que hay salvación solamente por la fe. Pero la Biblia indica también el camino para tener fe: oír la Palabra de Dios (Ro 10:17). ¡La fe es generada a partir del contacto con el evangelio, oyendo la Palabra! Eso significa que la Palabra está totalmente conectada al inicio de la vida cristiana, a la experiencia de nacer de nuevo, que es cuando se recibe la porción inicial de la obra santificadora.

En resumen, hemos construido el siguiente entendimiento: para que recibamos la santificación inicial, el Espíritu y la Palabra actúan juntos.

La Sangre del Cordero

Todavía necesitamos reconocer la poderosa y esencial actuación de la sangre de Jesús en esta experiencia. La premisa bíblica es que no puede haber remisión sin derramamiento de sangre (He 9:22). Desde el sacrificio de un cordero, ejecutado por el propio Dios para fabricar vestiduras a Adán y Eva después del pecado, la Palabra de Dios señala la necesidad de una sangre inocente para expiar la culpa.

Sangre es vida. Nuestra propensión es centrarnos en la muerte de Cristo, pero lo que Él hizo al derramar sangre, fue derramar Su propia vida, una vida inocente. El objetivo no fue solamente cubrir la desnudez natural como lo hizo aquella piel de cordero en la expulsión del Edén, sino definitivamente redimir, sustituir, solventar la deuda, sacarnos del camino de muerte al cual estábamos sentenciados como pago por el pecado (Ro 6:23) para darnos gratuitamente la vida en el espíritu. La sangre del Cordero Jesús ha preparado blancas prendas espirituales que eliminan nuestra vergonzosa desnudez espiritual.

Por el derramamiento de Su sangre, Cristo *ha conquistado* el poder de lavar la humanidad, de santificarla. Una vez que Él cumplió la demanda de sangre que el pecado exigía, Su sangre se convirtió en ese tercer agente santificador, y también se podría decir que es el agente fundamental, sin el cual la actuación de los demás carecería de sentido.

> Y tomando la copa, y habiendo dado gracias, les dio, diciendo: Bebed de ella todos; porque esto es *mi sangre* del nuevo pacto, que por muchos es derramada para remisión de los pecados. (Mateo 26:27-28, énfasis añadido)

La sangre, y la conquista que representa, es esencial para posibilitar la santificación inicial que ocurre en el evento del nuevo nacimiento. Vea, pues, como varios fragmentos de la Biblia describen la sangre de Jesucristo actuando como agente santificador y purificador:

> Porque si la sangre de los toros y de los machos cabríos, y las cenizas de la becerra rociadas a los inmundos, *santifican* para la purificación de la carne, *¿cuánto más la sangre de Cristo*, el cual mediante el Espíritu eterno se ofreció a sí mismo sin mancha a Dios, *limpiará vuestras*

> *conciencias de obras muertas para que sirváis al Dios vivo*? (Hebreos 9:13-14, énfasis añadido)
>
> Por lo cual también Jesús, para *santificar* al pueblo mediante su propia *sangre*, padeció fuera de la puerta. (Hebreos 13:12, énfasis añadido)
>
> Yo le dije: Señor, tú lo sabes. Y él me dijo: Estos son los que han salido de la gran tribulación, y *han lavado* sus ropas, y las *han emblanquecido* en la sangre del Cordero. (Apocalipsis 7:14, énfasis añadido)

LOS RESULTADOS

La santificación inicial resulta en vida nueva y eliminación de la condena. La pregunta es: ¿qué pasa conmigo cuando recibo la santificación inicial en el nuevo nacimiento? Vamos a mostrar esos resultados.

Vida nueva

Estábamos muertos en nuestros pecados. En Cristo fuimos vivificados, es decir, recibimos una nueva vida:

> Y él *os dio vida* a vosotros, cuando estabais muertos en vuestros delitos y pecados, en los cuales anduvisteis en otro tiempo, siguiendo la corriente de este mundo, conforme al príncipe de la potestad del aire, el espíritu que ahora opera en los hijos de desobediencia, entre los cuales también todos nosotros vivimos en otro tiempo en los deseos de nuestra carne, haciendo la voluntad de la carne y de los pensamientos, y éramos por naturaleza hijos de ira, lo mismo que los demás. (Efesios 2:1-3, énfasis añadido)

Escribiendo a los cristianos romanos acerca de la simbología del bautismo en las aguas, el apóstol Pablo declara que nos identificamos con Jesús no solo en Su muerte. ¡En Su resurrección también pasamos de la muerte a la vida! Somos llamados a andar en ese lugar de *vida nueva*.

> ¿O no sabéis que todos los que hemos sido bautizados en Cristo Jesús, hemos sido bautizados en su muerte? Porque somos sepultados juntamente

> con él para muerte por el bautismo, a fin de que como Cristo resucitó de los muertos por la gloria del Padre, así también nosotros andemos *en vida nueva*. (Romanos 6:3-4, énfasis añadido)

Andar en vida nueva no es simple consecuencia o efecto colateral del bautismo. Es una elección subsecuente. Es una decisión para sostenerse día tras día luego de la experiencia de conversión.

> De modo que si alguno está en Cristo, nueva criatura es; las cosas viejas pasaron; he aquí todas son hechas *nuevas*. (2 Corintios 5:17, énfasis añadido)

Andar en vida nueva también significa disfrutar de los beneficios y realidades de la nueva creación. Lo que nos sucedió fue realmente un «nacer de nuevo» a partir de la naturaleza del propio Dios, con Su ADN. Como Sus hijos, como nuevas criaturas. La vida tocó nuestro espíritu muerto y nació un bebé espiritual.

Retirada de la condenación

La acción santificadora nos proporciona una nueva condición. Cuando empezamos a estar en Cristo, ya no somos más *esclavos* de nuestro pasado, y ya no hay más ninguna *condenación* contra nosotros:

> Ahora, pues, ninguna condenación hay para los que están en Cristo Jesús, los que no andan conforme a la carne, sino conforme al Espíritu. (Romanos 8:1)

Usted y yo estábamos condenados. Llegaría el día del juicio y seríamos encerrados en la peor de las prisiones: la eterna, donde hay llanto y crujir de dientes. Nuestra condición de pecado, establecida por ser descendientes del primer Adán, selló un destino de condenación eterna.

No podemos menospreciar eso. ¡Teníamos una deuda impagable, pero por precio de sangre fuimos comprados y redimidos! Llegará el día final y nuestra sentencia será otra: «Entonces el Rey dirá a los de su derecha: Venid, benditos de mi Padre, heredad el reino preparado para vosotros desde la fundación del mundo» (Mt 25:34).

En el momento exacto de la fe en Jesús, el acta de los decretos de deuda que había contra nosotros fue anulado (Col 2:14). No solo el pasado de pecados fue arrojado en el mar del olvido, sino que la condenación eterna fue anulada. En la obra inicial de santificación, nuestra vida fue reiniciada, recomenzamos desde cero rumbo a un destino maravilloso, si mantenemos y perfeccionamos esa santificación.

¡La santificación inicial tiene un poder maravilloso! Sin embargo, eso no significa que no haya nada más que hacer.

¿YA ESTÁ TODO CONCLUIDO?

Los que han sido tocados por la salvación de Cristo están, obviamente, en un proceso que todavía no se ha concluido. Jesucristo declaró al paralítico curado en el estanque de Bethesda: «Después le halló Jesús en el templo, y le dijo: Mira, has sido sanado; no peques más, para que no te venga alguna cosa peor» (Jn 5:14). ¿Qué es lo que el Maestro quería decir? Que el hombre podría volver a pecar aun después de un encuentro con Cristo, y empeorar todavía más la situación que Dios ya había cambiado. Alguien podría refutar que aquello fuera un caso de sanación, no de salvación, aunque se haya mencionado el pecado como la causa del posible empeoramiento. Así que vamos a otro ejemplo bíblico. Después de perdonar a aquella mujer sorprendida en flagrante adulterio (Jn 8:3-11), el Señor Jesús le dijo: «vete, y no peques más». El perdón de los pecados, la justificación, no elimina la santificación posterior exigida a los que fueron alcanzados por el Señor.

La novedad de vida y la retirada de la culpa forman parte del nuevo comienzo, sin embargo, hay más. Todavía no hemos llegado a la perfección. Eso queda claro en las palabras de Pablo: «No que lo haya alcanzado ya, ni que ya sea perfecto; sino que prosigo» (Fil 3:12). Es un hecho confirmado por las palabras de Santiago: «Porque todos ofendemos muchas veces» (Stg 3:2).

Así que ese recomienzo debe ser acompañado por la responsabilidad de no comprometer la santificación inicialmente recibida por la sangre de Jesucristo:

> ¿Cuánto mayor castigo pensáis que merecerá el que pisoteare al Hijo de Dios, y *tuviere por inmunda la sangre del pacto en la cual fue santificado*, e hiciere afrenta al Espíritu de gracia? (Hebreos 10:29, énfasis añadido)

¡Fuimos lavados por la sangre de Jesús! Pero no tenemos un revestimiento de «teflón» espiritual para que la suciedad no nos toque más.

Según la exhortación bíblica explicada anteriormente, la acción santificadora de la sangre de Jesús puede ser profanada, así como puede ser ultrajado el Espíritu Santo, que también actuó en nuestra santificación. Igualmente, la Palabra de Dios puede ser desobedecida. O sea, todos los agentes santificadores que han cooperado para el nuevo nacimiento pueden ser posteriormente rechazados por elección del hombre.

Por eso necesitamos la santificación progresiva. Además de preservar lo que ya hemos recibido, no anulando la obra inicial; también debemos permitir la acción santificadora a un nivel más profundo. Hablaré más acerca de eso en el próximo capítulo.

Pero, para ayudar a diferenciar los dos primeros niveles de santificación, inicial y progresiva, quiero citar John Bevere, en su libro *Matar la kriptonita: Destruye lo que roba tu fuerza.*[12] Él utiliza diferentes terminologías para explicar los mismos valores bíblicos: *santidad posicional*, en la cual entramos a través del nuevo nacimiento, y *santidad comportamental*, respecto a la conducta que debemos tener como cristianos. He entendido que lo ha hecho con tanta precisión, que yo no me atrevería a presentar esas verdades sin emplear la definición ya presentada por él. Fíjese:

> Cuando mencionamos la palabra «santidad» en la iglesia moderna, las personas frecuentemente retroceden y cambian el tema rápidamente. No es simpático para los que son «progresistas» y supuestamente les desalienta la vida. Muchas veces, se ve la santidad como sinónimo de obtener la salvación a través de obras o se considera como legalismo.
>
> Sin embargo, es la única descripción del Nuevo Testamento acerca de la Iglesia para la cual Jesús volverá. No dice que Él volverá para una

12. Versión en español del libro original *Killing Kryptonite: Destroy What Steals Your Strength* de John Bevere, publicado por Whitaker House.

iglesia «enfocada en liderazgo», para una iglesia «relevante» o para una iglesia «conectada», o quizás con una fuerte «comunión». Todas estas características son extremadamente importantes para el crecimiento y el éxito de una iglesia, pero ninguna de ellas es la característica que define la novia de Cristo.

Lastimosamente, debido a antiguas predicaciones legalistas, muchos cesaron de hablar acerca de la santidad. Para que una iglesia crezca hoy día, parece que ese tema debe ser evitado completamente. Al mismo tiempo, líderes atentos saben que la santidad es algo discutido en todo el Nuevo Testamento, o sea, hay que hablar de ese tema. Así que, para hacer que la santidad sea más aceptable, estos comunicadores vienen empleando una doctrina parecida a la siguiente: «Respecto a la santidad, no hace falta preocuparse por la responsabilidad personal, ya que Jesús es nuestra santidad, y está asegurada en Él». Esa doctrina es correcta, pero no *completamente,* porque el Nuevo Testamento habla de *dos aspectos distintos* de santidad. Muchas prédicas y enseñanzas contemporáneas mezclan a ambas en un único enfoque.

Con relación al primer aspecto de santidad, podemos leer: «según nos escogió en él antes de la fundación del mundo, para que fuésemos santos y sin mancha delante de él» (Ef 1:4).

Antes de que hiciéramos cualquier cosa digna de valor eterno, Dios tomó una decisión. Él nos eligió y, al hacerlo, declaró que somos santos. A Sus ojos somos irreprensibles. Eso es «santidad posicional». En el día en que recibimos a Jesús, nos hemos convertido en santos a los ojos de Dios, y nunca seremos más santos que eso. Dentro de veinticinco millones de años usted será tan santo como en el día en que recibió a Jesús.

Como ejemplo: «he conocido a Lisa Toscano en junio de 1981. Me enamoré y luego he decidido casarme con ella. El 2 de octubre de 1982, ella se convirtió en mi esposa. Ella no es más esposa hoy de lo que era hace treinta y cinco años, cuando nos casamos. De la misma manera, ella no será más esposa en nuestro septuagésimo aniversario de bodas. Ella ocupa esa *posición* de esposa de John Bevere. Ella no tuvo que merecer, ni luchar, ni comprar ese puesto. Ella es mi esposa porque yo la elegí».

Esa es la santidad que muchos líderes enseñan y eso es verdad, *pero hay más.* Permítame utilizar una vez más el escenario de mi casamiento para demostrar otro aspecto de la santidad.

Antes de conocerme, Lisa coqueteó, salió de novia, y dio su número de teléfono a otros muchachos por los cuales se había interesado. Después que nos casamos, ella cesó de coquetear a otros hombres. Ahora ella tiene un *comportamiento* que corresponde con la *posición* que ocupa como mi esposa.

Vea las palabras del apóstol Pedro: «como hijos obedientes, no os conforméis a los deseos que antes teníais estando en vuestra ignorancia; sino, como aquel que os llamó es santo, sed también vosotros santos en toda vuestra manera de vivir» (1 P 1:14-15).

He destacado algunas palabras. Primero, vea las palabras «no os conforméis». Lo que Pedro está especificando acerca del comportamiento no es opcional. En segundo lugar, Pedro no habla acerca de nuestra *posición* en Cristo, sino acerca de lo que *hacemos*. La versión de la Biblia Amplificada, en inglés, lo dice muy bien: «Ustedes también deben ser santos en toda su *conducta y manera de vivir*». Esa es la «santidad comportamental», no posicional. Es parecida al cambio de comportamiento de Lisa después de que nos casamos. Nuestro comportamiento tiene que reflejar nuestra posición».[13]

En el siguiente capítulo, el enfoque se centra en la santificación progresiva. Esto implica el comportamiento, no solo la posición en Cristo y constituye una parte complementaria de la santificación que, a su vez, necesita ser entendida como *un proceso*.

13. Traducido de la versión en portugués.

4

SANTIFICACIÓN PROGRESIVA

«La conversión quita al cristiano del mundo; la santificación quita el mundo del cristiano». (John Wesley)

La santificación inicial puede comprometerse. Aclarado eso, hay que entender la importancia de no echar a perder lo que Dios *empezó* en nuestras vidas. Fue exactamente acerca de eso que el apóstol Pablo dijo a los creyentes de Filipos:

> Estando persuadido de esto, que el que *comenzó* en vosotros la buena obra, *la perfeccionará* hasta el día de Jesucristo. (Filipenses 1:6, énfasis añadido)

He señalado los verbos «comenzar» y «perfeccionar». Ellos indican un proceso divino que ha sido iniciado y que, seguramente, todavía no concluyó. Más allá de preservar lo que recibimos, necesitamos desarrollar lo que se ha iniciado por Dios hasta que se perfeccione la obra.

Es importante resaltar que hay dos lados involucrados en el desarrollo. El texto citado de Filipenses habla de la parte de Dios. En otra declaración que hizo a los mismos filipenses, Pablo presenta el imperativo «ocupaos en vuestra salvación» (Fil 2:12): nuestra parte. Ambas acciones se complementan, la divina y la humana.

Ahora volvamos al concepto de proseguir con lo que se inició. Es innegable el hecho de que la Biblia resalta varias veces que tenemos que avanzar en santidad. La carta a los corintios lleva la misma recomendación: «limpiémonos de toda contaminación de carne y de espíritu, *perfeccionando la santidad* en el temor de Dios» (2 Co 7:1, énfasis añadido).

¡Y es así mismo! El texto bíblico habla acerca de *perfeccionar* la santidad. No significa que la santificación inicial no ha sido eficaz, solo que no fue *completa*. No por incapacidad de Dios en purificarnos, pero por el sencillo hecho de que Él eligió trabajar la santidad como un *proceso*.

Jesús le reveló algo importante a Pedro en el episodio en el que les lavó los pies a Sus discípulos: «Jesús les dijo: El que está lavado, no necesita sino lavarse los pies, pues está todo limpio; y vosotros limpios estáis, aunque no todos» (Jn 13:10). Cristo explicó no solamente el motivo natural de lavarle los pies a alguien, sino que estableció una comparación con verdades espirituales.

Antiguamente, cuando alguien se iba a visitar a un amigo o pariente, normalmente ya salía de su casa aseado y bien presentable. Sin embargo, el polvo del recorrido le ensuciaba los pies, ya que la mayoría de las carreteras no estaban pavimentadas. Así que cuando se recibía a un visitante, era una costumbre lavarle los pies como un gesto de hospitalidad.

Al afirmar que alguien ya se había lavado, Jesús señala la innegable experiencia de santificación inicial. Sin embargo, al mostrar que el lavado inicial no impide a una persona de ensuciarse los pies a lo largo del camino, el Señor advierte acerca de la necesidad de *continuar* siendo limpio. Eso hace referencia a la santificación progresiva.

Hoy día, parece que muchos líderes cristianos y profesores no distinguen claramente entre justificación (como obra instantánea) y santificación (como obra progresiva). John Charles Ryle, en su libro *Santidad*, aclara la diferencia:

> La santificación es algo que admite crecimiento y niveles de intensidad. Un hombre puede seguir un paso tras otro en su santidad, estando mucho más santificado en un período de su vida que en otros. Sin embargo, él no puede ser más perdonado y justificado que cuando creyó al principio, aunque pueda sentirlo más intensamente. Pero, ciertamente él puede ser más santificado.

Vea cómo Pablo una vez más habla sobre la necesidad de seguir desarrollando la santidad tras la experiencia de santificación inicial:

> Por lo demás, hermanos, os rogamos y exhortamos en el Señor Jesús, que de la manera que aprendisteis de nosotros cómo os conviene conduciros y agradar a Dios, *así abundéis más y más*. Porque ya sabéis qué instrucciones os dimos por el Señor Jesús; pues la voluntad de Dios es vuestra *santificación*; que os apartéis de fornicación. (1 Tesalonicenses 4:1-3, énfasis añadido)

La orientación es evidente. El capítulo anterior concluye tratando de los santos y de corazones afirmados en santidad (1 Ts 3:13). El autor añade a esa razón la necesidad de seguir progresando. ¿Progresando en qué? Es cierto que la santificación está incluida, lo constatamos incluso por la frase a continuación: «Pues la voluntad de Dios es vuestra santificación».

El reino de Dios tiene procesos. De la misma manera que un hijo no nace ya como adulto, sino como un niño que pasará por el proceso de crecimiento, se puede decir lo mismo respecto a la vida espiritual. El apóstol Pedro señala la comparación:

> Desechando, pues, toda malicia, todo engaño, hipocresía, envidias, y todas las detracciones, desead, *como niños recién nacidos*, la leche espiritual no adulterada, para que por ella crezcáis para salvación. (1 Pedro 2:1-2, énfasis añadido)

La maldad y el dolor no fueron completamente eliminados en el momento del nuevo nacimiento, y eso es evidente cuando se habla de «niños recién nacidos». Son comportamientos que aún no han sido intencionalmente moldeados. El apóstol le llama «crecimiento para salvación». Toda persona que nació de nuevo necesita vivenciar el proceso de crecimiento.

DE BEBÉS A ADULTOS: PROCESO DE CRECIMIENTO

Pablo habla a los cristianos de efesios acerca de los dones ministeriales dados a la iglesia teniendo en cuenta el perfeccionamiento y crecimiento de los santos; lo que aclara no solamente la necesidad, sino también el proyecto y voluntad de Dios respecto a nuestro crecimiento.

> Y él mismo constituyó a unos, apóstoles; a otros, profetas; a otros, evangelistas; a otros, pastores y maestros, a fin de perfeccionar a los santos para la obra del ministerio, para la edificación del cuerpo de Cristo, hasta que todos lleguemos a la unidad de la fe y del conocimiento del Hijo de Dios, a un *varón* perfecto, a la medida de la *estatura* de la plenitud de Cristo; para que ya no seamos niños fluctuantes, llevados por doquiera de todo viento de doctrina, por estratagema de hombres que para engañar emplean con astucia las artimañas del error, sino que siguiendo la verdad en amor, *crezcamos* en todo en aquel que es la cabeza, esto es, Cristo. (Efesios 4:11-15, énfasis añadido)

El apóstol usa el contraste entre las palabras «niños» (inmadurez) y «varón» (madurez) para comparar entre las etapas del crecimiento natural y espiritual. Él muestra que el conocimiento bíblico, que evitaría la vulnerabilidad a cualquier viento de doctrina, es lo que ayuda en ese perfeccionamiento.

Encontramos esa misma verdad en otras porciones de las Escrituras. Así como Pedro, que habla de la leche para recién nacidos, el autor de la epístola a los Hebreos también explota la diferencia entre una dieta basada en leche (alimento de niños) y una basada en alimento sólido (comida de adultos). En la enseñanza a la iglesia de Corinto, el ejemplo se repite:

> Tenéis necesidad de que se os vuelva a enseñar cuáles son los primeros rudimentos de las palabras de Dios; y habéis llegado a ser tales que tenéis necesidad de leche, y no de alimento sólido. Y todo aquel que participa de la leche es inexperto en la palabra de justicia, porque es *niño*; pero el alimento sólido es para los que han alcanzado *madurez*, para los que por el uso tienen los sentidos *ejercitados* en el discernimiento del bien y del mal. (Hebreos 5:12-14, énfasis añadido)

> De manera que yo, hermanos, no pude hablaros como a espirituales, sino como a carnales, como a *niños* en Cristo. Os di a beber leche, y no

> vianda; porque aún no erais capaces, ni sois capaces todavía. (1 Corintios 3:1-2, énfasis añadido)

Niño versus adulto, leche versus alimento sólido. En cual etapa del crecimiento estoy está directamente relacionado al tipo de alimento consumido, recordando que alimento es la Palabra. El contacto con la Biblia, a través de la lectura, la meditación y, por supuesto, la práctica, es lo que hace contribuye al desarrollo. De esa forma, la santidad crece en el hombre porque la Palabra es la plomada del albañil para enderezar lo que está torcido.

Esa visión acerca del crecimiento espiritual, desde bebes hasta adultos, es una base para constatar que el proceso iniciado por Dios carece de continuidad, tiene énfasis en la palabra «proceso», porque no se salta de un día para otro de la cuna a la gestión de una empresa, del regazo de la madre al volante de un automóvil, de la leche al chicharrón. Hay escalones.

PROSEGUIR CON LO QUE SE INICIÓ

La necesidad de proseguir con lo que se inició también está definida en la Biblia como «desarrollo de la salvación». No solamente *crecer* para la salvación, sino también *desarrollar* la salvación.

«Ocupaos en vuestra salvación con temor y temblor» dijo el apóstol Pablo (Fil 2:12). O sea, además de la santificación inicial, la Palabra enfatiza una obra de continuidad, de movimiento, de desarrollo, proceso que debe ser asumido «con temor y temblor».

> Por esta voluntad *hemos sido santificados* mediante la ofrenda del cuerpo de Jesucristo ofrecida de una vez para siempre. Y ciertamente todo sacerdote está de pie, día tras día, ministrando y ofreciendo muchas veces los mismos sacrificios, que nunca pueden quitar los pecados; pero Él, habiendo ofrecido un solo sacrificio por los pecados para siempre, se sentó a la diestra de Dios, esperando de ahí en adelante hasta que sus enemigos sean puestos por estrado de sus pies. (Hebreos 10:10-13, LBLA, énfasis añadido)

> Porque con un solo sacrificio ha hecho perfectos para siempre a *los que está santificando*. (Hebreos 10:14, NVI, énfasis añadido)

Observe los tiempos verbales. La frase «hemos sido santificados» señala el pasado (versión LBLA), algo que ya ocurrió. Sin embargo, «está santificando» habla del presente continuo (versión NVI), de lo que está ocurriendo ahora. No tenemos aquí una contradicción, tenemos una visión amplia. Los distintos niveles de santificación no compiten entre ellos ni tampoco se anulan. Ellos son complementarios. ¡Entre uno y el otro está el desarrollo, está el perfeccionamiento!

> Y el Dios de paz que resucitó de los muertos a nuestro Señor Jesucristo, el gran pastor de las ovejas, por la sangre del pacto eterno, *os haga aptos* en toda obra buena para que hagáis su voluntad, haciendo *él* en vosotros lo que es agradable delante de él por Jesucristo; al cual sea la gloria por los siglos de los siglos. Amén. (Hebreos 13:20-21, énfasis añadido)

AGENTES SANTIFICADORES

Constatamos, en el capítulo anterior, que existe la acción de por lo menos tres agentes santificadores en la experiencia inicial: el Espíritu Santo, la Palabra de Dios y la sangre de Jesús. Otros textos nos indican que los mismos agentes siguen con la ejecución del proceso de santificación, que continúa hasta la vuelta de Cristo.

Espíritu Santo

En la enseñanza neotestamentaria también se encuentra la acción del Espíritu Santo en la santificación progresiva, posterior al nuevo nacimiento.

En la epístola a los Romanos tenemos las declaraciones paulinas de que la mortificación de la carne y su inclinación al pecado solamente es posible por la obra y liderazgo del Espíritu Santo en nuestro interior. Las mismas instrucciones se las da a los hermanos de Galacia. Mire:

> Y si el Espíritu de aquel que levantó de los muertos a Jesús mora en vosotros, el que levantó de los muertos a Cristo Jesús vivificará también

> vuestros cuerpos mortales por su Espíritu que mora en vosotros. Así que, hermanos, deudores somos, no a la carne, para que vivamos conforme a la carne; porque si vivís conforme a la carne, moriréis; mas si *por el Espíritu hacéis morir las obras de la carne*, viviréis. Porque todos los que son guiados por el Espíritu de Dios, *éstos* son hijos de Dios. (Romanos 8:11-14, énfasis añadido)

> Digo, pues: *Andad en el Espíritu, y no satisfagáis los deseos de la carne.* Porque el deseo de la carne es contra el Espíritu, y el del Espíritu es contra la carne; y éstos se oponen entre sí, para que no hagáis lo que quisiereis. (Gálatas 5:16-17, énfasis añadido)

> Pero los que son de Cristo han crucificado la carne con sus pasiones y deseos. *Si vivimos por el Espíritu, andemos también por el Espíritu.* (Gálatas 5:24-25, énfasis añadido)

Es importante destacar que tenemos el Espíritu Santo *en* nosotros tras el nuevo nacimiento. Él, que es la capacidad para vencer las inclinaciones carnales, ya reside en nuestro interior. O sea, todo lo que necesitamos está dentro de nosotros desde que nos convertimos.

Sin embargo, como vemos en todas las Escrituras, nunca hay una imposición. Él quiere andar con nosotros y nos ayuda a no satisfacer a la los deseos de la carne, pero nunca lo hará sin nuestra aprobación. La decisión de utilizar o no lo que está dentro de nosotros es únicamente nuestra. La responsabilidad de rendición a Él es nuestra. El primer paso es nuestro, aunque dependamos totalmente de Él para dar todos los siguientes.

Palabra de Dios

> Cristo amó a la iglesia, y se entregó a sí mismo por ella, para *santificarla*, habiéndola purificado en el lavamiento del agua *por la palabra*, a fin de presentársela a sí mismo, una iglesia gloriosa, que no tuviese mancha ni arruga ni cosa semejante, sino que fuese santa y sin mancha. (Efesios 5:25-27, énfasis añadido)

El texto de Efesios muestra que el lavamiento del agua por la Palabra hace parte tanto de la santificación inicial como de la progresiva. Lo que

Dios empezó en nosotros, purificándonos por la Palabra en el momento de la conversión, debe ser desarrollado y perfeccionado *hasta que vuelva Jesús* para casarse con una iglesia gloriosa, que se convierte así en gloriosa, santa y sin mancha por la propia Palabra.

Jesús afirmó: «Ya vosotros estáis limpios por la palabra que os he hablado» (Jn. 15:3).

Santiago, el hermano del Señor, también enfatiza que la santificación que comienza con la Palabra sigue por medio de ella. Antes, él habla de la acción regeneradora, o sea, santificación inicial:

> Él, de su voluntad, *nos hizo nacer por la palabra de verdad*, para que seamos primicias de sus criaturas. (Santiago 1:18, énfasis añadido)

En seguida, tres versículos adelante, él habla que estos hermanos que ya nacieron de nuevo, por la Palabra de Dios, deben ahora recibir con mansedumbre la misma Palabra, pues eso es lo que los va a ayudar en el proceso de desechar toda inmundicia y abundancia de malicia. O sea, es una santificación progresiva:

> Por lo cual, desechando toda inmundicia y abundancia de malicia, recibid con mansedumbre la palabra implantada, la cual puede salvar vuestras almas. (Santiago 1:21)

La Palabra que regenera a nuestro espíritu (santificación inicial) es la misma que restaura nuestra alma (santificación progresiva). No profundizaré en ese tema ahora, ya que lo abordaré más adelante.

Sangre de Jesús

Después de la conversión, cuando ya estamos en la luz y no más en las tinieblas, la sangre de Jesús sigue operando en nuestras vidas. ¿Cómo? Limpiándonos cuando hay arrepentimiento y confesión de pecados:

> Pero si andamos en luz, como él está en luz, tenemos comunión unos con otros, y la *sangre de Jesucristo*, su Hijo, nos *limpia* de todo pecado. Si decimos que no tenemos pecado, nos engañamos a nosotros mismos, y la verdad no está en nosotros. Si confesamos nuestros pecados, él es fiel

> y justo para perdonar nuestros pecados, y limpiarnos de toda maldad. (1 Juan 1:7-9, énfasis añadido)

Teniendo en cuenta que todavía no hemos alcanzado la perfección, habrá tropiezos y errores. Necesitamos la sangre para lavarnos día tras día. Pero nuestra actitud de indignación contra el pecado, que es (o debería ser) un simple accidente en la vida del creyente, es lo que nos pondrá de nuevo en el riel de la santificación progresiva.

Vea que el apóstol Juan habla no solo del perdón de los pecados sino de purificación de la injusticia. Fuimos justificados en Cristo Jesús, sin embargo, es posible manchar esa justicia cuando pecamos. Por la sangre, además de perdonados, somos purificados de la *in*justicia, de la *no* justicia. La justificación que maculamos también puede ser restaurada por la sangre cuando hay arrepentimiento y confesión.

ES POSIBLE INTERRUMPIR EL PROCESO

Otra perspectiva que resalta la importancia de la continuidad, que denominamos «santificación progresiva», es comprender que puede haber una interrupción en el proceso.

Escribiendo a su discípulo Timoteo, el apóstol Pablo habla acerca de los náufragos en la fe:

> Manteniendo la fe y buena conciencia, desechando la cual *naufragaron en cuanto a la fe* algunos. (1 Timoteo 1:19, énfasis añadido)

La ilustración es evidente y de fácil entendimiento. Señala a alguien que entra en un buque atracado en algún puerto. El propósito es viajar hasta el otro puerto, al lugar del destino. Sin embargo, el viaje termina por ser abortado, y se suma el riesgo de muerte a los que sufrieron el naufragio. Además, el apóstol Pablo habla de él mismo, al término de su vida, como quien vivenció exactamente lo opuesto:

> He peleado la buena batalla, *he acabado la carrera, he guardado la fe*. Por lo demás, me está guardada la corona de justicia, la cual me dará el Señor,

juez justo, en aquel día; y no sólo a mí, sino también a todos los que aman su venida. (2 Timoteo 4:7-8, énfasis añadido)

Pablo afirma haber acabado la carrera. O sea, ¡la marcha no fue abortada! Él también dice que ha guardado la fe. O sea, ¡podría haber perdido la fe! Pienso que es con ese entendimiento que el apóstol advierte a su hijo en la fe:

Guarda el buen depósito por el Espíritu Santo que mora en nosotros. (2 Timoteo 1:14, énfasis añadido)

Pablo habla de nuestra responsabilidad de *guardar* el buen depósito y aclara que para conseguirlo necesitamos el auxilio del Espíritu Santo. En el libro de Apocalipsis, la misma advertencia proviene del propio Señor Jesús:

He aquí, yo vengo pronto; *retén* lo que tienes, para que ninguno tome tu corona. (Apocalipsis 3:11, énfasis añadido)

Algo precioso nos fue dado y se puede perder. Por lo tanto, tenemos la responsabilidad de retener, guardar, no dejar que se pierda, no abortar. Las Escrituras son muy específicas acerca del hecho de que sí es posible comprometer aquello que Dios inicialmente ha hecho a favor de nuestra santificación.

Porque es imposible que los que una vez fueron iluminados y gustaron del don celestial, y fueron hechos partícipes del Espíritu Santo, y asimismo gustaron de la buena palabra de Dios y los poderes del siglo venidero, y recayeron, sean otra vez renovados para arrepentimiento, crucificando de nuevo para sí mismos al Hijo de Dios y exponiéndole a vituperio. (Hebreos 6:4-6)

El texto de Hebreos es aún más importante, pues habla de una caída que pinta un cuadro de irreversibilidad. Hay que aclarar que la Biblia está hablando de convertidos, no de personas que nunca tuvieron una experiencia con Dios. Eso queda muy claro según los detalles que el propio texto nos muestra:

1. En el versículo 6, el escritor dice que «(es imposible que...) sean otra vez renovados para arrepentimiento». Lo que demuestra claramente que, *una vez*, ellos pasaron por la experiencia del *arrepentimiento*.
2. El versículo 4 habla que ellos fueron *iluminados*. La luz divina resplandeció en las tinieblas. Y la palabra «iluminación», en el Nuevo Testamento, hace referencia también a *revelación*, lo que apunta a un grupo de personas que no recibió un evangelio mal predicado o comprendido, sino un evangelio revelado.
3. El versículo 4 dice que recibieron el *don celestial*. Esto se refiere al *nuevo nacimiento* (cuya traducción literal de las palabras de Jesús en Juan 3:6 significa «nacer del Espíritu»). Y para no perder tiempo intentando comprobar este punto, adelanto que el próximo detalle requiere que las personas hayan nacido de nuevo.
4. El versículo 4 habla de que se han convertido en *partícipes del Espíritu Santo*. Hablando Jesús a sus discípulos acerca del Espíritu, declaró: «el Espíritu de verdad, al cual el mundo no puede recibir, porque no le ve, ni le conoce; pero vosotros le conocéis, porque mora con vosotros, y estará en vosotros» (Jn 14:17). A su vez Pablo afirma: «Y si alguno no tiene el Espíritu de Cristo, no es de él» (Ro 8:9). Pues bien, si el mundo no puede recibir al Espíritu Santo y no es de Dios (quien no tiene el Espíritu), ¿cómo explicar el «se han convertido en partícipes del Espíritu Santo» sin una real experiencia del nuevo nacimiento?
5. Versículo 5: *gustaron de la buena Palabra de Dios*. El autor describe personas alimentadas y *doctrinadas* en las Escrituras. O sea, no cayeron por falta de entendimiento de la Palabra.
6. El versículo 5 también afirma que gustaron *de los poderes del siglo venidero*. Eso describe a cristianos que aprendieron a andar por fe y en lo sobrenatural. En otras palabras, ellos vivenciaron incontables *manifestaciones del poder de Dios*.

El siguiente pasaje bíblico sostiene la misma idea y concepto:

Porque si *pecáremos voluntariamente* después de haber recibido el conocimiento de la verdad, ya no queda más sacrificio por los pecados, sino una horrenda expectación de juicio, y de hervor de fuego que ha de devorar a

> los adversarios. El que viola la ley de Moisés, por el testimonio de dos o de tres testigos muere irremisiblemente. ¿Cuánto mayor castigo pensáis que merecerá el que pisoteare al Hijo de Dios, y *tuviere por inmunda la sangre del pacto en la cual fue santificado*, e hiciere afrenta al Espíritu de gracia? Pues conocemos al que dijo: Mía es la venganza, yo daré el pago, dice el Señor. Y otra vez: El Señor juzgará a su pueblo. *¡Horrenda* cosa es caer en manos del Dios vivo! (Hebreos 10:26-31 énfasis añadido)

Vea que el escritor habla de personas que eligen intencionalmente vivir en pecado. ¿Cuándo? ¿Antes de la conversión? ¡No! Después de la conversión (y de la santificación inicial).

Eso queda claro cuando él destaca que la actitud intencional de pecado es el acto de profanar la sangre de la alianza con el cual la persona *ya fue santificada*. Y la declaración se hace dentro del contexto del juicio del Señor a Su pueblo (v. 31). O sea, no se puede decir que se trata de alguien que no tuvo una experiencia con Dios. El texto aún presenta la grave sentencia de que, en esos casos, ¡no hay más sacrificio por los pecados!

Así que nos percatamos que es posible comprometer una genuina experiencia con Dios, marcada por la conversión y santificación inicial. Lo que nos lleva a definir la «santificación progresiva» no solo como una preservación de la acción divina que ya ha sido iniciada, ¡sino también como su desarrollo y perfeccionamiento!

Algunos insisten en declarar que no importa lo que un creyente haga, pues no comprometerá su salvación. Esas declaraciones provienen de la incomprensión del proceso. El tema no es si la salvación se puede perder, sino si el proceso, todavía no concluido, se puede interrumpir. Mire la declaración de Pablo:

> Además os declaro, hermanos, el evangelio que os he predicado, el cual también *recibisteis*, en el cual también *perseveráis*; por el cual asimismo, *si retenéis la palabra* que os he predicado, *sois salvos*, si no *creísteis en vano*. (1 Corintios 15:1-2, énfasis añadido)

Vamos a analizar las afirmaciones del apóstol Pablo. Primero, él quería recordarles el evangelio que ya les había *predicado*. Luego dice que los corintios *creyeron*, *recibieron* y aún *perseveraban* en el evangelio. Advierte que se salvarían *si* (fíjese acerca de la condición) *retenéis* la Palabra de la forma que les fue predicada. Y que, si no lo hicieran, habrían *creído en vano*.

¿Cómo negar declaraciones tan explícitas?

¡El evangelio nos salva si retenemos la Palabra! En caso contrario, el proceso será abortado y habremos creído en vano.

Esa verdad constantemente reiterada en el Nuevo Testamento resalta la importancia de cooperar con Dios en el proceso de santificación. Dejar de entender eso, o creer que la vida cristiana puede ser vivida de forma negligente, puede llevarnos a resultados tan trágicos como los que vivieron los cristianos hebreos citados arriba, para los cuales no había más sacrificio por los pecados.

Otro aspecto para enfatizar en el entendimiento de que el proceso de santificación puede ser interrumpido, se encuentra en la advertencia de no ser incumplidor, para no ser expropiado de la gracia divina:

> Procuren estar en paz con todos y llevar una vida santa; pues sin la *santidad*, nadie podrá ver al Señor. Procuren que *a nadie le falte la gracia de Dios*, a fin de que ninguno sea como una planta de raíz amarga que hace daño y *envenena a la gente*. (Hebreos 12:14-15, DHH, énfasis añadido)

El versículo nos presenta un contraste entre la *santidad*, sin la cual nadie podrá ver al Señor, y el *envenenamiento* por el pecado de amargura. En el imperativo «procuren estar en paz y llevar una vida santa» queda claro que esta última ya se había iniciado y debería seguir adelante. Pero, ignorar la continuidad del proceso siendo incumplidor lleva al cristiano a separarse de la gracia de Dios. ¡Así es! La gracia que trajo la salvación (Tit 2:11) y en la cual esperamos (1 P 1:13), puede ser interrumpida.

El Señor Jesús también habló acerca de eso al enseñar que si no perdonamos a quien nos ofende, tampoco somos perdonados por el Padre Celestial (Mt 6:14-15). En otras palabras, la falta de perdón interrumpe el flujo de la gracia divina en nuestras vidas, lo que demuestra una vez más que el proceso puede sí ser interrumpido.

PREPARACIÓN PARA LO QUE NOS AGUARDA

Establecido el hecho de que es posible que haya interrupciónes en el proceso de santificación, vamos a dar un paso adelante. Ya vimos que santificación progresiva es algo más que no abortar lo que se comenzó, e involucra también el perfeccionamiento de lo que hemos recibido. Pero necesitamos mirar hacia adelante: la importancia de la preparación para aquello que nos aguarda en el futuro.

Una de las formas de distinguir los primeros dos niveles de santificación es reconocer que la santificación inicial es el resultado de habernos *encontrado con Cristo*, mientras que la santificación progresiva es *la preparación para la venida de Cristo*. Escribiendo a los Tesalonicenses, Pablo conecta la santificación a la expresión «en la venida de nuestro Señor Jesús»:

> Para que sean afirmados vuestros corazones, irreprensibles en santidad delante de Dios nuestro Padre, *en la venida de nuestro Señor Jesucristo* con todos sus santos. (1 Tesalonicenses 3:13, énfasis añadido)

> Y el mismo Dios de paz os santifique por completo; y todo vuestro ser, espíritu, alma y cuerpo, sea guardado irreprensible para *la venida de nuestro Señor Jesucristo*. (1 Tesalonicenses 5:23, énfasis añadido)

El entendimiento del fin de todas las cosas, que se acerca, debe engendrar en nosotros una respuesta de temor y santidad. Dios también usó al apóstol Pedro para instruirnos acerca de eso:

> Pero el día del Señor vendrá como ladrón en la noche; en el cual los cielos pasarán con grande estruendo, y los elementos ardiendo serán deshechos, y la tierra y las obras que en ella hay serán quemadas. Puesto que todas estas cosas han de ser deshechas, *¡cómo* no debéis vosotros *andar en santa y piadosa manera de vivir*, esperando y apresurándoos para la venida del día de Dios, en el cual los cielos, encendiéndose, serán deshechos, y los elementos, siendo quemados, se fundirán! Pero nosotros esperamos, según sus promesas, cielos nuevos y tierra nueva, en los cuales mora la justicia. Por lo cual, oh amados, estando en espera de estas cosas,

> *procurad con diligencia ser hallados por él sin mancha e irreprensibles, en paz.* (2 Pedro 3:10-14, énfasis añadido)

Aunque esté relacionada a algo futuro, la expectativa de la redención plena pertenece al presente y debe llevarnos a una actitud de santificación hoy y ahora.

> Amados, ahora somos hijos de Dios, y aún no se ha manifestado lo que hemos de ser; pero sabemos que cuando él se manifieste, seremos *semejantes a él*, porque le veremos tal como él es. Y todo aquel que tiene esta *esperanza* en él, *se purifica* a sí mismo, así como él es puro. (1 Juan 3:2-3, énfasis añadido)

¡Sí, esa bendita esperanza nos lleva a la purificación! Nos esforzamos y nos purificamos para ser como Él es. Hasta que se manifieste la redención total y la corrupción sea cambiada por la incorruptibilidad, y seamos completamente revestidos de Él, y seamos de verdad y esencialmente semejantes a Él: santos como Él es santo.

5

SANTIFICACIÓN FINAL

«La santificación es el inicio de la gloria y la gloria es la santificación finalizada». (F. F. Bruce)

La santificación final no será alcanzada en esta vida. A pesar de haber evolucionado en la santificación, el creyente no logrará la plenitud de ese proceso antes que el propio Dios lo complete mediante la glorificación del cuerpo. Pablo, uno de los gigantes de la fe del Nuevo Testamento, refiriéndose a la perfección, o plena madurez, dijo: «No que lo haya alcanzado ya, ni que ya sea perfecto» (Fil 3:12), además de: «Hermanos, yo mismo no pretendo haberlo ya alcanzado» (Fil 3:13).

En la obra *Teología para pentecostales: Una teología sistemática ampliada*, Walter Brunelli dice:

> En esta vida, nadie se puede orgullecer de haber logrado un nivel pleno de santidad. Algunos movimientos históricos pregonaron la «perfección cristiana», enseñando que el creyente puede alcanzar la plena santidad en este mundo y no pecar nunca más. Entre ellos están los Pelagianos, los Semipelagianos, y en una distorsión de las enseñanzas de John Wesley sobre la perfección cristiana, surgieron algunos grupos, alegando dos cosas: que el creyente, después de regenerado y/o después de bautizado con el Espíritu Santo, no peca nunca más.

El concepto de perfección cristiana ha sido muy discutido a lo largo de la historia, especialmente después del notable ministerio de Wesley. Cuando me preguntan si creo en la posibilidad de esa perfección, presento dos respuestas: «sí» y «depende». Sí, porque Jesús abordó el asunto como algo que se puede vivir aquí en la tierra: «Sed, pues, vosotros perfectos, como vuestro Padre que está en los cielos es perfecto» (Mt. 5:48). Pero también depende, porque se debe evaluar con cuidado la definición de esa perfección y de cómo lograrla.

La creencia en la posibilidad de alcanzar un estado de impecabilidad en la vida no coincide con la idea de un proceso que todavía no ha terminado. El mismo Cristo fue tentado; si eso no fuera cierto, la Biblia no llamaría tentación a lo que sufrió Jesús. Él venció el pecado, pero era susceptible de ser tentado. La posibilidad de que fuera tentado estuvo relacionada con la naturaleza humana de Jesús, no con la divina, ya que la Palabra afirma: «porque Dios no puede ser tentado por el mal, ni él tienta a nadie» (Stg 1:13).

Naturalmente, no estoy hablando de una vida derrotada, bajo el dominio del pecado. ¡De ninguna manera! Como ya he destacado, resalto la necesidad de la santificación progresiva, además de la santificación inicial. Pero el cristiano todavía está susceptible a la caída, aun aquel que ha tenido victoria sobre el pecado. Hay una diferencia entre considerar la posibilidad de una caída, aunque se pueda evitar, y considerarla imposible; eso sería «impecabilidad».

Creo en la posibilidad de vivir en plena victoria sobre el pecado, en un nivel de absoluta mortificación de la carne, pero no creo que la erradicación del pecado pueda ser vivida antes de la conclusión del proceso de redención. Sin embargo, la referencia que hace Cristo acerca de la perfección se refiere más a la capacidad humana de autodominio, que a no desear pecar.

Sí, es posible ser perfecto, no obstante, «ser perfecto» bíblicamente significa «ejercer autocontrol para lograr perfección», lo que se espera del creyente por toda su vida. No se trata de un único evento o revestimiento instantáneo, sino de una búsqueda de santidad que termina el último día, porque la plenitud del proceso santificador sucederá con la redención del cuerpo. Hoy, aguardamos ese advenimiento no concretado, lo que es evidente en las palabras del apóstol Pablo en su epístola a los Romanos:

> Pues tengo por cierto que las aflicciones del tiempo presente no son comparables con la gloria venidera que en nosotros ha de manifestarse. Porque el anhelo ardiente de la creación es el aguardar la manifestación de los hijos de Dios. Porque la creación fue sujetada a vanidad, no por su propia voluntad, sino por causa del que la sujetó en esperanza; porque también la creación misma será libertada de la esclavitud de corrupción, a la libertad gloriosa de los hijos de Dios. Porque sabemos que toda la creación gime a una, y a una está con dolores de parto hasta ahora y no sólo ella, sino que también nosotros mismos, que tenemos las primicias del Espíritu, nosotros también gemimos dentro de nosotros mismos, *esperando* la adopción, *la redención de nuestro cuerpo*. (Romanos 8:18-23, énfasis añadido)

Fíjese en la expresión «esperando... la redención del cuerpo». La Biblia aclara que es algo que está en el futuro, que todavía no sucedió. Hoy estamos apenas disfrutando de una parte de la salvación. Nuestro espíritu fue regenerado, nuestra alma está en un proceso de restauración mediante la Palabra de Dios, pero nuestro cuerpo solo será plenamente transformado cuando Jesús venga.

Otra expresión en la cual debemos fijarnos es: «primicias del Espíritu». Si lo que tenemos por ahora son solo *primicias* (o primeros frutos), ¿qué decir acerca de lo que nos espera cuando tengamos la plenitud del Espíritu? Cuando la Biblia habla acerca de la redención del cuerpo, no destaca solo algo que todavía no ocurrió, sino también transmite la idea de que hoy el creyente en Cristo no disfruta del todo. Hay algo más reservado para el futuro.

Fíjese que la redención del espíritu ya sucedió con el nuevo nacimiento, en una obra instantánea, aunque sea necesario que ese bebé espiritual siga creciendo (lo veremos detalladamente en el capítulo siete). Pero ni el alma ni el cuerpo fueron plenamente salvos cuando uno recibió a Cristo. La salvación de ambos solamente se completará cuando vuelva Jesús. En ese entonces, sucederá la conclusión del proceso de restauración del alma y, simultáneamente, el cuerpo mortal será definitivamente redimido y se volverá incorruptible. Esa es la santificación final, que ocurrirá exactamente cuando vuelva el Señor, en una acción que también se llama *glorificación*.

Hemos visto lo que dicen las Sagradas Escrituras y eso es más que suficiente para nuestra creencia. Sin embargo, por curiosidad se podría cuestionar: ¿qué es lo que la generación Post Apostólica enseñaba acerca del cuerpo? Hay una declaración en la «Segunda Carta de Clemente», escrita al inicio del siglo II:

> Y que nadie entre vosotros diga, que esta carne no es Juzgada ni resucitada. Considerad en qué fuisteis salvados; en qué prosperabais si no mientras estabais en esta carne. Debemos, por tanto, conservar nuestra carne como el templo de Dios. Porque igual que fuisteis llamados en la carne, iréis a juicio en la carne. Nuestro único Señor Jesucristo, que nos ha salvado, primero como espíritu, fue vestido de carne, y así nos llamó; de igual modo recibiremos en esta carne la recompensa.

Este texto es parte de la prédica cristiana considerada como la más antigua. Se cree que fue escrito por un presbítero anónimo, posiblemente en Alejandría, Egipto, aunque la autoría ha sido atribuida equivocadamente a Clemente, razón por la cual su nombre se encuentra en el título.

Por supuesto, la citación no tiene el peso de las Escrituras en la formación doctrinaria; sin embargo, revela que las primeras generaciones todavía entendían y sostenían la enseñanza apostólica sobre el tema. Ellos no excluyeron el cuerpo del proceso de redención, lo que parece estar haciendo la generación actual.

CUERPOS TRANSFORMADOS

La Biblia afirma que la carne y la sangre no pueden heredar el reino de Dios, ni la corrupción (del hombre) puede heredar la incorrupción (celestial). Por lo tanto, es necesario que suceda una transformación en el cuerpo. La Palabra de Dios va más allá y nos revela no solamente *lo que* sucederá con nuestros cuerpos, sino también *cuando* eso sucederá: en la venida de nuestro Señor Jesucristo. Vea los dos fragmentos a continuación:

> He aquí, os digo un misterio: No todos dormiremos; pero todos seremos *transformados*, en un momento, en un abrir y cerrar de ojos, a la

> final trompeta; porque se tocará la trompeta, y los muertos serán resucitados incorruptibles, y nosotros seremos transformados. (1 Corintios 15:51-52, énfasis añadido)

> Tampoco queremos, hermanos, que ignoréis acerca de los que duermen, para que no os entristezcáis como los otros que no tienen esperanza. Porque si creemos que Jesús murió y resucitó, así también traerá Dios con Jesús a los que durmieron en él. Por lo cual os decimos esto en palabra del Señor: que nosotros que vivimos, que habremos quedado hasta la venida del Señor, no precederemos a los que durmieron. Porque el Señor mismo con voz de mando, con voz de arcángel, y con trompeta de Dios, descenderá del cielo; y los muertos en Cristo *resucitarán* primero. Luego nosotros los que vivimos, los que hayamos quedado, seremos *arrebatados* juntamente con ellos en las nubes para recibir al Señor en el aire, y así estaremos siempre con el Señor. Por tanto, alentaos los unos a los otros con estas palabras. (1 Tesalonicenses 4:13-18, énfasis añadido)

A pesar de que hoy día casi no se habla acerca de la transformación de los cuerpos, de muertos y de vivos, la Biblia señala la resurrección como uno de los rudimentos de la doctrina de Cristo. Se llama base o fundamento y es parte de los principios elementales de nuestra creencia:

> Por tanto, dejando ya los rudimentos de la doctrina de Cristo, vamos adelante a la perfección; no echando otra vez el fundamento del arrepentimiento de obras muertas, de la fe en Dios, de la doctrina de bautismos, de la imposición de manos, de *la resurrección de los muertos* y del juicio eterno. Y esto haremos, si Dios en verdad lo permite. (Hebreos 6:1-3, énfasis añadido)

Esta es una promesa que Dios reitera desde el Antiguo Testamento. Jesús la sostuvo y Pablo declaró su creencia en ello por ser una enseñanza de las Sagradas Escrituras. Fíjese donde se la menciona:

> Y muchos de los que duermen en el polvo de la tierra *serán despertados*, unos para vida eterna, y otros para vergüenza y confusión perpetua. (Daniel 12:2, énfasis añadido)

> No os maravilléis de esto; porque vendrá hora cuando todos los que están en los sepulcros oirán su voz; y los que hicieron lo bueno, saldrán a *resurrección de vida*; mas los que hicieron lo malo, a *resurrección de condenación*. (Juan 5:28-29, énfasis añadido)

La creencia de los judíos en estas verdades bíblicas también se puede ver en el discurso de defensa de Pablo cuando, delante del gobernador romano Félix, afirma: «así sirvo al Dios de mis padres, creyendo todas las cosas que *en la ley y en los profetas están escritas*; teniendo esperanza en Dios, la cual ellos también abrigan, de que ha de haber *resurrección* de los muertos, así de justos como de injustos» (Hechos 24:14-15, énfasis añadido).

La Palabra de Dios revela diferentes propósitos. Para el justo, la resurrección será «para la vida eterna». Para el impío, la resurrección será «para verguenza y horror eterno». Jesús las clasificó como «resurrección de la vida» y «resurrección del juicio».

El apóstol Juan, en el libro de Apocalipsis, afirma que no son solo diferentes tipos de resurrecciones, sino también diferentes momentos. La primera resurrección es de los justos, que sucederá en la venida de Cristo (1 Ts 4:16-17), antes del milenio.

> Y vi tronos, y se sentaron sobre ellos los que recibieron facultad de juzgar; y vi las almas de los decapitados por causa del testimonio de Jesús y por la palabra de Dios, los que no habían adorado a la bestia ni a su imagen, y que no recibieron la marca en sus frentes ni en sus manos; y *vivieron* y reinaron con Cristo mil años. Pero *los otros muertos no volvieron a vivir hasta que se cumplieron mil años*. Esta es la primera resurrección. (Apocalipsis 20:4-5, énfasis añadido)

Los demás, cuyos nombres no se encontrarán en el Libro de la Vida, y consecuentemente serán lanzados en el lago de fuego, solo resucitarán después del reino milenario de Cristo (Ap 20:12-15).

Por lo tanto, las dos resurrecciones tienen tiempo y propósitos diferentes. A continuación, hablaré con más detalles acerca de la resurrección de los justos, porque coincide con el enfoque de la santificación final. Y al final de este capítulo veremos lo que sucede con los cuerpos de los impíos. Eso lo haré resumidamente y solo para concluir la doctrina de la resurrección.

¿POR QUÉ EL CUERPO NECESITA UNA TRANSFORMACIÓN?

Hablando acerca de los justos, ¿por qué el cuerpo necesita resurrección y transformación final? El Nuevo Testamento explica:

> Pero esto digo, hermanos: que la *carne* y la sangre no pueden heredar el reino de Dios, ni la *corrupción* hereda la incorrupción. He aquí, os digo un misterio: No todos dormiremos; pero todos seremos transformados, en un momento, en un abrir y cerrar de ojos, a la final trompeta; porque se tocará la trompeta, y los muertos serán resucitados incorruptibles, y nosotros seremos transformados. Porque es necesario que esto corruptible se vista de incorrupción, y esto mortal se vista de inmortalidad. (1 Corintios 15:50-53, énfasis añadido)

La obra de la santificación final, que también se llama glorificación, será el recubrimiento de incorruptibilidad en un cuerpo que tiene la condición actual de corruptibilidad. Eso se puede entender cuando la Escritura clasifica nuestra carne como «pecaminosa».

> Porque lo que era imposible para la ley, por cuanto era débil por la carne, Dios, enviando a su Hijo en semejanza de *carne de pecado* y a causa del pecado, condenó al pecado en la carne. (Romanos 8:3, énfasis añadido)

El texto dice que Jesús vino en *semejanza de carne de pecado o de carne pecaminosa*. Jesús era cien porciento hombre y cien porciento Dios. Fíjese que la Biblia destaca que Su cuerpo era semejante, *no igual*, al nuestro. ¿Qué significa eso? Que Jesús era tan hombre como Adán era antes de la caída, pero no tenía la naturaleza caída, afectada por el pecado, que Adán pasó a tener y, por consiguiente, todos nosotros (Ro 5:12).

Por lo tanto, es evidente que, cuando la Biblia habla de la carne pecaminosa, está enfatizando nuestra condición, no la de Cristo. El contexto de ese versículo es la declaración de Pablo sobre la guerra entre el pecado que habitaba en él (*en su carne*) y su hombre interior (*el espíritu recreado*) que tenía placer en la ley de Dios:

> Porque lo que hago, no lo entiendo; pues no hago lo que quiero, sino lo que aborrezco, eso hago. Y si lo que no quiero, esto hago, apruebo que la ley es buena. De manera que ya no soy yo quien hace aquello, sino *el pecado que mora en mí*. Y yo sé que en mí, esto es, *en mi carne*, no mora el bien; porque el querer el bien está en mí, pero no el hacerlo. Porque no hago el bien que quiero, sino el mal que no quiero, eso hago. Y si hago lo que no quiero, ya no lo hago yo, *sino el pecado que mora en mí*. Así que, queriendo yo hacer el bien, hallo esta ley: *que el mal está en mí*. Porque según *el hombre interior, me deleito en la ley de Dios*; pero veo *otra ley* en mis miembros, que se rebela contra la ley de mi mente, y que me lleva cautivo a la ley del *pecado que está en mis miembros*. ¡Miserable de mí! ¿Quién me librará de este cuerpo de muerte? Gracias doy a Dios, por Jesucristo Señor nuestro. Así que, yo mismo con la mente sirvo a la ley de Dios, mas con la carne a la ley del pecado. (Romanos 7:15-25, énfasis añadido)

Algunos alegan que el apóstol se refería a la condición anterior a la conversión, lo que no estoy de acuerdo. Cuando dice: «Porque según el hombre interior, me deleito en la ley de Dios» queda evidente que está hablando del espíritu regenerado y no de quien estaba muerto en sus delitos y pecados. ¡Por supuesto que quién está espiritualmente muerto no tiene placer en la ley de Dios!

Hay muchos que malinterpretan la experiencia del nuevo nacimiento, que ocurrió en el espíritu, como si ya hubiese resuelto la condición del cuerpo. Pero el hecho es que, si todavía esperamos la redención de nuestro cuerpo, es porque no sucedió.

Entonces, vamos a volver un poco: ¿qué nos pasó en el nuevo nacimiento? Jesús le explicó a Nicodemo. Fíjese en los detalles de esta importante y reveladora charla:

> Respondió Jesús y le dijo: De cierto, de cierto te digo, que el que no naciere de nuevo, no puede ver el reino de Dios. Nicodemo le dijo: ¿Cómo

> puede un hombre nacer siendo viejo? ¿Puede acaso entrar por segunda vez en el vientre de su madre, y nacer? Respondió Jesús: De cierto, de cierto te digo, que el que no naciere de agua y del Espíritu, no puede entrar en el reino de Dios. Lo que es nacido de la carne, carne es; y lo que es nacido del Espíritu, espíritu es. No te maravilles de que te dije: Os es necesario nacer de nuevo. (Juan 3:3-7)

Cuando Nicodemo escuchó a Jesús hablar sobre nacer otra vez, le preguntó: «¿Cómo puede un hombre nacer siendo viejo? ¿Puede acaso entrar por segunda vez en el vientre de su madre, y nacer?».

¿Cuál fue la respuesta de Jesús?: «Lo que es nacido de la carne, carne es; y lo que es nacido del Espíritu, espíritu es».

Con esa respuesta, Jesús deshizo la idea equivocada de Nicodemo sobre nacer de nuevo en la carne. En otras palabras, Cristo estaba diciendo: «seguirás con el mismo cuerpo, la regeneración sucederá a nivel espiritual». Esa es una clave en el entendimiento del proceso santificador en nuestras vidas. Tanto el espíritu como el cuerpo cargan el legado del pecado original. Por Adán, el *pecado* fue transmitido a toda la humanidad, mientras que, por medio del pecado, se transmitió la *muerte*. Lo que hace el nuevo nacimiento es traer la vida de Dios al espíritu, hasta entonces muerto por el pecado, pero no transforma la carne. Ella sigue corruptible. Todavía sigue siendo un cuerpo de pecado. Eso solamente se cambiará definitivamente en la glorificación. Hasta entonces, tendremos que aplicar algo que escuché de la hermana Valnice Milhomens, cuando era adolescente, que decía: «La carne no se convierte. ¡Tienes que irte a la cruz!».

En la *santificación progresiva*, nuestra responsabilidad es someter y frenar a la carne, andando en dominio propio. Pero en la *santificación final*, la ley del pecado en nuestra carne será definitivamente erradicada. ¡Aleluya!

VICTORIA SOBRE LA MUERTE

Además de la glorificación del cuerpo, el cierre de la obra de redención abarca la victoria plena sobre la muerte.

> Y cuando esto corruptible se haya vestido de incorrupción, y esto mortal se haya vestido de inmortalidad, entonces se cumplirá la palabra que está escrita: Sorbida es la muerte en victoria. ¿Dónde está, oh muerte, tu aguijón? ¿Dónde, oh sepulcro, tu victoria? (1 Corintios 15:54-55)

Prefiero llamarlo de cierre o conclusión de la redención porque, en la cronología bíblica, tal obra ya empezó con la muerte de Cristo:

> Así que, por cuanto los hijos participaron de carne y sangre, él también participó de lo mismo, para destruir por medio de la muerte al que tenía el imperio de la muerte, esto es, al diablo, y librar a todos los que por el temor de la muerte estaban durante toda la vida sujetos a servidumbre. (Hebreos 2:14-15)

Sin embargo, la obra redentora solamente se completará en la resurrección, en la venida de Jesús:

> Mas ahora Cristo ha resucitado de los muertos; primicias de los que durmieron es hecho. Porque por cuanto la muerte entró por un hombre, también por un hombre la resurrección de los muertos. Porque así como en Adán todos mueren, también en Cristo todos serán vivificados. Pero cada uno en su debido orden: Cristo, las primicias; *luego los que son de Cristo, en su venida*. Luego el fin, cuando entregue el reino al Dios y Padre, cuando haya suprimido todo dominio, toda autoridad y potencia. Porque preciso es que él reine hasta que haya puesto a todos sus enemigos debajo de sus pies. *Y el postrer enemigo que será destruido es la muerte*. Porque todas las cosas las sujetó debajo de sus pies. Y cuando dice que todas las cosas han sido sujetadas a él, claramente se exceptúa aquel que sujetó a él todas las cosas. (1 Corintios 15:20-27, énfasis añadido)

La santificación final asesta la puñalada definitiva. Destruye el último enemigo: la muerte. No queda nada más del tiempo caído. Entonces seremos inmortales, como Él es. La eternidad, que había empezado con el nuevo nacimiento, por fin alcanza totalmente el ser humano tripartito. No solo vida eterna en el espíritu (santificación inicial), sino también en el alma (conclusión del proceso de santificación progresiva) y en el cuerpo (santificación final), de una sola vez y para siempre, no más corrupto ni corruptible. El fruto del árbol de la vida no será más prohibido, porque ya seremos plenamente eternos.

Establecido el fundamento de la transformación final necesaria, así como cuándo ocurre, continuemos con el entendimiento de cómo serán nuestros cuerpos después de la glorificación.

¿CÓMO SERÁ EL CUERPO TRANSFORMADO?

El cuestionamiento de cómo serán los cuerpos después de la conclusión de la obra redentora no es exclusividad nuestra. Había la misma curiosidad en los primeros años de la iglesia, con preguntas como: «Tal vez alguno preguntará: «¿Cómo resucitarán los muertos? ¿Qué clase de cuerpo tendrán?», relatadas en 1 Corintios 15:35.

El apóstol Pablo presentó algunas explicaciones:

> Necio, lo que tú siembras no se vivifica, si no muere antes. Y lo que siembras no es el cuerpo que ha de salir, sino el grano desnudo, ya sea de trigo o de otro grano; pero Dios le da el cuerpo como él quiso, y a cada semilla su propio cuerpo. No toda carne es la misma carne, sino que una carne es la de los hombres, otra carne la de las bestias, otra la de los peces, y otra la de las aves. Y hay cuerpos celestiales, y cuerpos terrenales; pero una es la gloria de los celestiales, y otra la de los terrenales. Una es la gloria del sol, otra la gloria de la luna, y otra la gloria de las estrellas, pues una estrella es diferente de otra en gloria. Así también es la resurrección de los muertos. Se siembra en corrupción, resucitará en incorrupción. Se siembra en deshonra, resucitará en gloria; se siembra en debilidad, resucitará en poder. Se siembra cuerpo animal, resucitará cuerpo espiritual. Hay cuerpo animal, y hay cuerpo espiritual. (1 Corintios 15:36-44)

La primera explicación se refiere al hecho de que el nuevo cuerpo puede presentar semejanzas con el anterior, pero será distinto en esencia y estructura. La segunda también señala distintos niveles de gloria, no solo entre diferentes seres, como ángeles y hombres, sino también entre los propios hombres. La analogía «y aun entre las estrellas, el brillo de una es diferente del de otra» lo confirma, lo que también se confirma cuando la Biblia menciona los mártires que se rehusaron a usar el derecho a una liberación por el simple hecho de anhelar una resurrección superior. ¿Qué significa resurrección superior? ¡Un nivel de gloria diferente de los demás!

> Hubo mujeres que por la resurrección recobraron a sus muertos. Otros, en cambio, fueron torturados, pues para alcanzar una mejor resurrección no aceptaron que los pusieran en libertad. (Hebreos 11:35b, NVI)

Finalmente, la tercera explicación del apóstol Pablo es que nuestros cuerpos probarán un cambio significativo, de corrupción hacia incorrupción, de deshonra hacia la gloria, de la debilidad hacia el poder y del cuerpo natural hacia el cuerpo espiritual. ¡Gloria a Dios!

Pero otra verdad importante sobre la nueva condición de los cuerpos aparece en la epístola a los Filipenses. Es donde encontramos la promesa de que tendremos un cuerpo semejante al del Señor Jesús:

> Mas nuestra ciudadanía está en los cielos, de donde también esperamos al Salvador, al Señor Jesucristo; el cual transformará el cuerpo de la humillación nuestra, para que sea semejante al cuerpo de la gloria suya, por el poder con el cual puede también sujetar a sí mismo todas las cosas. (Filipenses 3:20-21)

Delante de eso, cabe la pregunta: ¿cómo era el cuerpo de Jesús después de la resurrección?

Aunque haya reasumido las características y atributos de la divinidad de la cual temporariamente se había vaciado (Fil 2:5), después de la muerte y resurrección, Cristo mantuvo su cuerpo, pero ahora glorificado.

> Porque en él habita *corporalmente* toda la plenitud de la Deidad. (Colosenses 2:9)

¿Y qué características presentan las Escrituras acerca de este cuerpo glorificado? Cristo aparecía y desaparecía delante de las personas, lo que indica que Su cuerpo no estaba sometido a las mismas limitaciones que los nuestros.

> Y aconteció que estando sentado con ellos a la mesa, tomó el pan y lo bendijo, lo partió, y les dio. Entonces les fueron abiertos los ojos, y le reconocieron; mas él se *desapareció* de su vista. (Lucas 24:30-31)

> Mientras ellos aún hablaban de estas cosas, Jesús *se puso* en medio de ellos, y les dijo: Paz a vosotros. (Lucas 24:36)

O sea, lo que Pablo llamó de «cuerpo espiritual» no está limitado a las leyes naturales. Si bien el nuevo cuerpo de Jesús también podía interactuar con el mundo natural: Él podía ser tocado por las personas. Vea:

> Mirad mis manos y mis pies, que yo mismo soy; palpad, y ved... (Lucas 24:39a)

Además, nos informa que, a pesar de ser espiritual, aquel cuerpo también tenía carne y huesos. No se trataba solo de un espíritu, sino de un *cuerpo* espiritual.

> ... porque un espíritu no tiene carne ni huesos, como veis que yo tengo. (Lucas 24:39b)

Otra curiosidad es que Jesús, con Su cuerpo resucitado, aun podía comer alimentos naturales por más que no los necesitaba más.

> Y como todavía ellos, de gozo, no lo creían, y estaban maravillados, les dijo: ¿Tenéis aquí algo de comer? Entonces le dieron parte de un pez asado, y un panal de miel. Y él lo tomó, y comió delante de ellos. (Lucas 24:41-43)

Sin embargo, a pesar de la curiosidad que usualmente tenemos acerca del cuerpo glorificado (si volaremos, si atravesaremos las paredes o degustaremos una buena comida) y de las pistas bíblicas que desciframos rápidamente aquí, lo más importante que se puede destacar sobre la santificación final es la plenitud de la redención, con la erradicación completa y definitiva de la inclinación al pecado. No seremos libres solo del pecado, sino también de la propia voluntad de pecar. ¡La puerta de entrada para el mal se cerrará para siempre! Por toda la eternidad, probaremos la plena pureza. Seremos entonces completamente santos como Él es, en el espíritu, en el alma y en el cuerpo.

¿Y AQUELLOS QUE SE PERDIERON?

¿Y en el caso de los impíos? ¿Y en cuanto a aquellos que no creyeron en Cristo y se perdieron?

Aunque eso no afecte nuestra condición o destino (a nosotros, los que creemos en Cristo), es importante entender lo que pasará con aquellos que rechazan la salvación. A mí me parece obvia la importancia de ese tema, cuando pienso en el motivo por el cual el Señor nos dejó la explicación registrada en las Escrituras. Teniendo en cuenta que, a los que se pierden generalmente no les interesa estudiar esas verdades, me parece que Dios quería justamente que los salvos la entendieran. Creo que eso es tanto para que luchemos por la salvación de otros (y les ayudemos a evitar el triste destino) como para que, aun frente al fuerte contraste entre la realidad de los que se salvan y de los que se pierden, podamos valorar aún más lo que se nos ofrece en Cristo.

Aunque no esté relacionada con la santificación final, ya que los impíos no experimentarán ni la santificación inicial ni la progresiva, la resurrección de ellos también será una especie de desenlace. En este caso, de perdición eterna.

El Señor Jesús, en Sus enseñanzas, habló de que el propio cuerpo es echado al infierno:

> Por tanto, si tu ojo derecho te es ocasión de caer, sácalo, y échalo de ti; pues mejor te es que se pierda uno de tus miembros, y no que *todo tu cuerpo sea echado al infierno*. Y si tu mano derecha te es ocasión de caer, córtala, y échala de ti; pues mejor te es que se pierda uno de tus miembros, y no que todo *tu cuerpo sea echado al infierno*. (Mateo 5:29-30, énfasis añadido)

> Y no temáis a los que matan el cuerpo, mas el alma no pueden matar; temed más bien a aquel que puede *destruir el alma y el cuerpo en el infierno.* (Mateo 10:28, énfasis añadido)

Los resultados de la eternidad afectarán a la integralidad del ser humano: espíritu, alma y cuerpo, y eso también vale para los impíos. Ellos, que también pasarán por la resurrección, sufrirán las consecuencias en el ser por completo. Se puede concluir que el dolor, el tormento y todo lo demás que la Biblia dice que existe en el infierno alcanzarán los tres niveles del hombre no salvo, lo que incluye su nuevo cuerpo, que no terminará jamás, aun bajo tortura. Sufrimiento de todo tipo en un ser inmortal, infelizmente inmortal, en ese caso.

La comparación es inevitable. Mientras que los justos serán libres del dolor, los impíos serán condenados a un dolor incesante. Justos alegres, impíos llorando y crujiendo los dientes. Justos en paz, impíos atormentados. En ambos casos, la condición es para siempre.

Para nosotros, los santos, la experiencia del desenlace glorioso debe servir, desde ahora, como ánimo y aliento. Como dijo Pablo a los tesalonicenses, después de abordar la resurrección de los justos seguida por la transformación de los creyentes vivos: «Por tanto, *alentaos* los unos a los otros con estas palabras» (1 Ts 4:18, énfasis añadido). El fin para nosotros no genera miedo, sino aliento. ¡Aleluya! ¡Gloria a Dios por tan grande redención!

PARTE 2

SANTIFICACIÓN TOTAL

6

EL HOMBRE INTEGRAL

«La santificación es progresiva, y si no aumenta, es porque no está viva». (Thomas Watson)

La propuesta bíblica de santificación es integral. Abarca al ser en su totalidad, al hombre por completo. Vea lo que Pablo le escribió:

> Y el mismo Dios de paz *os santifique por completo*; y todo vuestro ser, espíritu, alma y cuerpo, sea guardado irreprensible para la venida de nuestro Señor Jesucristo. (1 Tesalonicenses 5:23, énfasis añadido)

La palabra griega que Pablo utilizó en el versículo citado, traducida de los manuscritos originales como «por completo», es *holoteles*. Según el Léxico de *Strong*, significa «perfecto, completo en todos los aspectos». El concepto es de una santificación completa, lo que se confirma también en otras traducciones: «Que Dios mismo, el Dios de paz, los santifique por completo» (NVI) u «os santifique en todo» (RVA).

Pero, ¿qué es lo que compone a un hombre por entero? ¿Cuáles son las partes del todo? El apóstol declaró que el ser humano entero, integral, se compone de espíritu, alma y cuerpo, aquí tenemos lo que la teología clasifica como *tricotomía*. Por lo tanto, se puede deducir del mensaje a los tesalonicenses que: santificación completa implica santificar a las tres partes que integran al hombre.

En otra epístola, Pablo aclara un poco más al separar la impureza de la carne y del espíritu, sin mencionar el alma, ya que abordaremos este aspecto detalladamente a continuación. Él enfatiza que debe haber un trabajo de purificación tanto de una parte como de otra, o sea, no se trata de santificación al por mayor. A esto, Pablo llamó de perfeccionamiento de la santidad:

> Así que, amados, puesto que tenemos tales promesas, limpiémonos de toda contaminación de carne y de espíritu, perfeccionando la santidad en el temor de Dios. (2 Corintios 7:1)

Si el proceso de perfeccionar la santidad involucra tratar impurezas de partes distintas del hombre hasta que sea santificado, *holoteles*, es imprescindible ver y comprender la tripartición humana y sus particularidades.

EL SER COMPLETO

> Entonces Jehová Dios formó al hombre del polvo de la tierra, y sopló en su nariz aliento de vida, y fue el hombre un ser viviente. (Génesis 2:7)

El relato bíblico de la creación revela la partición del ser humano. Dios hizo un muñeco de barro (*cuerpo*), le sopló el aliento de vida (*espíritu*) y así, de la combinación de estos, resultó lo que define al hombre: *alma* viviente.

Ya desde el inicio de todo se puede ver la triple constitución. Hay algunos que defienden la dicotomía, sin embargo, quiero mostrar, a través de las Escrituras, la verdad sobre la tricotomía humana.

> Por tanto, no desmayamos; antes aunque este nuestro *hombre exterior* se va desgastando, el *interior* no obstante se renueva de día en día. (2 Corintios 4:16, énfasis añadido)

En ese fragmento de la carta a los corintios, Pablo señala solamente dos partes, el hombre *interior* y *exterior*. Sin embargo, la supuesta dicotomía se deshace cuando examinamos el resto de la Palabra de Dios, que nos muestra una subdivisión del hombre interior en espíritu y alma. O sea, sí tenemos un hombre *exterior* e *interior*, pero no solamente eso, porque el interior también se divide. Vea otros versículos:

> Con mi *alma* te he deseado en la noche, y en tanto que me dure el *espíritu* dentro de mí, madrugaré a buscarte; porque luego que hay juicios tuyos en la tierra, los moradores del mundo aprenden justicia. (Isaías 26:9, énfasis añadido)

> Entonces María dijo: Engrandece mi *alma* al Señor; Y mi *espíritu* se regocija en Dios mi Salvador. (Lucas 1:46-47, énfasis añadido)

> Porque la palabra de Dios es viva y eficaz, y más cortante que toda espada de dos filos; y penetra hasta partir el *alma* y el *espíritu*, las coyunturas y los tuétanos, y discierne los pensamientos y las intenciones del corazón. (Hebreos 4:12, énfasis añadido)

El fragmento del libro de Hebreos ilustra bien la separación. Las coyunturas y los tuétanos están cerca, pero son muy diferentes. Pasa lo mismo respecto al espíritu y el alma: están juntos, pero difieren uno del otro, y todavía se pueden separar.

Esa subdivisión del hombre interior también se puede ver en la tipología del Tabernáculo de Moisés. Considerado como el lugar de la habitación de Dios, tenía dos partes visibles: la parte cubierta (Tabernáculo de Reunión) y la parte descubierta (Atrio Exterior). Sin embargo, sería una equivocación llamarle como *bipartido*, teniendo en cuenta que el Tabernáculo de Reunión, a su vez, estaba conformado por dos ambientes: Lugar Santo y Lugar Santísimo, separados apenas por un velo. Hoy, el hombre es llamado en las Escrituras como «morada de Dios» (Ef 2:22) y como «templo del Espíritu Santo» (1 Co 6:19). El hombre es el actual tabernáculo. Así como el interior del Tabernáculo de Moisés, el interior del tabernáculo humano está subdividido en dos partes: espíritu y alma.

En resumen, lo que enseñan las Escrituras es que somos hombre exterior (cuerpo) y hombre interior (alma y espíritu). En orden de relevancia: espíritu, alma y cuerpo. Somos tripartitos, divididos en tres partes diferentes, y la obra santificadora se distingue en cada una de ellas.

EL ESPÍRITU

> Porque de ambas cosas [yo] estoy puesto en estrecho, teniendo *deseo de partir* y estar con Cristo, lo cual es muchísimo mejor. (Filipenses 1:23, énfasis añadido)

¿Cuál es la definición de Pablo respecto a él mismo, o bien, acerca del núcleo de su ser?

Para comprender mejor, ubique el sujeto oculto «yo» en el versículo anterior. Ese «yo» habla acerca de irse y estar con Cristo, pero ¿quién *parte* con la muerte?

Cuando fallece, el hombre interior es el que se va con el Señor, pero el hombre exterior, el cuerpo, es sepultado, se corrompe y permanece aquí en la tierra, esperando por el bendecido día de la resurrección. El apóstol llama como «yo» a la parte interior del ser, la que se iba para estar con Cristo. Pablo está afirmando que él *es* su interior, su «yo» es el hombre interior.

> Y sin embargo, *continuar en la carne* es más necesario por causa de vosotros. (Filipenses 1:24, LBLA, énfasis añadido)

¿Quién continúa en la carne? Por supuesto que él no está hablando de su propio cuerpo, porque sería redundante decir que el *cuerpo* permanece *en la carne*. Está hablando del hombre interior. Como vimos, el hombre interior está compuesto de alma y espíritu. Así que profundicemos: entre esas dos partes, ¿cuál es el centro de quiénes somos? ¿Cuál de ellas podemos decir que realmente es el «yo»?

Somos representados en la Biblia como seres espirituales. Los seres humanos son descritos como espíritus, aunque *teniendo un* alma y *viviendo en un* cuerpo, lo que compone nuestro ser integral, asimismo somos llamados de espíritus. Fíjese lo que está registrado en la epístola a los Hebreos:

> Por otra parte, tuvimos a nuestros padres terrenales que nos disciplinaban, y los venerábamos. ¿Por qué no obedeceremos mucho mejor *al Padre de los espíritus*, y viviremos? (Hebreos 12:9, énfasis añadido)

> Vosotros, en cambio, os habéis acercado al monte Sion y a la ciudad del Dios vivo, la Jerusalén celestial, y a miríadas de ángeles, a la asamblea generale iglesia de los primogénitos que están inscritos en los cielos, y a Dios, el Juez de todos, *y a los espíritus de los justos hechos ya perfectos.* (Hebreos 12:22-23, LBLA, énfasis añadido)

Dios es el *Padre de los espíritus* y los hermanos en Cristo son *espíritus.* Los hombres no son llamados de alma, ni de cuerpo, se refieren a ellos como *espíritus.* O sea, se entiende, bíblicamente, que el espíritu es el núcleo del hombre. Por eso anteriormente mencioné este orden: espíritu, alma y cuerpo, con el espíritu antes de los demás. En el libro *Cómo puede ser dirigido por el Espíritu de Dios,* Kenneth E. Hagin afirma: «Tenemos que entender que el hombre *es* un espíritu, que él *tiene* un alma, y que él *habita* en un cuerpo».

Además de eso, el espíritu es el lugar donde tenemos la conciencia de Dios, que también es espíritu, y de las cosas espirituales. Una comprobación de eso está en el relato de la creación, planteado anteriormente, que muestra el espíritu del hombre empezando a existir a partir del soplo de Dios. El espíritu humano provino del íntimo del Creador, de Su propia esencia. Por lo tanto, es el ambiente propicio para conectarse con las realidades divina y espiritual. Observe:

> Pero el que se une al Señor, es un *espíritu* con Él. (1 Corintios 6:17, énfasis añadido)

> Dios es Espíritu; y los que le adoran, *en espíritu* y en verdad es necesario que adoren. (Juan 4:24, énfasis añadido)

> Lo cual también hablamos, no con palabras enseñadas por sabiduría humana, sino con las que enseña el Espíritu, *acomodando lo espiritual a lo espiritual.* Pero el hombre natural no percibe las cosas que son del Espíritu de Dios, porque para él son locura, y no las puede entender, porque se han de discernir espiritualmente. (1 Corintios 2:13-14, énfasis añadido)

Pedro también estableció una relación entre el hombre interior y el espíritu. Además de mencionarlos separadamente, el apóstol también indicó la posibilidad de haya cualidades en el espíritu (manso y tranquilo), algo que es muy valioso para el Señor:

> Que el adorno de ustedes no consista en cosas externas, como peinados exagerados, joyas de oro o vestidos lujosos, sino *en lo íntimo del corazón*, en la belleza incorruptible de *un espíritu suave y tranquilo*. Esta belleza vale mucho delante de Dios. Pues éste era también, en tiempos antiguos, el adorno de las mujeres santas; ellas confiaban en Dios y se sometían a sus esposos. (1 Pedro 3:3-5, DHH, énfasis añadido)

Pedro mencionó buenas cualidades del espíritu, pero lo contrario es igualmente posible. No se trata solo del espíritu muerto, sino de impurezas que pueden tocar también al espíritu vivificado (2 Co 7:1). Por eso es necesario santificarlo. El próximo capítulo trata exclusivamente de ese tipo de santificación y creo que será aclaratorio.

EL ALMA

Si el espíritu lleva la semejanza de Dios, lo que nos hace diferentes uno del otro, además de la apariencia física, es el alma. Se considera la matriz de la personalidad que, como decía mi padre, tiene «un trípode de apoyo»: razón, emoción y deseos. O sea, el alma es el lugar de los sentimientos, pensamientos y también es la matriz de las decisiones.

Acerca de eso, Lewis Sperry Chafer, en su conocida obra *Teología sistemática,* afirma: «Los elementos que se mezclan para formar la personalidad son: el intelecto, la sensibilidad y el deseo; pero todos esos poderes actúan con el fin de exigir una libertad, sea de la acción externa como de la elección de los propósitos para los cuales la acción fue direccionada. El intelecto debe conducir, la sensibilidad debe desear, y el deseo debe determinar la dirección de los objetivos racionales. No puede haber personalidad, sea humana, angelical o divina, apartada de ese complejo de esenciales».

Ya hemos visto en el relato anterior, de la creación, que el hombre fue creado alma viviente (Pablo enfatiza el concepto en 1 Co 15:45) en el exacto momento en que el espíritu encontró el cuerpo, lo que sugiere que de alguna manera el alma está en contacto con ambos, o sea, interfiere y es interferida por las otras dos partes. Sin embargo, es un componente del hombre interior, juntamente con el espíritu.

Cabe resaltar que el alma es eterna y acompaña al espíritu después de la muerte. Varios textos lo demuestran:

> Y aconteció que *al salírsele el alma* (pues murió), llamó su nombre Benoni; mas su padre lo llamó Benjamín. (Genesis 35:18, énfasis añadido)

> Y se tendió sobre el niño tres veces, y clamó a Jehová y dijo: Jehová Dios mío, te ruego que hagas volver el alma de este niño a *él.* Y Jehová oyó la voz de Elías, y *el alma del niño volvió a él, y revivió.* (1 Reyes 17:21-22, énfasis añadido)

> Y *él* se fué por el desierto un día de camino, y vino y sentóse debajo de un enebro; *y deseando morirse*, dijo: Baste ya, *oh Jehová, quita mi alma*; que no soy yo mejor que mis padres. (1 Reyes 19:4, RVA, énfasis añadido)

> Porque ¿cuál es la esperanza del hipócrita, por mucho que hubiere robado, Cuando Dios *arrebatare su alma*? (Job 27:8, RVA, énfasis añadido)

> Y no temáis a los que matan el cuerpo, mas *el alma* no pueden matar; temed más bien a aquel que puede destruir el alma y el cuerpo en el infierno. (Mateo 10:28, énfasis añadido)

> Pero Dios le dijo: Necio, esta noche vienen a *pedirte tu alma*; y lo que has provisto, ¿de quién será? (Lucas 12:20, énfasis añadido)

Mientras el espíritu nos da conciencia de Dios, el alma es donde tenemos conciencia de nosotros mismos y de aquello que nos toca. Vemos en las Escrituras que esa conciencia permanece aun después que dejamos al cuerpo:

> Había un hombre rico, que se vestía de púrpura y de lino fino, y hacía cada día banquete con esplendidez. Había también un mendigo llamado Lázaro, que estaba echado a la puerta de aquel, lleno de llagas, y

> ansiaba saciarse de las migajas que caían de la mesa del rico; y aun los perros venían y le lamían las llagas. Aconteció que murió el mendigo, y fue llevado por los ángeles al seno de Abraham; y murió también el rico, y fue sepultado. Y en el Hades alzó sus ojos, estando en tormentos, y vio de lejos a Abraham, y a Lázaro en su seno. Entonces él, dando voces, dijo: Padre Abraham, ten misericordia de mí, y envía a Lázaro para que moje la punta de su dedo en agua, y refresque mi lengua; porque estoy atormentado en esta llama. Pero Abraham le dijo: Hijo, acuérdate que recibiste tus bienes en tu vida, y Lázaro también males; pero ahora éste es consolado aquí, y tú atormentado. Además de todo esto, una gran sima está puesta entre nosotros y vosotros, de manera que los que quisieren pasar de aquí a vosotros, no pueden, ni de allá pasar acá. Entonces le dijo: Te ruego, pues, padre, que le envíes a la casa de mi padre, porque tengo cinco hermanos, para que les testifique, a fin de que no vengan ellos también a este lugar de tormento. Y Abraham le dijo: A Moisés y a los profetas tienen; óiganlos. Él entonces dijo: No, padre Abraham; pero si alguno fuere a ellos de entre los muertos, se arrepentirán. Mas Abraham le dijo: Si no oyen a Moisés y a los profetas, tampoco se persuadirán aunque alguno se levantare de los muertos. (Lucas 16:19-31)

Hay una discusión teológica acerca de la clasificación del texto citado arriba sobre si es o no una parábola. Los que defienden que no es una parábola afirman que, normalmente, Jesús iniciaba la alegoría diciendo: «El reino de los cielos es semejante a». Sin embargo, aquí Cristo dice: «Había un hombre rico» y «Había también un mendigo llamado Lázaro», por el hecho de mencionar personas específicas, una de ellas por el nombre, Él estaría describiendo un suceso.

Los que creen que es una parábola también presentan buenos argumentos (y esa es una buena discusión, que no pretendo agotar aquí). Pero, entre los integrantes de ese grupo, hay los que defienden que es una mera alegoría, sin ningún aspecto de realidad, en un intento de anular la conciencia *post mórtem* presentada en el relato de Cristo. De todos modos, aunque se trate de una parábola, no creo que Jesús usara una alegoría contradictoria al resto de las Escrituras. A propósito, hay una distinción entre alegoría y fantasía. Jesús usaba siempre la primera y nunca la segunda. La conciencia *post mórtem* del cuerpo, incluyendo la recordación de sucesos de la propia vida y de la vida de otros, también se la puede ver en otros textos bíblicos. Veamos lo que dice en Apocalipsis:

> Cuando abrió el quinto sello, vi bajo el altar las almas de los que habían sido muertos por causa de la palabra de Dios y por el testimonio que tenían. Y clamaban a gran voz, diciendo: ¿Hasta cuándo, Señor, santo y verdadero, no juzgas y vengas nuestra sangre en los que moran en la tierra? Y se les dieron vestiduras blancas, y se les dijo que descansasen todavía un poco de tiempo, hasta que se completara el número de sus consiervos y sus hermanos, que también habían de ser muertos como ellos. (Apocalipsis 6:9-11)

Esos mártires sabían exactamente lo que había sucedido con ellos. Ellos no tenían solo la conciencia de lo que les había sucedido, sino también de la justicia que aún sería alcanzada. Así como fue en el caso citado anteriormente, del rico y de Lázaro.

En resumen, el alma, que acompaña al espíritu en su partida, es la personalidad, el temperamento, los pensamientos, las recordaciones, los deseos y la voluntad. A continuación, detallaré el proceso santificador del alma.

CUERPO

En las Escrituras se le nombra al cuerpo como «casa» o «tabernáculo» donde el espíritu habita. Eso señala que *somos* seres espirituales que *habitamos* en un cuerpo. Los apóstoles Pablo y Pedro usaron ese tipo de ilustración:

> Porque sabemos que si nuestra *morada terrestre*, este *tabernáculo*, se deshiciere, tenemos de Dios un edificio, una casa no hecha de manos, eterna, en los cielos. (2 Corintios 5:1, énfasis añadido)

> Porque tengo por justo, en tanto que estoy en este *tabernáculo*, de incitaros con amonestación: Sabiendo que brevemente tengo de dejar mi *tabernáculo*, como nuestro Señor Jesucristo me ha declarado. También

> yo procuraré con diligencia, que después de mi fallecimiento, vosotros podáis siempre tener memoria de estas cosas. (2 Pedro 1:13-15, RVA, énfasis añadido)

Eso no significa que el cuerpo no sea una parte integral de nosotros, pues, aunque se pueda definirlo como la casa donde habitamos, sigue siendo una extensión de quienes somos. Las tentaciones e inclinaciones al pecado se manifiestan en él y nos afectan. En ese sentido, tenemos la responsabilidad de sujetarlo, o bien, utilizando otra definición bíblica, sujetar la *carne*.

> Sino que golpeo mi cuerpo, y lo pongo en servidumbre, no sea que habiendo sido heraldo para otros, yo mismo venga a ser eliminado. (1 Corintios 9:27)

No podemos incidir en el pensamiento herético, diseminado por una vertiente de los gnósticos, y muchas veces replicados en la iglesia a lo largo de la historia, de que una persona no es responsable por los actos de su cuerpo, como si estos estuvieran disociados de la propia persona. El discurso de Pablo a los corintios demuestra claramente que sí hay responsabilidad sobre el propio cuerpo de tal manera que determina quien está descualificado o no.

Tampoco se puede decir que el cuerpo no es importante. Tanto es así que la Palabra de Dios garantiza que en el futuro sucederá la resurrección del cuerpo, o sea, no seremos completos sin él. Hoy él es nuestra casa terrenal y, tras la glorificación, será un cuerpo espiritual (1 Co 15:44). A continuación hablaremos más sobre ese tema.

Lo que los textos bíblicos destacan es el cuerpo como habitación del hombre interior, y también, así como el espíritu y el alma, como un medio de conciencia y comunicación. En el caso del cuerpo, es con el mundo natural.

Aquí finalizamos la edificación del entendimiento de que cada parte del hombre tripartito es consciente de algo. El espíritu tiene conciencia de las cosas espirituales. El alma es donde el hombre tiene conciencia de sí mismo. Por último, el cuerpo es donde tenemos conciencia *de las cosas naturales*. Es la parte de nosotros que permite el contacto del hombre interior con el mundo exterior. Vea que la Palabra de Dios decreta que el cuerpo sin el espíritu está muerto:

> Porque como *el cuerpo sin espíritu está muerto*, así también la fe sin obras está muerta. (Santiago 2:26, énfasis añadido)
>
> Mas Jesús, habiendo otra vez clamado a gran voz, *entregó el espíritu.* (Mateo 27:50, énfasis añadido)
>
> Entrando en la casa, no dejó entrar a nadie consigo, sino a Pedro, a Jacobo, a Juan, y al padre y a la madre de la niña. Y lloraban todos y hacían lamentación por ella. Pero él dijo: No lloréis; no está muerta, sino que duerme. Y se burlaban de él, sabiendo que estaba muerta. Mas él, tomándola de la mano, clamó diciendo: Muchacha, levántate. Entonces *su espíritu volvió*, e inmediatamente se levantó; y él mandó que se le diese de comer. (Lucas 8:51-55, énfasis añadido)
>
> Y apedreaban a Esteban, mientras él invocaba y decía: Señor Jesús, *recibe mi espíritu.* (Hechos 7:59, énfasis añadido)

Pese a las diferencias, es importante entender que hay una conexión vital entre las partes. El cuerpo sin el espíritu no posee vida. Por otra parte, el espíritu sin el cuerpo no puede hacer nada en esta tierra. Por lo tanto, es necesario comprender al *ser* completo.

EL HOMBRE INTEGRAL

Me acuerdo de que en mi adolescencia conocí la definición del hombre tripartito, tal como lo mencioné anteriormente: «Eres un espíritu, tienes un alma y vives en un cuerpo». Particularmente me gusta esa definición. Me hace recordar el significado de la esencia de mi ser espiritual.

La propia Biblia presenta nuestro ser completo en ese orden específico del hombre integral: espíritu, alma y cuerpo (1 Ts 5:23). Sin embargo, hay una costumbre entre los cristianos de emplear el orden inverso, afirmando que somos cuerpo, alma y espíritu.

¿Por qué invertimos el orden bíblico? Porque no tenemos la percepción de aquello que es realmente la esencia del ser humano: un espíritu, que tiene un alma y habita en un cuerpo. Quien se ve a sí mismo primeramente como cuerpo en lugar de espíritu, posicionó el aspecto natural delante del espiritual. Y eso termina por perjudicarnos.

Por otra parte, reconozco que esa definición, que a mí me encanta, puede ser entendida bajo una perspectiva equivocada. Cuando es mal comprendida, puede hacernos olvidar, o bien, menospreciar el hecho de que cuerpo y alma integran quienes somos, aunque no sean la esencia de nuestro ser que es espiritual. El hombre integral no es definido solo por su parte más importante, sino que por su composición plena. Pienso que es exactamente por eso que muchos cristianos descuidan sus emociones y su salud.

Al exaltar lo que es prioritario no se puede menospreciar lo que lo complementa. Un ejemplo de eso es la visión que las Escrituras nos transmiten acerca del hombre y de la mujer. Vea lo que Pablo nos escribe, inspirado por el Espíritu Santo:

> Pero en el Señor, ni el varón es sin la mujer, ni la mujer sin el varón; porque, así como la mujer procede del varón, también el varón nace de la mujer; pero todo procede de Dios. (1 Corintios 11:11-12)

La mujer fue creada a partir del hombre, pero el hombre nace de la mujer. Ambos se complementan y uno no existe sin el otro. Sin embargo, esa información está en un contexto y tiene el propósito de promover el equilibrio. ¿Cuál es ese contexto? Observe la afirmación del apóstol en los versículos anteriores:

> Porque el varón no procede de la mujer, sino la mujer del varón, y tampoco el varón fue creado por causa de la mujer, sino la mujer por causa del varón. (1 Corintios 11:8-9)

La Biblia no está diciendo que el valor del hombre es mayor que el de la mujer. Incluso, el propio Pablo, escribiendo a los gálatas, dice que, en Cristo Jesús «no hay judío ni griego; no hay esclavo ni libre; no hay varón ni mujer; porque todos vosotros sois uno» (Gá 3:28). Todos tienen el mismo valor delante de Dios. Eso vale para judíos y gentiles, así como para hombre y mujer.

Sin embargo, los judíos, en el plan divino, tenían prioridad respecto a la proclamación del Evangelio (Mt 10:6; Ro 1:16).

Por lo tanto, la distinción que se hace no es de valor sino de orden.

Teniendo eso en cuenta, necesitamos observar la funcionalidad de los roles del hombre y de la mujer en la familia. Cuando la Biblia resalta la autoridad del gobierno del hombre demuestra que él fue creado antes y que la mujer existe a causa del hombre, y no al contrario.

Esa tal vez sea una buena manera de mirar al hombre integral. El cuerpo, a pesar de haber sido formado antes (Gn 2:7), fue preparado para recibir y dar expresión al espíritu que Dios sopló dentro suyo. Podemos afirmar que el cuerpo existe por causa del espíritu, y no al revés. Uno depende del otro y ambos se complementan, sin embargo, así como en el caso de los judíos y gentiles, del hombre y de la mujer, el espíritu es la parte que viene primero y que debería gobernar las demás, alma y cuerpo.

7

SANTIFICACIÓN DEL ESPÍRITU

«Santidad es la parte visiblede la salvación». (Charles Spurgeon)

El enfoque ahora está en la obra santificadora que alcanza nuestro espíritu. Empieza con la santificación inicial, probada en el nuevo nacimiento, y se extiende por los procesos de crecimiento espiritual, separación de las impurezas y sujeción de la carne. Primero, vamos a entender lo que pasa en la regeneración.

REGENERACIÓN

> Él, de su voluntad, *nos hizo nacer* por la palabra de verdad, para que seamos primicias de sus criaturas. (Santiago 1:18, énfasis añadido)

> Siendo *renacidos*, no de simiente corruptible, sino de incorruptible, por la palabra de Dios que vive y permanece para siempre. (1 Pedro 1:23, énfasis añadido)

Regenerar significa generar de nuevo, esa es la esencia de la santificación inicial. El término «nacer de nuevo» indica la misma experiencia de regeneración. ¿Dónde sucede? En nuestro espíritu. El Señor Jesús nos enseña sobre eso:

> Había un hombre de los fariseos que se llamaba Nicodemo, un principal entre los judíos. Este vino a Jesús de noche, y le dijo: Rabí, sabemos que has venido de Dios como maestro; porque nadie puede hacer estas señales que tú haces, si no está Dios con él. Respondió Jesús y le dijo: De cierto, de cierto te digo, que el que no naciere de nuevo, no puede ver el reino de Dios. Nicodemo le dijo: ¿Cómo puede un hombre nacer siendo viejo? ¿Puede acaso entrar por segunda vez en el vientre de su madre, y nacer? Respondió Jesús: De cierto, de cierto te digo, que el que no naciere de agua y del Espíritu, no puede entrar en el reino de Dios. Lo que es nacido de la carne, carne es; y lo que es nacido del Espíritu, espíritu es. (Juan 3:1-6)

Cuando Nicodemo escucha la declaración de Cristo sobre el nuevo nacimiento, pregunta cómo sería posible que eso se diera de forma natural. A lo que Jesús le contestó que el primer nacimiento es natural, pero el nuevo nacimiento es una experiencia esencialmente espiritual, es la acción vivificadora del Espíritu Santo en nuestro propio espíritu: «Lo que es nacido de la carne, carne es; y lo que es nacido del Espíritu, espíritu es».

Se refiere al cambio de estado del hombre interior: de muerto a vivo espiritualmente, porque recibió la vida de Dios.

> Y él os dio vida a vosotros, cuando estabais muertos en vuestros delitos y pecados, en los cuales anduvisteis en otro tiempo, siguiendo la corriente de este mundo, conforme al príncipe de la potestad del aire, el espíritu que ahora opera en los hijos de desobediencia, entre los cuales también todos nosotros vivimos en otro tiempo en los deseos de nuestra carne, haciendo la voluntad de la carne y de los pensamientos, y éramos por naturaleza hijos de ira, lo mismo que los demás. (Efesios 2:1-3)

El problema del pecado afectó la naturaleza humana. Ya hemos visto en el capítulo que trata sobre la santificación inicial que, por medio del pecado, la muerte entró y fue transmitida a todos los hombres (Ro 5:12). ¿Y por qué «todos»? Por causa de la ley divina de la creación, que determinó la reproducción de todo ser vivo según su propia especie (Gn 1:11; 21-24). En la declaración a los efesios, como leímos anteriormente, Pablo subraya que el problema de la humanidad es ese, la naturaleza: «y éramos por naturaleza hijos de ira, lo mismo que los demás». Como solución, la obra redentora de Cristo proporciona un cambio. Es la regeneración que nos hace partícipes de una nueva naturaleza, la naturaleza divina:

> Por medio de las cuales nos ha dado preciosas y grandísimas promesas, para que por ellas llegaseis a ser *participantes de la naturaleza divina*, habiendo huido de la corrupción que hay en el mundo a causa de la concupiscencia. (2 Pedro 1:4, énfasis añadido)

La Palabra de Dios es tan clara y enfática acerca de ese tema que compara el proceso de regeneración espiritual con el proceso natural de reproducción, en el cual se recibe una semilla:

> Ninguno que haya nacido de Dios practica el pecado, porque *la semilla de Dios* permanece en él; no puede practicar el pecado, porque ha nacido de Dios. (1 Juan 3:9, NVI, énfasis añadido)

Así como en el proceso natural de la semilla define la transmisión del código genético, igualmente recibimos la transmisión de la naturaleza de Dios por medio de su Palabra, que es una semilla incorruptible (1 P 1:23). Esa es la primera santificación que llega al espíritu del hombre, cambiando la muerte por la vida y la naturaleza pecaminosa por la naturaleza divina.

Cabe resaltar, además, que es con motivo del nuevo nacimiento que el Espíritu Santo viene a habitar en nosotros. Una parte de Su misión es liderarnos y conducirnos en el proceso de transformación a imagen y semejanza de Jesús.

CONSECUENCIAS DE LA NUEVA NATURALEZA

Cuando la Biblia habla de muerte, que era nuestra condición espiritual anterior a la regeneración, no habla del término de la existencia. El concepto planteado es el de la separación. Basta ver lo que sucedió en el Edén, al principio de todo. El Señor le dijo a Adán que el día que comiese del árbol del conocimiento del bien y del mal, él se moriría (Gn 2:17). Adán no murió físicamente cuando pecó, lo que nos permite entender que esa muerte era de orden espiritual. O sea, después de la desobediencia, el hombre pasó a estar separado de Dios.

Santiago, hermano del Señor, escribió:

> Pues, como el cuerpo sin el espíritu está muerto, así también la fe sin obras está muerta. (Santiago 2:26)

Cuando alguien se muere, de manera natural, su espíritu no deja de existir; solo se separa del cuerpo. El texto anterior define así la muerte. De la misma manera, la condición de muerte espiritual del hombre sin Cristo no implica que no tenga un espíritu, sino que su espíritu está separado de Dios.

Teniendo eso en cuenta, vamos a la primera consecuencia de la regeneración.

Comunión con Dios

La regeneración involucra reconciliación, que restaura el pleno acceso al relacionamiento con Dios; que une lo que estaba separado. La comunión, la conexión con Él ocurre exactamente en la dimensión de nuestro espíritu. Jesús habló sobre eso:

> Mas la hora viene, y ahora es, cuando los verdaderos adoradores adorarán al Padre en espíritu y en verdad; porque también el Padre tales adoradores busca que le adoren. Dios es Espíritu; y los que le adoran, en espíritu y en verdad es necesario que adoren. (Juan 4:23-24)

El apóstol Pablo también enseñó sobre el mismo tema:

> Pero el que se une al Señor, un espíritu es con él. (1 Corintios 6:17)

La verdadera adoración ocurre cuando nuestro espíritu se une con Dios, que es Espíritu, en un nivel de comunión que no se puede disfrutar en la dimensión del alma o del cuerpo, aunque puedan ser afectados por la comunión espiritual. Esa unión no era posible porque el pecado había cavado un abismo insuperable entre el hombre y Dios.

Ahora que nacimos de nuevo, no hay más separación. Podemos tener comunión con Dios. ¡No hay más un abismo entre nosotros, pues estamos del mismo lado! Una parte de la *comunión* con Él (acto de disfrutar de Su presencia) es el *relacionamiento* (capacidad de interactuar). Además de hablar con el Señor en oración, también lo podemos escuchar cuando habla con nosotros. ¿Dónde? En el espíritu.

Las Escrituras nos revelan esa interacción, por ejemplo, cuando el Espíritu Santo testifica en nuestro espíritu, lo que indica que el espíritu humano es justamente el ambiente de interacción, donde Dios nos habla y nos dirige.

> Porque todos los que son guiados por el Espíritu de Dios, éstos son hijos de Dios. Pues no habéis recibido el espíritu de esclavitud para estar otra vez en temor, sino que habéis recibido el espíritu de adopción, por el cual clamamos: ¡Abba, Padre! El Espíritu mismo da testimonio a nuestro espíritu, de que somos hijos de Dios. (Romanos 8:14-16)

> Lámpara de Jehová es el espíritu del hombre, la cual escudriña lo más profundo del corazón. (Proverbios 20:27)

Además de traer vida a nuestra muerte y de darnos la naturaleza divina, la regeneración hace posible la comunión con Dios directamente, confiadamente, como un relacionamiento del hijo con su padre. Todo eso sucede en el espíritu.

Anhelo por las cosas de Dios

> Velad y orad, para que no entréis en tentación; el espíritu a la verdad está dispuesto, pero la carne es débil. (Mateo 26:41)

Mientras que la carne no está dispuesta a buscar a Dios, el espíritu humano regenerado actúa al contrario: se dispone, se inclina. A veces, los cristianos usan la expresión «la carne es débil» para referirse a la inclinación al pecado, pero Jesús hablaba de otro tema. El contexto era: los discípulos de Cristo siendo vencidos por el sueño en vez de orar. Por lo tanto, lo que dijo Jesús fue que el espíritu del hombre está listo para buscar a Dios, sin embargo, la carne se indispone a eso. Respecto al pecado, la carne es fuerte, pero no débil. Ella es débil para buscar al Señor.

Pablo también se refirió al tema en la carta a los Romanos:

> Porque según el hombre interior, me deleito en la ley de Dios; pero veo otra ley en mis miembros, que se rebela contra la ley de mi mente, y que me lleva cautivo a la ley del pecado que está en mis miembros. (Romanos 7:22-23)

Él declara que el hombre interior, el espíritu renacido, se complace en la ley de Dios. La propia Palabra de Dios es espiritual y nos toca en ese ámbito, en el espíritu. Vea:

> El espíritu es el que da vida; la carne para nada aprovecha; las palabras que yo os he hablado son *espíritu* y son vida. (Juan 6:63, énfasis añadido)

Otro enfoque importante para comprender la santificación en el espíritu es conocer lo que es su contrario, lo que se le opone continuamente: la carne. El espíritu, regeneradp por el nuevo nacimiento, y la carne, que trae la naturaleza del viejo nacimiento, están en conflicto. Lo que necesitamos aprender es vivir en la dimensión de nuestro espíritu, donde el Espíritu de Dios habita y actúa. No debemos solo tener el Espíritu, sino también andar en Él, y de esa manera Él vence la guerra.

> Digo, pues: Andad en el Espíritu, y no satisfagáis los deseos de la carne. Porque el deseo de la carne es contra el Espíritu, y el del Espíritu es contra la carne; y éstos se oponen entre sí, para que no hagáis lo que quisiereis. (Gálatas 5:16-17)

En este contexto, la Palabra de Dios nos presenta el siguiente conflicto:

> Y manifiestas son las obras de la carne, que son: adulterio, fornicación, inmundicia, lascivia, idolatría, hechicerías, enemistades, pleitos, celos, iras, contiendas, disensiones, herejías, envidias, homicidios, borracheras,

> orgías, y cosas semejantes a estas; acerca de las cuales os amonesto, como ya os lo he dicho antes, que los que practican tales cosas no heredarán el reino de Dios. *Mas el fruto del Espíritu* es amor, gozo, paz, paciencia, benignidad, bondad, fe, mansedumbre, templanza; contra tales cosas no hay ley. Pero los que son de Cristo han crucificado la carne con sus pasiones y deseos. (Gálatas 5:19-24, énfasis añadido)

El fruto del Espíritu es una manifestación del Espíritu Santo en nuestro espíritu. Lo mismo sucede al hablar en lenguas, otorgado por el Espíritu Santo, que nos concede el lenguaje (Hechos 2:4), como también a nuestro propio espíritu, que ora por el Espíritu de Dios (1 Co 14:14). En ese sentido, el espíritu humano regenerado, con la presencia del Espíritu Santo obrando, manifiesta un comportamiento diferente de la carne, o sea, un comportamiento contrario. Veamos algunos textos bíblicos:

> Bienaventurados los *pobres en espíritu*, porque de ellos es el reino de los cielos. (Mateo 5:3, énfasis añadido)

> Sino el interno, el del corazón, en el incorruptible ornato de un *espíritu afable y apacible*, que es de grande estima delante de Dios. (1 Pedro 3:4, énfasis añadido)

Se puede enfatizar que el dominio del Espíritu Santo en nuestro interior no es algo automático. La regeneración, sí, pero el gobierno del Espíritu de Dios y el fruto del Espíritu, no. Necesitamos, cada día, decidir despojarnos del viejo hombre y revestirnos del nuevo, y ser llenos del Espíritu para que Él prevalezca en la guerra contra la carne. Hablaremos más sobre esta lucha y como vencerla, pero es necesario reconocer que, desde el nuevo nacimiento ya tenemos una provisión divina que nos permite el gobierno de la naturaleza divina en nuestro propio espíritu.

CRECIMENTO ESPIRITUAL

Aunque hayamos leído hace poco que el espíritu está listo, ¿es correcto decir que todavía necesita crecer?

Aclaramos anteriormente el concepto de crecimiento de la salvación cuando hablamos de la santificación progresiva. Sin embargo, lo mismo se encuentra en las Escrituras con relación al propio espíritu, que fue regenerado, cobró vida y se quedó listo para comulgar con Dios, pero aún puede crecer.

Vea el ejemplo de Juan Bautista:

> Y el niño crecía, y se fortalecía en espíritu; y estuvo en lugares desiertos hasta el día de su manifestación a Israel. (Lucas 1:80)

Ese texto, por sí mismo, podría sugerir que hay crecimiento físico, pero el espíritu apenas se fortalece. No obstante, hay otros textos que, juntamente con ese, prueban que el espíritu sí puede crecer.

Veamos algunos:

> Sino que siguiendo la verdad en amor, *crezcamos* en todo en aquel que es la cabeza, esto es, Cristo. (Efesios 4:15, énfasis añadido)

> Desead, como niños recién nacidos, la leche espiritual no adulterada, para que por ella *crezcáis* para salvación. (1 Pedro 2:2, énfasis añadido)

Nuestro espíritu fue regenerado por medio del nuevo nacimiento. Nació. De manera similar a lo que sucede con el proceso natural, no se puede nacer ya adulto en el espíritu, pero como un bebé, con una dieta a base de leche. Fíjese que la leche que se refiere en la carta de Pedro es *espiritual*, por consiguiente, se entiende que es alimento para un espíritu, lo cual es explícitamente nombrado como recién nacido. Ese alimento es la Palabra de Dios (Mt 4:4).

La propia concepción de santificación progresiva, de que hay un camino por recorrer después de la santificación inicial, puede reflejarse en el crecimiento espiritual. La conversión produce cambios evidentes en aquel que se ha entregado al Señor, pero hay mucho más para ser probado en el ámbito del espíritu: hay mucho más para probar en la relación con Dios y con los temas espirituales. Hay un alimento más sólido para apreciar, y la madurez determina el tipo de dieta que, a su vez, determina el crecimiento.

LIDIANDO CON LO INTERIOR

Normalmente estamos inclinados a pensar en santidad y pecado solo en su aspecto exterior. Pero el problema del hombre no es simplemente externo. La batalla no es solo con la carne física, sino con la carnalidad, con la inclinación y el deseo carnal, en el interior, en lo íntimo, en el hombre interior, donde también está el espíritu. Según la enseñanza de Cristo, el problema del hombre está conectado a su interior:

> Nada hay fuera del hombre que entre en él, que le pueda contaminar; pero lo que sale de él, eso es lo que contamina al hombre. Si alguno tiene oídos para oír, oiga. Cuando se alejó de la multitud y entró en casa, le preguntaron sus discípulos sobre la parábola. Él les dijo: ¿También vosotros estáis así sin entendimiento? ¿No entendéis que todo lo de fuera que entra en el hombre, no le puede contaminar, porque no entra en su corazón, sino en el vientre, y sale a la letrina? Esto decía, haciendo limpios todos los alimentos. Pero decía, que lo que del hombre sale, eso contamina al hombre. (Marcos 7:15-20)

Es justamente por eso que se debe tratar la santificación desde adentro hacia afuera, y no al contrario. Jesús confrontó a los fariseos y a los escribas porque ellos invertían el orden. Y hasta hoy muchos buscan la santificación por el camino inverso. Lea la severa amonestación del Señor:

> ¡Ay de vosotros, escribas y fariseos, hipócritas! porque limpiáis lo de fuera del vaso y del plato, pero por dentro estáis llenos de robo y de injusticia, ¡Fariseo ciego! Limpia primero lo de dentro del vaso y del plato, para que también lo de fuera sea limpio. ¡Ay de vosotros, escribas y fariseos, hipócritas! porque sois semejantes a sepulcros blanqueados, que por fuera, a la verdad, se muestran hermosos, más por dentro están llenos de huesos de muertos y de toda inmundicia. Así también vosotros por fuera, a la verdad, os mostráis justos a los hombres, pero por dentro estáis llenos de hipocresía e iniquidad. (Mateo 23:25-28)

La religiosidad puede generar un comportamiento diferente. La rigidez de los reglamentos puede, incluso, no permitir que el hombre sea tan «libre» para pecar, como si estuviera sin ellos. ¡Pero el hecho es que nada de eso puede refrenar el interior del ser humano! Vea lo que Pablo les enseñó a los creyentes de la ciudad de Coloso:

> Pues si habéis muerto con Cristo en cuanto a los rudimentos del mundo, ¿por qué, como si vivieseis en el mundo, os sometéis a preceptos tales como: No manejes, ni gustes, ni aun toques (en conformidad a mandamientos y doctrinas de hombres), cosas que todas se destruyen con el uso? Tales cosas tienen a la verdad cierta reputación de sabiduría en culto voluntario, en humildad y en duro trato del cuerpo; pero *no tienen valor alguno contra los apetitos de la carne.* (Colosenses 2:20-23, énfasis añadido)

Él fue muy enfático: ¡No tienen ningún valor contra los apetitos de la carne! Es interesante pensar que, en realidad, el impulso de la carne nace en lo más íntimo. Si lo ponemos así, entendemos mejor por qué, muchas veces, los intentos externos de vencer el pecado fracasan trágicamente; la raíz necesita ser alcanzada, o sea, en lo íntimo, de lo contrario, volverán los malos frutos.

Por lo tanto, primeramente, necesitamos nacer otra vez y probar el cambio de naturaleza. Después, necesitamos crecer espiritualmente, incrementando nuestra dieta con la Palabra. Para que sea posible ese crecimiento, debemos darle el lugar al Espíritu Santo para que nos conduzca y nos llene de Él en nuestro espíritu hasta que se manifieste el fruto del Espíritu, en lugar de las obras de la carne y de la podredumbre en el interior.

PECADO VERSUS IMPUREZA

Muchos defienden la idea de que el espíritu humano renacido, partícipe de la naturaleza divina y con la presencia del Espíritu Santo en él, no peca. Basándose en esa lógica, no habría ninguna necesidad de santificación progresiva en el espíritu. El problema es que admitir la aparente consecuencia de ese raciocinio sería una contradicción a la enseñanza bíblica. Es incuestionable cuando consideramos el hecho de que hay santificación progresiva involucrando al espíritu. Sin embargo, sin discutir si el espíritu peca o no, hay algo importante que se debe considerar cuando se habla de santificación; aunque el único problema que suele ocurrirnos sea el pecado, hay algo más que se debe considerar: las *impurezas.*

Por supuesto que la santificación involucra la victoria sobre el pecado, pero no está limitada a eso. Ella abarca más e involucra también el tema de las impurezas. Son dos temas distintos y deben ser tratados como tal.

> Así que, amados, puesto que tenemos tales promesas, *limpiémonos de toda contaminación de carne y de espíritu, perfeccionando la santidad* en el temor de Dios. (2 Corintios 7:1, énfasis añadido)

La declaración de Pablo viene generando muchos cuestionamientos a los que estudian la Palabra de Dios y quieren profundizarse en la doctrina de la santificación.

Si nuestro espíritu fue regenerado y, tras el nuevo nacimiento, vino a tener la naturaleza de Dios, ¿a cuáles impurezas se refiere la Biblia?

¿Qué es lo que aún puede dificultar la condición de nuestro espíritu? En la santificación inicial, nosotros ya fuimos purificados de todo pecado que hemos cometido. Por tanto, ¿qué impurezas serían esas que todavía deben ser tratadas en la santificación progresiva?

La palabra griega traducida como «impureza» en el versículo anterior es *molusmos* y, conforme el Léxico de Strong, significa «contaminación, acto por el cual algo se hace impuro». ¿Y qué es pecado? La quiebra del mandamiento divino, la desobediencia.

> Todo aquel que comete pecado, infringe también la ley; pues *el pecado es infracción de la ley.* (1 Juan 3:4, énfasis añadido)

En la Antigua Alianza, la diferencia entre pecado e impureza era clara. El pecado se trataba con la sangre de los sacrificios, mientras que las impurezas, con el agua. El propósito de esas determinaciones iba mucho más allá de las reglas necesarias para aquella época: señalaba la realidad neotestamentaria revelada para nosotros hoy: «Porque la ley, teniendo la sombra de los bienes venideros, no la imagen misma de las cosas»

(He 10:1). Volvamos a las figuras de la ley mosaica. Para que el sacerdote entrase en el Tabernáculo, él necesitaba probar los dos diferentes elementos de santificación: la sangre y el agua. Mire la determinación divina:

> Y hará traer Aarón el becerro que era para expiación suya, y hará la reconciliación por sí y por su casa, y degollará en expiación el becerro que es suyo. Tomará luego de la *sangre* del becerro, y la rociará con su dedo hacia el propiciatorio al lado oriental; hacia el propiciatorio esparcirá con su dedo siete veces de aquella sangre. Después vendrá Aarón al tabernáculo de reunión, y se quitará las vestiduras de lino que había vestido para entrar en el santuario, y las pondrá allí. Lavará luego su cuerpo *con agua* en el lugar del santuario, y después de ponerse sus vestidos saldrá, y hará su holocausto, y el holocausto del pueblo, y hará la expiación por sí y por el pueblo. (Levítico 16:11,14; 23-24, énfasis añadido)

Es importante resaltar que los dos aparatos empleados para la santificación ya estaban ubicados en la entrada del Tabernáculo: el *altar del holocausto* (donde se derramaba la *sangre* de los sacrificios) y el *lavacro* (donde había *agua* para la purificación). Avancemos un poco más en el Antiguo Testamento para entender mejor. Mire los dos siguientes textos bíblicos que muestran los diferentes roles de la sangre y del agua en la santificación, uno para tratar el pecado, y otro para la impureza:

> Cuando pecare en alguna de estas cosas, confesará aquello en que *pecó*, y para su expiación traerá a Jehová por su pecado que cometió, una hembra de los rebaños, una cordera o una cabra como ofrenda de expiación; y el sacerdote le hará expiación por su *pecado*. Y si no tuviere lo suficiente para un cordero, traerá a Jehová en expiación por su pecado que cometió, dos tórtolas o dos palominos, el uno para expiación, y el otro para holocausto. Y los traerá al sacerdote, el cual ofrecerá primero el que es para expiación; y le arrancará de su cuello la cabeza, mas no la separará por completo. Y rociará *de la sangre de la expiación* sobre la pared del altar; y lo que sobrare de la sangre lo exprimirá al pie del altar; es expiación. Y del otro hará holocausto conforme al rito; así el sacerdote hará *expiación por el pecado de aquel que lo cometió*, y será *perdonado*. (Levítico 5:5-10, énfasis añadido)

> Toda cama en que se acostare el que tuviere flujo, será *inmunda*; y toda cosa sobre que se sentare, *inmunda* será. Y cualquiera que tocare su cama lavará sus vestidos; *se lavará* también a sí mismo *con agua*, y será *inmundo* hasta la noche. Y el que se sentare sobre aquello en que se hubiere sentado el que tiene flujo, lavará sus vestidos, *se lavará* también a sí mismo *con agua*, y será *inmundo* hasta la noche. Asimismo el que tocare el cuerpo del que tiene flujo, lavará sus vestidos, y a sí mismo *se lavará con agua*, y será *inmundo* hasta la noche. Y si el que tiene flujo escupiere *sobre el limpio*, éste lavará sus vestidos, y después de haberse *lavado con agua*, será *inmundo* hasta la noche. (Levítico 15:4-8, énfasis añadido)

En todo el capítulo 15 de Levítico, la cuestión específica de la impureza siendo tratada con agua se presenta en detalles. Al final, el Señor enfatiza la razón por la cual el ritual de bañarse era tan necesario:

> Así apartaréis *de sus impurezas* a los hijos de Israel, a fin de que no mueran por *sus impurezas* por haber contaminado mi tabernáculo que está entre ellos. (Levítico 15:31, énfasis añadido)

¿Y qué podemos concluir? La impureza era un bloqueo en la relación con Dios, pero no debería confundirse con el pecado, ni tampoco tratarla con el mismo remedio.

El pecado es una transgresión de los mandamientos que puede incluso ocurrir en la ignorancia, pero se trata de algo *voluntario*.

Por otra parte, la impureza no involucra, necesariamente, la quiebra de un mandamiento, pues involucra, además, *acciones involuntarias*. Entre los ejemplos presentados en Lv 15:1-33, estaban la eyaculación nocturna del hombre y la menstruación de la mujer. Aún se mencionan *acciones de terceros,* como recibir un escupitajo de alguien que estaba impuro, o bien la exposición accidental a un ambiente contaminado por una persona en esa condición. Por eso, hay una gran distinción entre pecado e impureza, aunque esta última sea también capaz de perjudicar la relación con Dios.

Por lo tanto, queda más fácil entender lo que Dios le pidió a Moisés que hiciera a los israelitas en el Monte Sinaí:

> Y Jehová dijo a Moisés: Ve al pueblo, y *santifícalos* hoy y mañana; y *laven sus vestidos*, y estén preparados para el día tercero, porque al tercer día Jehová descenderá a ojos de todo el pueblo sobre el monte de Sinaí. (Éxodo 19:10-11, énfasis añadido)

Retomando, había dos elementos de santificación en los rituales de la ley mosaica: la sangre y el agua. Conforme he afirmado anteriormente, hay una proyección tipológica de esas figuras. La Biblia afirma que la disposición de cada mueble del Tabernáculo era intencional y divinamente diseñada para comunicar algo. Por esta razón, utiliza las siguientes expresiones: «*dando* el Espíritu Santo *a entender* con esto que…» y luego en seguida: «Lo cual *es símbolo* para el tiempo presente…» (He 9:8-9, énfasis añadido). El mensaje es nítido: el pecado se trataba con sangre, pero la inmundicia, con agua, y no solamente en el caso de los sacerdotes, sino de todo el pueblo.

Eso sigue vigente hasta hoy. En el libro de los Hebreos ubicamos la explicación del significado, así como la aplicación a la vida cristiana:

> Así que, hermanos, teniendo libertad para entrar en el Lugar Santísimo *por la sangre* de Jesucristo, por el camino nuevo y vivo que él nos abrió a través del velo, esto es, de su carne, y teniendo un gran sacerdote sobre la casa de Dios, acerquémonos con corazón sincero, en plena certidumbre de fe, purificados los corazones de mala conciencia, *y lavados los cuerpos con agua pura.* (Hebreos 10:19-22 énfasis añadido)

¡Podemos ingresar con osadía en el verdadero Lugar Santísimo, no solo por causa de la santificación de la sangre de Jesús, sino también por causa de la purificación con agua!

La falta de entendimiento de esa verdad tan poderosa viene produciendo muchas interpretaciones equivocadas de la doctrina de la santificación. Así como en la Antigua Alianza, solo se podía andar por el camino para el Lugar Santísimo, donde la presencia de Dios se manifestaba, tras pasar por la sangre del altar del holocausto y por el agua del lavacro. Lo mismo pasa en la Nueva Alianza. Hoy, cumpliendo esas figuras proféticas, la sangre y el agua también son ingredientes indispensables para la santificación que nos garantiza el acceso a Dios. Pues, conforme está escrito: «Seguid la paz con todos, y la santidad, sin la cual nadie verá al Señor» (He 12:14).

No solamente uno u otro, sino ambos. La sangre y el agua son repetidamente presentadas juntas en la obra de Cristo, en el Nuevo Testamento:

> Pero uno de los soldados le abrió el costado con una lanza, y al instante salió *sangre y agua*. Y el que lo vio da testimonio, y su testimonio es verdadero; y él sabe que dice verdad, para que vosotros también creáis. (Juan 19:34-35, énfasis añadido)

> Este es Jesucristo, que vino mediante *agua y sangre*; no mediante agua solamente, sino *mediante agua y sangre*. Y el Espíritu es el que da testimonio; porque el Espíritu es la verdad. (1 Juan 5:6, énfasis añadido)

¿Qué es lo que ha cambiado en la Nueva Alianza? La distinción entre el tipo (proyección) y su antitipo (realidad). En este contexto, la sangre y el agua son aplicables espiritualmente hoy, no de manera natural o literal. Sin embargo, el problema del pecado y de las impurezas sigue siendo el mismo. La necesidad de utilizarlos sigue igual: la sangre trata con el pecado, con la transgresión de los mandamientos divinos, mientras el agua trata con las impurezas.

Estamos acostumbrados a escuchar acerca del pecado; sin embargo, no se puede menospreciar el tema de las impurezas en el escenario de la santificación. Como lo he mostrado anteriormente, la impureza puede ser involuntaria. Diferente del pecado, que es siempre voluntario, la impureza puede tocar a alguien simplemente por involucrarse con una persona, o bien, con un ambiente contaminado.

¿Quiere un ejemplo? No hay ninguna prohibición bíblica que restrinja al creyente a escuchar música *profana* y no cristiana. Así que no se puede decir que es pecado. Se consideraría pecado si hubiera una transgresión de un mandamiento, y en ese caso no lo hay. Sin embargo, dependiendo del contenido de la letra, o hasta mismo de la inspiración de quien la compuso, esa canción puede ser fuente de impureza. Frecuentemente encuentro dos grupos de cristianos, con diferentes formas de pensamiento, que se pelean por ese tema. Por un lado, el grupo que intenta transformar en pecado lo que no se puede clasificar como tal, y por otro, el grupo que intenta tornar absolutamente inocente y puro lo que no se puede necesariamente clasificar así.

Como no entendemos el tema de las impurezas, nos centramos solamente en lo que pueda ser pecado o no. Pero hay cosas perjudiciales en el relacionamiento con Dios que no son pecados. En ese punto hay una diferencia de madurez, y de dieta, conforme hemos visto. Debemos crecer en el sentido de no solo renunciar al pecado, sino también de lavarnos de todo tipo de impureza que pueda estorbar la intimidad con el Señor.

Ahora continuemos con la solución. En el Nuevo Testamento, el lavamiento con agua representa la acción de la Palabra en nosotros:

> Maridos, amad a vuestras mujeres, así como Cristo amó a la iglesia, y *se entregó a sí mismo por ella, para santificarla*, habiéndola *purificado en el lavamiento del agua por la palabra*, a fin de presentársela a sí mismo, una iglesia gloriosa, que no tuviese mancha ni arruga ni cosa semejante, sino que fuese santa y sin mancha. (Efesios 5:25-27, énfasis añadido)

Jesús hizo dos cosas por Su iglesia:

1. «Se entregó a si mismo por ella, para santificarla»: Habla de Su muerte y sacrificio. Involucra la sangre vertida por nosotros en la cruz;
2. «Habiéndola purificado en el lavamiento del agua por la palabra»: Habla de cosas que no son tratadas con sangre, sino por la aplicación de la Palabra en nosotros. Ese texto no solamente señala los dos elementos de purificación (sangre y agua) que tratan con los dos diferentes problemas espirituales (pecado e impureza), sino también destaca que hay dos diferentes niveles de santificación: la inicial y la progresiva, que ocurre por la Palabra de Dios. Fue exactamente a esto que Jesús se refirió al afirmar a Sus discípulos:

> Ya vosotros estáis limpios por la palabra que os he hablado. (Juan 15:3)

Podemos recalcar todavía que no necesitamos de apenas un único lavamiento de agua, sino de un lavado *continuo*:

> Entonces vino a Simón Pedro; y Pedro le dijo: Señor, ¿tú me lavas los pies? Respondió Jesús y le dijo: Lo que yo hago, tú no lo comprendes ahora; mas lo entenderás después. Pedro le dijo: No me lavarás los pies jamás. Jesús le respondió: Si no te lavare, no tendrás parte conmigo. Le dijo Simón Pedro: Señor, no sólo mis pies, sino también las manos y la cabeza. Jesús le dijo: *El que está lavado, no necesita sino lavarse los pies, pues está todo limpio*; y vosotros limpios estáis, aunque no todos. (Juan 13:6-10, énfasis añadido)

La analogía empleada por Jesús está basada en la aplicación de un elemento cultural común en aquellos días. Él habla de alguien que, después de haberse bañado, tiene sus pies polvorientos y sucios por la caminata. Era una práctica común de hospitalidad que cuando se recibía a una persona en esa situación, la misma podría lavarse los pies. Pero un baño completo no le sería exigido, ni tampoco practicado. La figura habla de cómo nosotros, los creyentes en Jesús, quienes ya fuimos lavados, necesitamos reconocer la necesidad de purificarnos de ese polvo mundano que ensucia nuestros pies en la caminata. No se trata de pecado, sino de impureza. Aun así, tanto uno como el otro necesitan ser tratados, por diferentes medios, en el proceso de santificación.

¡Fuimos lavados por la sangre de Jesús! Pero eso no significa que llegamos instantáneamente a la perfección. Debemos acordarnos de que, aunque nuestro espíritu haya renacido y participe de la naturaleza divina, puede ser afectado por una nueva práctica de pecado. Por eso, el apóstol Juan nos alerta para confesar los pecados y contar con la sangre continuamente:

> Si confesamos nuestros pecados, él es fiel y justo para perdonar nuestros pecados, y limpiarnos de toda maldad. (1 Juan 1:9)

Aun cuando no pecamos, permanece el incentivo al perfeccionamiento de la santidad respecto a las impurezas de la carne y del espíritu. En este caso, ¡llénese con la Palabra! ¡Sea un practicante esforzado!

Proteja su espíritu con sangre y agua. Prosiga, entonces, para la santificación completa, también en el alma y en el cuerpo.

8

SANTIFICACIÓN DEL ALMA

«Un cristiano que no es santo es una contradicción de todo lo que la Biblia enseña». (John Blanchard)

El alma, así como el espíritu, tiene su propio proceso de santificación en distintos niveles.

En la primera carta de Pedro, encontramos el énfasis para la santificación *inicial* de esa parte específica del hombre:

> Ahora que se han purificado obedeciendo a la verdad. (1 Pedro 1:22, NVI)

El apóstol habla de algo que ya sucedió: «han purificado». Todo lo necesario era una postura de fe y la voluntad de obedecer la Palabra de Dios.

Por otra parte, Santiago hace hincapié en lo que podemos clasificar como parte de la santificación *progresiva*: la salvación de nuestra alma. Se trata del proceso resultante de acoger la Palabra que *ya fue* implantada en nosotros, por tanto, es posterior a esta implantación. Vea lo que dice:

> Por lo cual, desechando toda *inmundicia* y *abundancia de malicia*, recibid con mansedumbre la palabra implantada, la cual puede *salvar vuestras almas*. (Santiago 1:21, énfasis añadido)

Como destaqué en el capítulo anterior, es importante tener en cuenta la distinción entre pecado e impureza. El centro del versículo anterior es el «despojarse de toda inmundicia y de la abundancia de malicia» (o maldad). Fíjese que ya hubo un nivel de purificación y, ahora, se necesita otro nivel. Básicamente, podemos decir que el primero trata con el pecado, mientras que el segundo, con las marcas y sus consecuencias.

Pero el apóstol Pedro todavía señala un aspecto distinto de aquello que ya sucedió y de lo que está pasando:

> Obteniendo el *fin* de vuestra fe, que es la salvación de vuestras almas. (1 Pedro 1:9, énfasis añadido)

En estos textos, no solo encontramos la confirmación de los diferentes niveles de santificación, sino también la idea de que cada parte de nuestro ser tripartito es tocada de forma distinta por la obra santificadora.

RESTAURACIÓN DEL ALMA

Separando lo que ya ocurrió en la conversión, así como lo que todavía sucederá en el desenlace de la redención, vamos a centrarnos en nuestra responsabilidad actual. Miremos de nuevo el texto de Santiago:

> Por lo cual, desechando toda inmundicia y abundancia de malicia, recibid con mansedumbre la palabra implantada, la cual puede salvar vuestras almas. (Santiago 1:21)

¿Qué es la salvación del alma? Para entender, es necesario observarla en todas sus etapas. Si pensamos solo en una experiencia instantánea, no veremos todo el cuadro.

Recordemos las tres etapas de la vida cristiana: puerta, camino y meta. La conversión (o puerta, cuando todo empieza) es una parte de la salvación. La glorificación (o meta, cuando todo termina) es otra. La santificación (el camino, que es el medio, aquello que quedó entre la puerta y el objetivo) es también otra parte. Santiago escribió para personas conversas, eso queda claro cuando llama a los destinatarios de «hermanos».

Vea: «Hermanos míos, tened por sumo gozo cuando os halléis en diversas pruebas» (Stg 1:2) y «Por esto, mis amados hermanos (...)» (Stg 1:19). Desde luego, él no hablaba con gente que no había pasado por la puerta, ni tampoco con aquellos que ya alcanzaron la meta. Entonces, ¿a cuál salvación se refiere el hermano del Señor? O, mejor dicho, ¿qué parte de la salvación es esa?

La respuesta es el camino. La palabra griega traducida como «salvación» en el versículo mencionado es *sozo* y de acuerdo al Léxico de Strong, significa: «salvar, mantenerse sano y salvo, rescatar del peligro o destrucción; evitar que alguien sufra; hacer bien, sanar, restaurar la salud». Encontramos algunas veces en los evangelios la siguiente declaración de Jesús a las personas que él había sanado: «tu fe te ha salvado» (Mc 5:34, 10:52; Lc 17:19). En esos casos, la palabra traducida como «te ha salvado» también es *sozo*. Expresa sanación física y restauración de la salud del cuerpo, no simplemente el aspecto espiritual de la salvación, sino una aplicación mucho más amplia que el acto de la propia conversión. Ante eso, entendemos que *sozo* trata de la restauración del alma, del proceso de perfeccionamiento que aguarda todo convertido y es esencialmente progresivo, no es instantáneo, sino que ocurre durante el trayecto.

En el capítulo anterior, hemos visto que el espíritu humano se regenera con el nuevo nacimiento. Ya el alma no prueba la misma dimensión de transformación, porque no hay regeneración del alma en el acto de la conversión, sino que es purificada por la obediencia a la verdad; pasa por la santificación inicial, pero debe vivir un proceso de restauración a partir de entonces, lo que muestra que la restauración del alma está fundamentalmente conectada a la santificación progresiva.

Esa característica de continuidad aún se percibe con el uso del término bíblico «renovación», que generalmente está asociado al alma o uno de sus segmentos. Es innegable que los que nacieron otra vez necesitan que sean renovados, incluso después de haber probado la regeneración. Vea:

> No os conforméis a este siglo, sino transformaos por medio de la *renovación de vuestro entendimiento*, para que comprobéis cuál sea la buena voluntad de Dios, agradable y perfecta. (Romanos 12:2, énfasis añadido)

> En cuanto a la pasada manera de vivir, despojaos del viejo hombre, que está viciado conforme a los deseos engañosos, y *renovaos* en el espíritu de *vuestra mente*, y vestíos del nuevo hombre, creado según Dios en la justicia y santidad de la verdad. (Efesios 4:22-24, énfasis añadido)

Me gusta la idea de definir el proceso santificador del alma como restauración. Esa obra no tiene nada que ver con la extirpación del pecado, pero sí con la reprogramación de la manera de pensar, sentir y elegir. O sea, trata con las marcas y consecuencias del pecado.

Nuestra mente ya no debe estar moldeada a los estándares y valores mundanos con los cuales estábamos muy familiarizados antes de la conversión. Ahora es necesario ajustar todo a la voluntad de Dios, y ese proceso exige la extirpación de impurezas y del acúmulo de maldad.

ACUMULACIÓN DE MALDAD

Dicho eso, surge la pregunta: ¿Qué significa «acumulación de maldad» de la cual debemos despojarnos junto con la impureza?

La palabra griega traducida como «acumulación» en el texto bíblico que estamos examinando es *perisseia* y, según el Léxico de Strong, su significado básico es «abundancia», pero también puede referirse a los «residuos». Otra versión lo traduce como «rastro de malicia». Strong comenta que esa palabra era usada por los griegos para describir el exceso de cera en sus oídos e indica la corrupción que permanece en un cristiano, proveniente de su estado anterior a la conversión. No significa que no fuimos completamente limpios en la regeneración. El pecado fue removido, pero nuestra alma, compuesta por el intelecto, emociones y deseos, se moldeó al pecado anteriormente practicado y ahora necesita ser restaurada.

Imagine un bol de plástico que fue distorsionado de su formato original por el peso de una olla de hierro, que estuvo encima por mucho tiempo, algo que ya vi ocurrir en mi casa. No basta simplemente con sacar lo que está presionando, es necesario hacer algo para restaurar el formato. Una cosa es eliminar aquello que deformaba el bol, la *causa* del problema, y otra es recuperarlo, o sea, lidiar con las *consecuencias* del problema.

Del mismo modo, nuestra alma fue purificada del pecado en la santificación inicial. Pero las marcas o consecuencias, aún se pueden notar en nuestras vidas, razón por la cual necesitamos el proceso de santificación progresiva, en especial, de la restauración del alma.

Cuando yo era niño, acompañé a mi madre en unas reuniones realizadas con vecinos donde se vendían vasijas plásticas para guardar alimento, aquellas herméticamente cerradas. Me acuerdo de las explicaciones acerca de cómo recuperar, lentamente, una de esas vasijas plásticas. Decían que era necesario poner agua caliente para ablandar y eso ayudaba a reponer la tapa, una tarea difícil cuando el envase está deformado. El desafío era que, después de que el plástico se enfriaba, aquella tapa salía del envase y no encajaba más. Así que, el consejo era repetir el proceso varias veces para que, gradual y progresivamente, el envase recuperase la forma.

Veo una gran similitud con la restauración del alma. La Palabra de Dios es como el agua caliente en el plástico, no obstante, un único baño no soluciona el problema. Es necesaria la repetición hasta que el alma se ajuste al «nuevo molde» de principios y valores. ¿Dónde está revelado ese estándar? En las Escrituras. La Biblia es el agua caliente, capaz de alinear lo que esté retorcido en el alma del hombre.

En resumen, la Palabra de Dios es un instrumento para sacar las impurezas y la acumulación de maldad, lo que caracteriza el proceso de la santificación del alma. Vamos a reforzar el entendimiento acerca del poder de esta herramienta.

PODER SANADOR DE LA PALABRA

Hemos visto que el proceso de salvación del alma involucra la restauración de las marcas del pecado y de los moldes del mundo a los cuales anteriormente nos ajustábamos. Pero hay otro aspecto en ese nivel de santificación que no podemos ignorar: la sanación de las emociones.

> Él sana a los quebrantados de corazón, y venda sus heridas. (Salmos 147:3)

Resalté anteriormente que la Palabra de Dios es poderosa para «salvar» al alma. Señalé también, que el significado de *sozo* no es solo «salvar, mantener sano y salvo», sino también involucra la idea de «rescatar del peligro o destrucción, evitar que alguien sufra, hacer bien, sanar, restaurar la salud». Esa definición muestra que la restauración y sanación son parte del proceso de renovación del alma.

Un día alguien me dijo: «¡No creo en la sanidad interior!». Le respondí: «Usted puede cuestionar algún método en la aplicación de esa sanidad, pero no puede negar la verdad bíblica de que hay sanidad interior».

Así como la predestinación. «¡No creo en predestinación!», dijo alguien recientemente. Fui obligado a contestarle: «Usted puede discrepar de la definición de predestinación que haya escuchado de alguna escuela teológica, pero no puede negar la verdad bíblica de que existe la predestinación. Cómo se la entiende es otro tema».

Así que hay un proceso de sanación para el alma respaldado bíblicamente. Y quién carga el poder sobrenatural de sanarnos internamente es la Palabra de Dios:

> La *ley del Señor* es perfecta, que *restaura el alma*; el testimonio del Señor es seguro, que hace sabio al sencillo. (Salmos 19:7, NBLA, énfasis añadido)

Vea también la declaración en el libro de Salmos:

> Envió su *palabra*, y los *sanó*, Y los libró de su ruina. (Salmos 107:20, énfasis añadido)

Aunque yo no limite la sanación de la Palabra de Dios solo al cuerpo, no hay como negar que, además del alma, la Palabra trae vida para nuestro ser completo, incluso al cuerpo:

> Hijo mío, está atento a mis palabras; Inclina tu oído a mis razones. No se aparten de tus ojos; Guárdalas en medio de tu corazón; Porque *son vida* a los que las hallan, Y *medicina* a todo su cuerpo. (Proverbios 4:20-22, énfasis añadido)

¡Guau! La palabra hebraica traducida como «vida» es *chay* y tiene varios significados: «viviente, vivo verde» (se refiere a la vegetación), «frescor» (se refiere al agua), «vivo, activo» (se refiere al hombre), «reflorecimiento» (palabra que se usa para lo que sucede en la primavera) y más, «sostener, mantenimiento, reavivamiento, renovación».

¿Puede usted imaginarse esa acción divina dentro suyo?

¡Tenemos que permitirnos ser tratados y restaurados por la Palabra de Dios!

Déjeme darle un ejemplo de entendimiento de la Palabra trabajando en nuestras emociones. David hizo la siguiente declaración:

> Aunque mi padre y mi madre me dejaran, Con todo, Jehová me recogerá. (Salmos 27:10)

Pienso que esa declaración tiende a ser hipotética, ya que no hay registros bíblicos de ningún abandono por parte de los padres de David. Por lo contrario, cuando Saul empezó a perseguir al que lo sucedería en el trono, la familia de David, incluso sus padres, fueron los primeros en encontrarlo en la cueva de Adulam (1 S 22:1). Pero la importancia de esa declaración no está si es hipotética o de algo que realmente haya sucedido, sino que se trata de la revelación que carga.

El dolor del rechazo puede ser más intenso de lo que podemos medir, especialmente cuando se trata de tus propios padres. Transmite al niño en desarrollo el mensaje de que no tiene valor. Sin embargo, la revelación de la paternidad de Dios en la vida de alguien puede ser tan fuerte que, aunque esa persona haya sido desamparada por sus padres terrenales, ¡puede entender, aceptar y probar que su Padre Celestial jamás lo abandonará!

Estoy hace casi tres décadas en el ministerio y le puedo asegurar que ya he visto de todo. Hay creyentes que pasan toda una vida con emociones destrozadas por el pasado. Por otro lado, existen creyentes que, mientras se van llenando de la Palabra de Dios y entendiendo quienes son a los ojos del Señor, entran en otra dimensión de su propio valor, permitiendo así que la sanación alcance lo más profundo de sus emociones. No pretendo discutir los distintos métodos de aplicación de la verdad de la Palabra al alma de las personas. Lo que puedo decir es que mi experiencia con la acción restauradora de la Palabra de Dios ha surgido de un relacionamiento directo con las Escrituras Sagradas. Pero sé que eso no significa que Dios no pueda usar distintas metodologías para ayudar a alguien a que descubra sus heridas y sanarlas. Pero el hecho indiscutible es que, aunque pueda haber diferentes formas de diagnosticar los dolores del alma, hay un único y distinguido remedio: la Palabra de Dios. Las formas de utilizar el medicamento pueden variar, pero la sanación proviene del entendimiento y de la aplicación de las Sagradas Escrituras.

¡Bendita Palabra!

RECIBIENDO LA PALABRA

Constatamos hasta aquí que hay un proceso de restauración del alma que implica la eliminación de las acumulaciones de maldad o rastros del mal. Más que eso, tal restauración interior solo va a pasar por intermedio de un único remedio: la Palabra de Dios. Ahora, veamos la responsabilidad de utilizar correctamente el remedio divino en nuestra alma. Santiago 1:21 ha sido clave en este capítulo. De acuerdo con esa porción de las Escrituras debemos «recibir con humildad la Palabra que nos fue implantada».

La palabra griega usada en los textos originales y que ha sido traducida como «implantada» es *emphutos*. El significado, según el Strong, es «congénito, implantado por la naturaleza, implantado por instrucción de otros». La Traducción Brasileña ha optado por la expresión «injertada». El Nuevo Testamento también describe a la Palabra de Dios como «no de simiente corruptible, sino de incorruptible» (1 P 1:23).

Ampliando tal definición, ¿qué significa el recibimiento de la Palabra? Significa que necesitamos ir más allá de la experiencia inicial de la purificación por medio de la obediencia a la verdad. La Palabra de Dios aún necesita ser recibida en niveles más profundos, a punto de ser injertada en nuestro interior y que sea capaz de cambiarlo, aunque, obviamente, es necesario seguir obedeciendo la Palabra.

Además, ¿qué quiso decir Santiago con «mansedumbre»?

La palabra griega aquí es *prautes* y significa «mansedumbre, apacibilidad, humildad, dulzura». Indica la no resistencia a la aplicación de la Palabra que el Espíritu de la Verdad desea obrar. La Biblia alerta que hay personas que luchan contra ese obrar:

> ¡Duros de cerviz, e *incircuncisos de corazón* y de oídos! Vosotros *resistís siempre al Espíritu Santo*; como vuestros padres, así también vosotros. (Hechos 7:51, énfasis añadido)

> Por lo cual, como dice el Espíritu Santo: Si oyereis hoy su voz, *no endurezcáis vuestros corazones*, como en la provocación, en el día de la tentación en el desierto, donde me tentaron vuestros padres; me probaron, y vieron mis obras cuarenta años. A causa de lo cual me disgusté contra esa generación, y dije: Siempre andan vagando en su corazón, *Y no han conocido mis camino.* (Hebreos 3:7-10, énfasis añadido)

Fíjese en el hecho de que la Palabra puede penetrar profundamente, pero solo puede pasar eso si la recibimos, si no resistimos su obra en nuestras vidas.

> Porque la palabra de Dios es viva y eficaz, y más cortante que toda espada de dos filos; y penetra hasta partir el alma y el espíritu, las coyunturas y los tuétanos, y discierne los pensamientos y las intenciones del corazón. (Hebreos 4:12)

Tenemos la responsabilidad de que la Palabra de Dios nos alcance profundamente. Activar su poder restaurador y sanador en nosotros depende de cuánto nos aproximamos, cómo la recibimos y si la ponemos en práctica, en el intelecto, en el deseo y en las emociones.

EL TEMA DEL EL PERDÓN

Pasemos a un ejemplo práctico: la ofensa. Nuestra reacción define si permaneceremos heridos y presos, o si seguiremos rumbo a la restauración. El tema sobre el perdón no es, como muchos creen, un problema puramente emocional. La manera como nos relacionamos y, específicamente, como lidiamos con lo que nos hiere en las emociones también es un tema espiritual, ya que afecta nuestro relacionamiento con Dios. Y cuando no permitimos que la amargura se aloje en nuestro interior, se hace parte aquello que la Biblia define como santificación. Vea:

> Seguid *la paz* con todos, y *la santidad*, sin la cual nadie verá al Señor. Mirad bien, no sea que alguno deje de alcanzar la gracia de Dios; que brotando alguna raíz de amargura, os estorbe, y por ella muchos sean contaminados. (Hebreos 12:14-15, énfasis añadido)

Vea que la raíz de amargura, ocasionada por la ofensa que no es perdonada, contamina no solo al individuo que fue herido, sino también a otros a su alrededor. Por eso Dios nos manda seguir la paz, eso habla de relaciones saludables, no de roturas, y la santificación, término que nos revela que quien no perdona está resistiendo al perfeccionamiento. Y la persona amargada, además de no avanzar, se pone en una prisión espiritual.

> Ponte de acuerdo con tu adversario pronto, entre tanto que estás con él en el camino, no sea que el adversario te entregue al juez, y el juez al alguacil, y seas echado en la cárcel. (Mateo 5:25)

Es importante destacar que la prisión de la ofensa no es puramente emocional, a pesar de influenciar en las emociones. Es esencialmente espiritual. Fíjese que Cristo advirtió que el acreedor despiadado no termina solo en la prisión, sino que también lo entregan a los carceleros para que lo torturen.

> Y, enojado, su señor lo entregó a los *carceleros* para que *lo torturaran* hasta que pagara todo lo que debía. Así también mi Padre celestial los tratará a ustedes, a menos que cada uno perdone de corazón a su hermano. (Mateo 18:34-35, NVI, énfasis añadido)

¿Qué es esa tortura? ¡Es una acción opresora de demonios! Cuando no recibimos la Palabra de Dios en determinada área, mediante el quiebre de principios, estamos dándole lugar al diablo (Ef 4:27). Y él pasa a tener legalidad contra nosotros por causa de la desobediencia. Por eso, sea en esa área o en cualquier otra, debemos elegir con mansedumbre la Palabra. No habrá avances significativos en nuestro crecimiento espiritual sin el alimento espiritual de la Palabra de Dios. ¡Así como no habrá restauración del alma sin el recibimiento continuo de la Palabra! George Muller dijo:

El vigor de nuestra vida espiritual será proporcional a la posición en que la Biblia ocupa nuestras vidas y pensamientos.

Creo que una de las razones por las cuales el perfeccionamiento de nuestra santidad es tan débil es porque nuestro relacionamiento con la Palabra también es débil. Me refiero no solamente a la lectura, sino también a la meditación de las Escrituras. Como dijo Charles Hodge:

> No podemos progresar en la santidad sin dedicar más tiempo a la lectura y a escuchar la palabra de Dios, y meditar sobre ella; pues es la verdad por la cual somos santificados.

El primer versículo de la Biblia que mi madre me hizo memorizar, a los cuatro años de edad, fue el Salmo 119:11: «En mi corazón atesoro tus dichos, Para no pecar contra ti».

La relación con la Palabra de Dios y el pecado son cosas totalmente opuestas y luchan entre ellas. Como decía el gran evangelista D. L. Moody, refiriéndose a la Biblia: «O este libro me aleja del pecado o el pecado me alejará de este libro».

9

SANTIFICACIÓN DEL CUERPO

«No hay santidad sin lucha». (J. C. Ryle)

Hemos visto que la santificación final sucederá con la futura glorificación del cuerpo. Pero, hasta que sea finalmente alcanzada la plena redención del hombre exterior, es importante saber cómo sucede, exactamente, el proceso de santificación actual.

En la Palabra de Dios hay medidas claras sobre el cuidado con el cuerpo. Vea la instrucción para la iglesia de Corinto:

> Huid de la fornicación. Cualquier otro pecado que el hombre cometa, está fuera del *cuerpo*; más el que fornica, *contra su propio cuerpo peca*. ¿O ignoráis que vuestro cuerpo es templo del Espíritu Santo, el cual está en vosotros, el cual tenéis de Dios, y que no sois vuestros? Porque habéis sido comprados por precio; *glorificad, pues, a Dios en vuestro cuerpo* y en vuestro espíritu, los cuales son de Dios. (1 Corintios 6:18-20, énfasis añadido)

Si tenemos la responsabilidad de no pecar contra el cuerpo, entonces hay una específica santificación para esa parte del hombre. Más que eso, esa santificación glorifica a Dios y honra al Espíritu Santo que habita en nosotros.

CORRELACIÓN ENTRE «CUERPO» Y «CARNE»

Vamos a tratar, inicialmente, sobre la correlación entre dos palabras diferentes: «cuerpo» (del griego *soma*), utilizado en el pasaje de Corintios, y «carne» (del griego *sarx*), como en el texto bíblico a continuación:

> Y manifiestas son las obras de la *carne*, que son: adulterio, fornicación, inmundicia, lascivia, idolatría, hechicerías, enemistades, pleitos, celos, iras, contiendas, disensiones, herejías, envidias, homicidios, borracheras, orgías, y cosas semejantes a estas; acerca de las cuales os amonesto, como ya os lo he dicho antes, que los que practican tales cosas no heredarán el reino de Dios. (Gálatas 5:19-21, énfasis añadido)

Aunque en algunos momentos parezca que la Biblia hace distinción entre cuerpo (aquello que es tangible) y carne (en el sentido de inclinación al pecado), un análisis más profundo nos mostrará que ambos son sinónimos:

> Así también los maridos deben amar a sus mujeres como a sus mismos *cuerpos* [*soma*]. El que ama a su mujer, a sí mismo se ama. Porque nadie aborreció jamás a su propia *carne* [*sarx*], sino que la sustenta y la cuida, como también Cristo a la iglesia, porque somos miembros de su *cuerpo* [*soma*], de su carne y de sus huesos. (Efesios 5:28-30, NVI, énfasis añadido)

A los efesios, el apóstol enseña que el marido debe amar a su esposa como ama a su propio cuerpo (*soma*), y la lógica que se aplica es la declaración de que jamás nadie ha odiado su propria carne (*sarx*). Él trata a ambos, cuerpo y carne, como una sola cosa. Amar el propio cuerpo es sinónimo de no odiar la propia carne.

Veamos otro ejemplo de las Escrituras. En el capítulo 15 de 1 Corintios la Biblia nos habla sobre la resurrección de los cuerpos, cuando sucederá el desenlace de la redención. En este caso también mezcla el uso de las palabras cuerpo y carne. Vea:

> Les declaro, hermanos, que el *cuerpo* mortal no puede heredar el reino de Dios, ni lo corruptible puede heredar lo incorruptible. Fíjense bien

> en el misterio que les voy a revelar: No todos moriremos, pero todos seremos transformados, en un instante, en un abrir y cerrar de ojos, al toque final de la trompeta. Pues sonará la trompeta y los muertos resucitarán con un *cuerpo* incorruptible, y nosotros seremos transformados. Porque *lo* corruptible tiene que revestirse de *lo* incorruptible, y *lo* mortal, de inmortalidad. (1 Corintios 15:50-53, NVI, énfasis añadido)

Es evidente que la Biblia se refiere al cuerpo natural, tanto en este texto como en otros, donde son utilizados los términos carne y sangre (Mt 16:17; Gá 1:16; Ef 6:12; He 2:14).

Sin embargo, Jesucristo también habló acerca de que nuestro cuerpo (*soma*) puede ser luminoso o estar en tinieblas. No abordaba lo que es tangible, sino la forma por la cual lo íntimo y el comportamiento serían afectados por la forma como los ojos ven. Fíjese:

> La lámpara del *cuerpo* es el ojo; cuando tu ojo es bueno, también todo tu *cuerpo* está lleno de luz; pero cuando tu ojo es maligno, también tu *cuerpo* está en tinieblas. Mira pues, no suceda que la luz que en ti hay, sea tinieblas. Así que, si todo tu *cuerpo* está lleno de luz, no teniendo parte alguna de tinieblas, será todo luminoso, como cuando una lámpara te alumbra con su resplandor. (Lucas 11:34-36, énfasis añadido)

En la epístola a los Romanos también encontramos otra analogía entre cuerpo (*soma*) y las inclinaciones al pecado:

> Por tanto, no reine el pecado en su *cuerpo mortal* para que ustedes no *obedezcan a sus lujurias*; ni presenten los miembros de su cuerpo al pecado como instrumentos de iniquidad, sino preséntense ustedes mismos a Dios como vivos de entre los muertos, y sus miembros a Dios como instrumentos de justicia. (Romanos 6:12-13, NBLA, énfasis añadido)

Por lo tanto, este capítulo mantendrá la relación bíblica entre cuerpo y carne, que incluye tanto el concepto físico como las inclinaciones carnales. Aunque, para simple efecto de definición y en el intento de diferenciar el cuerpo (tangible), será adoptado el término «carnalidad» para la inclinación al pecado que está en la carne (intangible).

CARNE PECAMINOSA

Vamos a retomar los versículos señalados en el capítulo 5 que revelan que el nuevo nacimiento cambió nuestro espíritu, y no nuestra carne:

> Porque lo que era imposible para la ley, por cuanto era débil por la carne, Dios, enviando a su Hijo en semejanza de *carne de pecado* y a causa del pecado, condenó al pecado en la carne. (Romanos 8:3, énfasis añadido)

> Porque lo que hago, no lo entiendo; pues no hago lo que quiero, sino lo que aborrezco, eso hago. Y si lo que no quiero, esto hago, apruebo que la ley es buena. De manera que ya no soy yo quien hace aquello, *sino el pecado que mora en mí*. Y yo sé que en mí, esto es, en mi carne, *no mora el bien*; porque el querer el bien está en mí, pero no el hacerlo. Porque no hago el bien que quiero, sino el mal que no quiero, eso hago. Y si hago lo que no quiero, ya no lo hago yo, sino *el pecado que mora en mí*. Así que, queriendo yo hacer el bien, hallo esta ley: *que el mal está en mí*. Porque *según el hombre interior, me deleito en la ley de Dios*; pero veo *otra ley* en mis miembros, que se rebela contra la ley de mi mente, y que me lleva cautivo a *la ley del pecado que está en mis miembros*. ¡Miserable de mí! ¿Quién me librará de este cuerpo de muerte? Gracias doy a Dios, por Jesucristo Señor nuestro. Así que, yo mismo con la mente sirvo a la ley de Dios, mas con la carne a la ley del pecado. (Romanos 7:15-25, énfasis añadido)

La actual condición de la carne se describe como «pecaminosa», es como Pablo ejemplifica al mencionar la guerra entre el interior, que tenía placer en la ley de Dios, y la carne, donde todavía habitaba el mal.

Esa lucha no se refiere a los que no son cristianos, sino a los convertidos, opinión que no es solamente mía. John Charles Ryle, en su libro *Santidad*, ya citado aquí, hace la siguiente declaración:

> Lo que quisiera enfatizar es el hecho de que los mejores comentaristas en cada periodo de la Iglesia, casi invariablemente, han aplicado el séptimo capítulo de Romanos a creyentes maduros.

Pienso que eso es bien evidente cuando el apóstol habla de alguien que, en el hombre interior, tiene placer en la ley de Dios, algo imposible al que no es converso y que se encuentra espiritualmente muerto.

Tanto las declaraciones bíblicas como nuestra experiencia diaria comprueban que la inclinación de los deseos de la carne no desapareció completamente tras la experiencia del nuevo nacimiento. Nuestra responsabilidad, como cristianos, es de refrenarla a diario. Toda la enseñanza bíblica acerca de dominar la carnalidad, además de vigilar y orar para no caer en tentación, se debe al hecho de que la carne del creyente todavía es pecaminosa. Recupero una vez más la frase de Valnice Milhomens: «La carne no se convierte. ¡Tiene que irse a la cruz!».

Fue acerca de esa verdad que Pablo habló a los gálatas sobre crucifixión de la carne:

> Pero los que son de Cristo *han crucificado la carne* con sus pasiones y deseos. (Gálatas 5:24, énfasis añadido)

Por lo tanto, la clave, en el ámbito de la santificación del cuerpo, es ejercer *dominio propio*. Quiero tratar con más detalles aquello que la palabra de Dios nos enseña sobre esto.

DOMINIO PROPIO

Dios enfatizó, luego del inicio de la humanidad, la *responsabilidad* de ejercer dominio propio, es lo que el Creador le ordenó a Adán y Eva.

Es importante subrayar que el árbol prohibido estaba junto con los árboles permitidos en el Jardín del Edén, pero la orden era no probar uno de ellos. Es aquí donde nos encontramos con la verdad de que ser tentado no es excusa para pecar. El ser humano debe posicionarse y saber decir no a los deseos que son contrarios a las leyes divinas. De la misma manera, Caín fue advertido por el Señor, cuando planeaba pecar:

> Si bien hicieres, ¿no serás enaltecido? y si no hicieres bien, *el pecado está a la puerta*; con todo esto, a ti será su deseo, *y tú te enseñorearás de él.* (Génesis 4:7, énfasis añadido)

Las frases «el pecado está a la puerta» y «a ti será tu deseo» resumen todo. Hay una batalla que librar contra el pecado y también contra la posibilidad de que encuentre oportunidad por medio de deseos no controlados. Por eso Dios alertó: «y tú te enseñorearás de él». La forma de mantener el pecado del lado de fuera de la puerta sigue siendo la misma desde la creación: ejercer dominio propio.

De hecho, vale la pena recordar que el proceso de santificación comienza por la fe (Hechos 26:17-18), pero hay que hacer también nuestra parte. Fíjese en esta otra declaración de Ryle:

> Aparte de eso, lo cierto es que las Escrituras nos enseñan que, para seguir la santidad, el verdadero cristiano necesita ejercer esfuerzo personal y trabajo, además de tener fe.

Cuando la Palabra de Dios señala la forma correcta de lidiar con el cuerpo, indica la constante necesidad de mantener la «rienda corta». Comprenda la seriedad del enfoque que Pablo da a eso:

> Sino que golpeo mi cuerpo, y lo pongo en servidumbre, no sea que habiendo sido heraldo para otros, yo mismo venga a ser eliminado. (1 Corintios 9:27)

Una clave para el entendimiento de este nivel de santificación es que el mero conocimiento del bien y del mal no nos hace caminar en victoria. Adán y Eva conocían y, aun así, pecaron. El propio apóstol Pablo dijo que, después de *predicar* (actividad que indicaba conocimiento acerca de los principios divinos), todavía necesitaba sojuzgar el cuerpo, la carne, para no romper el principio que él mismo había enseñado a otros.

Al usar la expresión «golpeo mi cuerpo y lo pongo en servidumbre», Pablo estaba hablando sobre sobre no permitir que la carne gobierne. No necesita ser convencida, sino sojuzgada. Debe ser sierva y no señora.

Clemente, obispo de Roma en el primer siglo y uno de los denominados «padres de la iglesia» o «padres apostólicos», destacó la relación entre santidad y dominio propio en una carta a los corintios:

> ¡Qué benditos y maravillosos son los dones de Dios, amados! ¡Vida en inmortalidad, esplendor en justicia, verdad en osadía, fe en confianza, templanza en santificación!

El entendimiento de la generación postapostólica todavía reflejaba, con claridad, la enseñanza de la primera generación sobre la responsabilidad de autocontrol.

Asimismo, el manejo del cuerpo debe, evidentemente, ser diferente después de la conversión, lo que no es algo automático.

Es nuestra responsabilidad ofrecer el cuerpo, por medio del uso correcto de los miembros, para servir a la justicia en santificación. Es algo intencional.

> Hablo en términos humanos, por causa de *la debilidad de su carne*. Porque de la manera que ustedes presentaron sus miembros como esclavos a la impureza y a la iniquidad, para iniquidad, así ahora presenten sus miembros como esclavos a la justicia, *para santificación*. (Romanos 6:19, NBLA, énfasis añadido)

Vale la pena recordar que el dominio propio aparece en la relación de los «gajos» que compone el fruto del Espíritu, indicando su importancia en la caminata cristiana:

> En cambio, el fruto del Espíritu es amor, alegría, paz, paciencia, amabilidad, bondad, fidelidad, humildad y *dominio propio*. No hay ley que condene estas cosas. (Gálatas 5:22-23, NVI, énfasis añadido)

La palabra griega traducida como «dominio propio», en los manuscritos originales, es *egkrateia*, y según Strong, significa «autocontrol». No es algo innato de nuestra naturaleza carnal, pero es una poderosa herramienta que el Espíritu Santo nos dispone.

Hasta que sea totalmente transformada, la carne no solo *puede ser frenada,* sino que *necesita* frenar, controlar, gobernar, y esto es posible cuando nos llenamos del Espíritu de Dios permitiendo que Él fructifique a través de nosotros, hasta que desbordemos en acciones los gajos de Su fruto.

TENTACIONES

El gran problema de la humanidad, el pecado, empezó con una tentación que no fue vencida. La iglesia de Jesús corre el mismo peligro, según la advertencia de Pablo:

> Porque os celo con celo de Dios; pues os he desposado con un solo esposo, para presentaros como una *virgen pura* a Cristo. Pero temo que *como la serpiente con su astucia engañó* a Eva, vuestros sentidos sean de alguna manera extraviados de la sincera fidelidad a Cristo. (2 Corintios 11:2-3, énfasis añadido)

La santificación progresiva es la preparación para la vuelta de Cristo, que es presentada bíblicamente como una boda, como la esperada unión entre el novio Jesús y la novia iglesia. Lo que se requiere de la novia es pureza, total dedicación y exclusividad al novio. O sea, exige santidad.

Ante eso, la Palabra de Dios advierte respecto a las tentaciones y las denomina la obra de engaño del diablo. También revela que ellas pueden, aunque no necesariamente tengan, que volverse comprometedoras. Eso es lo que se percibe en la declaración de Pablo sobre la posibilidad de que los creyentes de corintios tengan la mente corrompida y se aparten de la sencillez y madurez debidas a Cristo. Advertencia semejante fue registrada a los hermanos de Tesalónica:

> Por lo cual también yo, no pudiendo soportar más, envié para informarme de vuestra fe, no sea que os hubiese tentado el tentador, y que nuestro trabajo resultase en vano. (1 Tesalonicenses 3:5)

Las Escrituras se refieren a Satanás como «el tentador». Mientras que el evangelio de Lucas informa que Jesús fue tentado por el diablo (Lc 4:2), el de Mateo dice que «el tentador» se aproximó de Él (Mt 4:3). Es imposible no relacionar la actividad diabólica con las tentaciones.

Aunque el maligno tenga su parte en el tema de las tentaciones, él no podrá hacer nada solo. Esa verdad es evidente cuando las Escrituras también relacionan la tentación con el propio deseo del hombre:

> Cuando alguno es tentado, no diga que es tentado de parte de Dios; porque Dios no puede ser tentado por el mal, ni él tienta a nadie; *sino que cada uno es tentado, cuando de su propia concupiscencia es atraído y seducido*. Entonces la concupiscencia, después que ha concebido, da a luz el pecado; y el pecado, siendo consumado, da a luz la muerte. (Santiago 1:13-15, énfasis añadido)

Es la concupiscencia del hombre que le atrae y le seduce. Su propio deseo y codicia. El rol del diablo es solo provocar las inclinaciones ya preexistentes, y eso no se refiere solo a la naturaleza caída como nos gusta justificar.

Adán fue tentado antes de la caída, cuando su naturaleza todavía no era corrompida. A Jesús también se le tentó, sin tener la naturaleza caída de Adán. La tentación le llega al hombre desde el inicio de su existencia.

> Porque no tenemos un sumo sacerdote que no pueda compadecerse de nuestras debilidades, sino uno que fue tentado en todo según nuestra semejanza, pero sin pecado. (Hebreos 4:15)

Las tentaciones de Cristo no fueron más suaves que las nuestras. La Palabra de Dios reconoce que «fue tentado en todo según *nuestra semejanza*», o sea, así como el hombre. Pero hay un glorioso desenlace: «pero sin pecado». Así, por identificación, la Biblia le presenta a Aquel que nos puede dar auxilio cuando somos tentados. ¡Eso quiere decir que es posible ser tan victorioso como Él lo fue!

> Acerquémonos, pues, confiadamente al trono de la gracia, para alcanzar misericordia y hallar gracia para el oportuno socorro. (Hebreos 4:16)

¡Qué buena noticia! Frenar la carnalidad y vencer las tentaciones no son tareas que las haremos solos. Sigue siendo nuestra responsabilidad dominar los impulsos carnales, pero tenemos el auxilio divino a nuestra disposición todo el tiempo ¡Aleluya!

Las palabras de Pablo están de acuerdo con eso, cuando declaró que, por el Espíritu Santo, no hay tentación que no sea humana. Aunque el diablo nos tiente, él solo explota nuestros propios deseos.

> Así que, el que piensa estar firme, mire que no caiga. No os ha sobrevenido ninguna tentación *que no sea humana*; pero fiel es Dios, que *no os dejará ser tentados más de lo que podéis resistir*, sino que *dará también juntamente con la tentación la salida, para que podáis soportar*. (1 Corintios 10:12-13, énfasis añadido)

El apóstol añade que no seremos tentados *más allá* de lo que podamos resistir. Además de mantener las tentaciones dentro del límite de nuestra capacidad de resistencia, el Señor nos garantiza aún el libramiento.

Vea que el ser humano podría resistir las tentaciones solo empleando el dominio propio, pero Dios todavía provee el auxilio. Posiblemente por eso el Señor Jesucristo nos enseñó a orar «Y no nos dejes caer en tentación, sino líbranos del maligno» (Mt 6:13, NVI), indicando que hay una ayuda disponible, a una oración de distancia. No hay necesidad de que luchemos solos. ¡Alabado sea Emanuel! ¡El Dios con nosotros en todo tiempo, en cada tentación, para siempre!

Obviamente, ser tentado no es pecado, Jesús también lo fue y la Biblia afirma, taxativamente, que Él nunca pecó. El simple hecho de que el deseo se encendió en nosotros no significa que le entregaremos el control de nuestro cuerpo. Por lo contrario, esa es justamente la hora de luchar y dominar nuestros propios deseos, ¡contando con el auxilio de Aquel que venció y es poderoso para hacernos vencedores!

CÓMO VENCER LA TENTACIÓN

Hemos visto que la invitación a lo prohibido, a la tentación, no tiene como expresar su voz si controlamos nuestros deseos. O sea, el autocontrol es un arma muy certera contra la tentación, sin olvidarnos que contamos primeramente con una ayuda Soberana. Es importante que nos acordemos que no estamos hablando de matar el pecado, sino de la posibilidad de pecar. Se trata de una lucha previa, preventiva, con el fin de no tener que lidiar con los desastres resultantes del pecado.

En el ejemplo de Caín, la Biblia muestra que ya se habían penetrado en su corazón los cuestionamientos malignos acerca de Dios, lo que incitó sus emociones y lo aproximó del pecado:

> Entonces Jehová dijo a Caín: ¿Por qué te has ensañado, y por qué ha decaído tu semblante? Si bien hicieres, ¿no serás enaltecido? y si no hicieres bien, el pecado está a la puerta; con todo esto, a ti será su deseo, y tú te enseñorearás de él. (Génesis 4:6-7)

Fíjese que el Señor, básicamente, le dijo tres cosas a Caín:

1. «Si bien hicieres, ¿no serás enaltecido?». En otras palabras: «Si vencieres la tentación, tú no pecarás, y Yo te acogeré por tu obediencia».
2. «Y si no hicieres bien, el pecado está a la puerta; con todo esto, a ti será su deseo». Aquí Dios le estaba diciendo que la manifestación siguiente a la tentación, que es el pecado, aguardaba a Caín a la puerta. Además de eso, el Señor también declaró que el deseo de Caín tomaría el control, si no era dominado. *Tentación* es cuando deseamos aquello que Dios restringió. ¡*Pecado* es cuando el deseo nos domina!
3. «Y tú te enseñorearás de él». La única manera de vencer la tentación es refrenando nuestros deseos. ¡Sin boca, no hay voz que se manifieste!

Podemos mencionar aquí otra herramienta poderosa que es una aliada del dominio propio.

Santiago dice que nuestros deseos son una seducción, un señuelo. Son un engaño, pues se originan de una premisa equivocada y mentirosa. Ellos surgen tras una contestación a la voz de Dios. Cuando nuestros deseos son despertados, incitados por el engaño, ¡hay que desenmascararles con lo que Dios dice en Su Palabra! Las Escrituras revocan frases como: «si yo hago lo que deseo, voy a ser más feliz», «mi deseo es más fuerte de lo que puedo soportar, no puedo luchar contra él», «libertad es hacer lo que deseo» y otras tantas.

¡Si la Biblia es un arma, úsela! Neutralice el engaño de sus deseos carnales con la única verdad. Apunte a la Palabra contra usted mismo y lleve cautiva su propia carne. Utilice las Sagradas Escrituras como herramienta para dominarse a sí mismo.

Por otra parte, el más fuerte siempre vence. Si el espíritu está fortalecido, él vence. Pero si se alimenta más a la carne, tendrá voz y voto, y seguramente vencerá. Se puede afirmar que, en el momento de la tentación, vemos el reflejo de lo que viene siendo la vida devocional del cristiano, si hay oración, lectura y meditación de la palabra, así como ayuno, él está espiritualmente fortalecido y más apto a ganar la batalla en contra de sus malos deseos. Acordémonos de que el creyente no cae de una vez, *va cayendo* a cada pensamiento que cede, a cada deseo engañoso que acepta, a cada día más sin alimentar a su espíritu.

PECADO CONTRA EL CUERPO

Toda concesión a la carnalidad debe evitarse, pero hay un tipo de pecado que se destaca de los demás. El tema de la inmoralidad sexual es más serio de lo que normalmente nos percatamos.

> Huyan de la lujuria. Cualquier otro pecado que la persona cometa queda fuera del cuerpo, pero *el pecado de la lujuria ofende al propio cuerpo.* (1 Corintios 6:18, BLPH, énfasis añadido)

La palabra griega traducida como «lujuria» es *porneia* y representa todo pecado de carácter sexual. Strong definió como «relación sexual ilícita, adulterio, fornicación, homosexualidad, lesbianismo, relación sexual con animales, relación sexual con parientes cercanos». El texto de la Nueva Versión Internacional (NVI) optó por la expresión: «Huyan de la inmoralidad sexual». En la traducción Reina Valera 1960, está cómo: «Huid de la fornicación».

Además de la definición de que es un pecado de carácter sexual, el texto bíblico aun lo clasifica como singular, diferente de los demás. Aunque todos y cualquier otro pecado nos aleja de Dios y trae consecuencias espirituales, el apóstol enfatiza que aquel que peca sexualmente, peca contra el propio cuerpo.

¿Y cuál es la gravedad de este tipo de pecado?

Antes, es importante entender lo que es el cuerpo y cuál es su propósito dentro del plan divino. Solo entonces podemos entender claramente como la inmoralidad sexual lo toca, lo hiere. Veamos los versículos siguientes, del mismo capítulo de 1 Corintios:

> ¿O ignoráis que vuestro cuerpo *es templo del Espíritu Santo*, el cual está en vosotros, el cual tenéis de Dios, y que no sois vuestros? Porque habéis sido comprados por precio; glorificad, pues, a Dios en vuestro cuerpo y en vuestro espíritu, los cuales son de Dios. (1 Corintios 6:19-20, énfasis añadido)

Así como, en el Antiguo Testamento, el santuario de Dios no podría ser profanado con nada impuro, así también nuestro cuerpo debe ser guardado en pureza por ser templo del Espíritu Santo. Es la casa del Espíritu de Dios, que es Santo.

Pablo presenta otro aspecto fundamental: el cuerpo no es nuestro. ¡Fuimos comprados! Tenemos el cuerpo «de la parte de Dios», que lo compró. Él nos hizo mayordomos que deben cuidar correctamente de lo que pertenece primeramente al Señor.

Además, hay una obligación de glorificar a Dios en el cuerpo. Hay un culto con el cuerpo que no se limita a la danza y puede ser clasificado como un culto de santidad. Eso ocurre cuando guardamos nuestros cuerpos en pureza. Ese culto también es llamado «sacrificio vivo»:

> Así que, hermanos, os ruego por las misericordias de Dios, que *presentéis vuestros cuerpos en sacrificio vivo*, santo, agradable a Dios, que es vuestro culto racional. (Romanos 12:1, énfasis añadido)

Para entender mejor qué significa ofrecer el cuerpo en sacrificio vivo en la acción racional del culto de santidad, es importante definir *sacrificio*. El Diccionario de La Real Academia Española presenta, entre otras, las siguientes definiciones:

1. Ofrenda a una deidad en señal de homenaje o expiación.
2. Matanza de animales, especialmente para el consumo.
3. Matanza de personas, especialmente en una guerra o por una determinada causa. La revolución supuso el sacrificio de miles de vidas.
4. Acto de abnegación inspirado por la vehemencia del amor.

El término griego que consta en los manuscritos originales es *thusia* y, según Strong, significa «sacrificio, victima».

Aunque actualmente se use la palabra para hablar de renuncia o privación, el significado original y el contexto de las aplicaciones bíblicas señalan la inmolación de un animal. O sea, el concepto de muerte está incluso en la definición de sacrificio, razón por la cual uno de sus sinónimos sería «victima».

Es a partir de ese entendimiento que se destaca el contraste en la declaración de Pablo: «sacrificio vivo». En otras palabras, las Escrituras se refieren al hecho de que no hay un sacrificio literal del cuerpo, sin embargo, el concepto de muerte se mantiene. Morir para nosotros mismos, nuestras voluntades y deseos es lo que significa *sacrificio vivo*. Es morir para la carnalidad, sin morir de hecho. Pablo también describió cómo crucificar la carne «con sus pasiones y deseos» (Gá 5:24).

La importancia de la enseñanza bíblica respecto a la santificación del cuerpo es tan grande que puede definirse como siendo la voluntad de Dios para nosotros:

> Porque la *voluntad de Dios* es vuestra *santificación*: que os *apartéis de fornicación*; Que cada uno de vosotros sepa *tener su vaso en santificación y honor*; No con afecto de concupiscencia, como los Gentiles que no conocen á Dios: Que ninguno oprima, ni engañe en nada á su hermano: porque el Señor es vengador de todo esto, como ya os hemos dicho y protestado. Porque *no nos ha llamado Dios a inmundicia, sino a santificación*. (1 Tesalonicenses 4:3-7, RVA, énfasis añadido)

¡La voluntad o el plan divino para nosotros se pueden entender a partir de Su llamado, y el Señor nos llamó a la santificación, no a la inmoralidad! Para poseer el cuerpo con honor, en vez de entregarse a la inmundicia. Para tener una conducta apropiada como la de un cristiano, en vez de comportarse como quien no conoce a Dios.

Una vez que se entiende que el cuerpo es santuario del Espíritu, que le pertenece a Dios por derecho de compra, que se Le debe rendir culto como un sacrificio vivo y que recibimos un llamado divino para la santificación, es más fácil comprender la seriedad del pecado contra el cuerpo.

En el último pasaje citado de Tesalonicenses, todavía encontramos el aviso: «Que ninguno oprima, ni engañe en nada a su hermano: porque el Señor es vengador de todo esto, como ya os hemos dicho y protestado».

¿Y qué significa la expresión «el Señor es vengador»?

Una cosa es pecar contra el propio cuerpo y otra, todavía más grave, es llevar a un hermano o una hermana en Cristo a pecar consigo. La defraudación de alguien de la familia de la fe atraerá juicio divino, lo que confirma cuan serio es ese tema a los ojos del Señor. Hay otros versículos que también hablan de esa venganza del propio Dios:

> Y le he dado tiempo para que se arrepienta, pero no quiere arrepentirse de su *fornicación*. He aquí, yo la arrojo en cama, y en gran tribulación a los que con ella *adulteran*, si no se arrepienten de las obras de ella. Y a sus hijos heriré de muerte, y todas las iglesias sabrán que yo soy el que escudriña la mente y el corazón; y os daré a cada uno según vuestras obras. (Apocalipsis 2:21-23, énfasis añadido)

Ese tipo de *juicio* anunciado por Pablo a los cristianos de Tesalónica y por Jesús, a los cristianos de Tiatira, en pleno tiempo de la gracia, debe producir temor en nuestros corazones y despertarnos el entendimiento y la práctica de santificación del cuerpo.

Cierro citando John Owen:

> El pecado se opone con toda su fuerza contra cada acto de santidad, y contra cada grado de gracia que alcanzamos. Nadie debería pensar que puede progresar en la santidad, sin la disciplina cotidiana de negarse gratificar los deseos pecaminosos del corazón. Lector, usted siempre tendrá a oposición de estos deseos pecaminosos y siempre debe mantener la firme determinación de matarlos. Si ésta no es su determinación, entonces usted está en paz con el pecado y no está progresando en la santidad.[14]

¡Que el Señor nos ayude a entender profundamente estas verdades y a corresponder con Él en santidad y honor!

14. Traducido a partir de la versión en español publicada por Publicaciones Faro de Gracia.

10

GRACIA CAPACITADORA

«¡Convertir la gracia de Dios en estímulo para pecar es un camino seguro hacia el infierno más profundo!». (John Wesley)

Hay mucho debate doctrinario con respecto a la gracia de Dios y su correcta aplicación en la vida cristiana. Sin embargo, en lo que respecta a la *conversión*, se puede decir que hay casi un consenso. Nadie rechaza las evidentes declaraciones bíblicas acerca de la necesidad gracia para la salvación.

El apóstol Pedro, en el Concilio de Jerusalén, declaró: «Antes creemos que por la gracia del Señor Jesús seremos salvos, de igual modo que ellos». (Hch 15:11). Pablo afirmó a los efesios: «Porque por gracia sois salvos por medio de la fe» (Ef 2:8). A Tito, también le dijo: «para que justificados por su gracia, viniésemos a ser herederos conforme a la esperanza de la vida eterna» (Tit 3:7). A los romanos: «mas cuando el pecado abundó, sobreabundó la gracia; para que así como el pecado reinó para muerte, así también la gracia reine por la justicia para vida eterna mediante Jesucristo, Señor nuestro» (Ro 5: 20-21). O sea, la gracia es la medicina divina para la enfermedad del pecado y, hasta aquí, existe un acuerdo acerca de eso entre las diferentes posiciones teológicas.

De todas maneras, muchos predicadores y maestros parecen limitar la acción de la gracia solamente sobre los pecados ya cometidos. Es casi como si ella pudiera arreglar solo lo que anteriormente fue estropeado, como si no tuviera el poder preventivo de, tras la conversión, capacitar al hombre para vencer al pecado. ¡Necesitamos percibir la gracia de Dios como una *fuerza capacitadora* para vivir en santidad!

En la carta a Tito, Pablo enfatiza que la misma gracia que fue revelada trayendo salvación a los hombres, también nos *enseña* a vivir una vida separada del mundo y del pecado:

> Porque la gracia de Dios *se ha manifestado para salvación* a todos los hombres, *enseñándonos* que, *renunciando* a la *impiedad* y a *los deseos mundanos*, vivamos en este siglo *sobria, justa y piadosamente*, aguardando la esperanza bienaventurada y la manifestación gloriosa de nuestro gran Dios y Salvador Jesucristo, quien se dio a sí mismo por nosotros para redimirnos de toda iniquidad y purificar para sí un pueblo propio, celoso de buenas obras. (Tito 2:11-14, énfasis añadido)

La Gracia no es una permisión para pecar, sino que es una manifestación divina para liberar a las personas del pecado. La misma gracia que salva al hombre también le enseña acerca de cómo debe ser la conducta tras la conversión. Hay que renunciar a cosas. El pecado y el mundo deben ser definitivamente abandonados. Es necesario vivir una vida de rectitud, piedad y sobriedad. Esa es la obra completa de la gracia. Sin embargo, muchos están difundiendo una gracia que apenas cubre los pecados, sin poder para liberarnos de ellos.

Una definición de gracia es «favor inmerecido». Se trata de algo más grande que el mérito. El hombre no puede salvarse a sí mismo, ni por sus obras, ni por mero esfuerzo. La gracia divina se hace necesaria para guiar al hombre hasta un lugar donde él nunca llegaría solo, y eso es indiscutible. Entonces, ¿por qué nos hacen creer que eso se aplica solamente a la experiencia inicial de conversión?

Necesitamos la gracia de Dios para todo. A propósito, es importante recordar que Cristo afirmó: «separados de mí nada podéis hacer» (Jn 15:5). Para soportar las adversidades, necesitamos la gracia (2 Co 12:7). Para el llamado y el ejercicio del ministerio, la gracia es necesaria (Ef 3:7; 4:7). Los dones que recibimos son una de las manifestaciones de la gracia: «teniendo diferentes dones, según la gracia que nos es dada» (Ro 12:6). Para ser *santos,* también necesitamos de ella. El apóstol Pablo reconoce que su camino en santidad y sinceridad no se produjo por su propia capacidad o habilidad:

> Para nosotros, el motivo de satisfacción es el testimonio de nuestra conciencia: Nos hemos comportado en el mundo, y especialmente entre ustedes, con la *santidad* y sinceridad que vienen de Dios. Nuestra conducta no se ha ajustado a la sabiduría humana, sino a la *gracia de Dios.* (2 Corintios 1:12, NVI, énfasis añadido)

La gracia es una fuerza capacitadora. Es una fuente de auxilio para el hombre.

TRONO DE LA GRACIA

El autor de la epístola a los hebreos mencionó el trono de la gracia y el auxilio que viene de él (He 4:16). Pero, antes de examinar el texto, es fundamental entender el *contexto.* Acerca de los hijos de Israel, el capítulo 3 de Hebreos concluye diciendo que ellos no entraron en el descanso de Dios. La causa: incredulidad (He 3:19), y no un boicot divino. Ellos no permitieron que la Palabra estuviera unida con la fe en sus corazones (He 4:2). El escritor nos advierte a no seguirlo:

> *Cuídense,* hermanos, de que ninguno de ustedes tenga un corazón pecaminoso e incrédulo que los haga apartarse del Dios vivo. Más bien, mientras dure ese «hoy», anímense unos a otros cada día, para que ninguno de ustedes se *endurezca por el engaño del pecado.* Hemos llegado a tener parte con Cristo, con tal que retengamos firme hasta el fin la confianza que tuvimos al principio. (Hebreos 3:12-14, NVI, énfasis añadido)

La advertencia revela que la responsabilidad de no permitir que el corazón se endurezca por el engaño del pecado es nuestra, no de Dios. Según las Escrituras, ¡eso involucra un esfuerzo de nuestra parte!

> *Procuremos, pues,* entrar en aquel reposo, *para que ninguno caiga* en semejante ejemplo de *desobediencia.* Porque la palabra de Dios es viva y

> eficaz, y más cortante que toda espada de dos filos; y penetra hasta partir el alma y el espíritu, las coyunturas y los tuétanos, y discierne los pensamientos y las intenciones del corazón. Y no hay cosa creada que no sea manifiesta en su presencia; antes bien todas las cosas están desnudas y abiertas a los ojos de aquel a quien tenemos que dar cuenta. (Hebreos 4:11-13, énfasis añadido)

Es curioso como la Biblia habla del esfuerzo humano y de la gracia divina combinados. Uno no excluye, necesariamente, el otro. Aún dependiendo de la gracia divina, tenemos que cooperar con ella. Debemos hacer nuestra parte. Es importante recordar que no estamos hablando solo de la *conversión* (santificación inicial), sino de la *caminata cristiana* (santificación progresiva). Después de afirmar que el propósito del esfuerzo es que nadie caiga, el autor enfatiza que la Palabra de Dios es viva y eficaz, penetra profundamente y está apta para discernir los propósitos del corazón. ¿Qué propósitos son esos? El versículo 13 dice que todo está visible a los ojos de Dios, a quien rendiremos cuenta, lo que indica la existencia de algo que el hombre podría querer «ocultar», los malos propósitos de su interior. De acuerdo con eso, se encuentra esta afirmación del Señor Jesús:

> Porque de dentro, del corazón de los hombres, salen los malos pensamientos, los adulterios, las fornicaciones, los homicidios, los hurtos, las avaricias, las maldades, el engaño, la lascivia, la envidia, la maledicencia, la soberbia, la insensatez. Todas estas maldades de dentro salen, y contaminan al hombre. (Marcos 7:21-23)

Una vez entendido el contexto de que el esfuerzo humano debe aliarse a la gracia divina para que el hombre no sucumba en sus propias debilidades, surge el factor «trono de la gracia»:

> Por tanto, teniendo un gran sumo sacerdote que traspasó los cielos, Jesús el Hijo de Dios, retengamos nuestra profesión. Porque no tenemos un sumo sacerdote que no pueda compadecerse de *nuestras debilidades*, sino uno que fue *tentado* en todo *según nuestra semejanza*, pero *sin pecado*. Acerquémonos, pues, confiadamente al *trono de la gracia*, para alcanzar

misericordia y hallar *gracia para el oportuno socorro.* (Hebreos 4:14-16, énfasis añadido)

Jesús es presentado como el sumo sacerdote que se compadece de nuestras debilidades. ¿Por qué esa capacidad está destacada? Para que tengamos la visión del Cristo hombre, que fue tentado en todo, pero sin pecado. Él conoce plenamente las luchas y debilidades de la carne. Es importante subrayar que esa compasión no proviene solo de Su omnisciencia divina, sino también de la identificación proporcionada por Su experiencia humana. Esa verdad está de acuerdo con lo que el apóstol Juan testificó acerca de Él: «y no tenía necesidad de que nadie le diese testimonio del hombre, pues él sabía lo que había en el hombre» (Jn 2:25).

Es ese entendimiento acerca del carácter compasivo del Salvador que presenta la idea del trono de gracia. Para comprender ampliamente, es necesario analizar bajo la luz de la tipología bíblica, como también del contexto histórico y cultural. Trono es el asiento de los reyes y gobernantes. Las personas normalmente solo se acercaban a un trono para una audiencia, para presentar una petición que sería juzgada. En la Biblia, esa figura remite a un juicio, así como cuando Cristo se describe a sí mismo sentado en el trono de Su gloria para juzgar a las naciones (Mt 25:31). Lo mismo se puede ver en el juzgado del gran trono blanco (Ap 20:11-12). Así que, en la propia tipología bíblica, trono indica juicio.

Sin embargo, el trono de la gracia, al cual debemos acercarnos para acceder al auxilio y la misericordia, *contrasta* con el juicio. El propósito no es ofrecer juicio a los que luchan contra el pecado, sino gracia. El objetivo no es condenar, sino ayudar a los que son tentados. ¡El acercamiento a ese trono no causa miedo, se puede hacer confiadamente!

¿Dónde está el trono de la gracia? Está a una oración de distancia. Él también se manifiesta en la Palabra y por el Espíritu Santo. Lo que pasa es que está disponible para quien necesita ayuda, no para los que son totalmente santos, sino para los que quieren vencer la lucha contra sus propios deseos malignos, contra sus debilidades.

Quien se sienta ahí es un Rey compasivo, que sabe exactamente lo que es ser tentado y está listo para socorrer a los que también son tentados. Tenemos que esforzarnos, pero nunca solos, porque tenemos acceso al trono de gracia, y esa gracia nos basta (2 Co 12:9).

Antes de pasar al próximo tema, vamos a reanudar: en la santificación inicial somos liberados de la *condena* del pecado, en la santificación progresiva somos liberados del *poder* del pecado y en la santificación final seremos liberados de la *presencia* del pecado.

Mientras la glorificación no llega, hay una batalla que deberá realizarse contra el pecado.

LA LUCHA CONTRA EL PECADO

En cierta ocasión, escuché a alguien afirmar que, si un cristiano está *luchando* contra el pecado, es porque no sabe quién es en Cristo. ¡Estoy totalmente en desacuerdo! Yo preferiría decir: si la persona está *atada* por la *práctica* del pecado, entonces no sabe quién es en Cristo, ni lo que está a su disposición.

¿Existe una vida cristiana sin lucha contra el pecado?

¡No!

¿Es posible que en este momento, antes de la glorificación final, ni siquiera seamos tentados?

¡Evidente que no!

Hasta el mismo Jesús fue tentado, y sin tener la misma naturaleza caída que nosotros. Lo mismo pasó con Adán, pues cuando fue tentado y pecó, todavía no tenía la «naturaleza adámica».

Si la Palabra de Dios cita explícitamente que existe la lucha, ¿cómo decir lo contrario? La buena noticia es que es posible vencer. Sin embargo, es innegable que haya una lucha contra el pecado.

> Por tanto, nosotros también, teniendo en derredor nuestro tan grande nube de testigos, *despojémonos* de todo peso y *del pecado que nos asedia*, y corramos con paciencia la carrera que tenemos por delante, puestos los ojos en Jesús, el autor y consumador de la fe, el cual por el gozo puesto delante de él sufrió la cruz, menospreciando el oprobio, y se sentó a la diestra del trono de Dios. Considerad a aquel que sufrió tal contradicción de pecadores contra sí mismo, para que vuestro ánimo no se canse hasta desmayar. Porque aún no habéis resistido *hasta la sangre, combatiendo contra el pecado.* (Hebreos 12:1-4, énfasis añadido)

La versión Reina Valera 1960 dice que el pecado nos asedia. La versión Reina Valera Actualizada (RVA-2015) optó por la expresión: «el pecado que tan fácilmente nos enreda». La Traducción en Lenguaje Actual (TLA): «el pecado que es un estorbo». Todas revelan que necesitamos lidiar con el tema del pecado como un problema a ser vencido. En el versículo 4, todas las versiones también muestran exactamente la misma idea de lucha.

¿Cómo alguien puede decir que no hay lucha contra el pecado?

Por otra parte, pregunto: ¿es posible vencer la lucha contra el pecado?

¡Por supuesto! Eso es la santificación. Además, no hay espacio para lamento, ya que contamos con recursos para vencer, porque la gracia divina es una fuerza capacitadora. Pero hay que resaltar el hecho de que ella ofrece más que perdón de pecados que ya fueron cometidos, va más allá, y nos capacita para que ni siquiera pequemos. No pretendo disminuir la importancia de la purificación de los pecados, al contrario, ¡alabo a Dios por el perdón que está en Cristo! Pero la gracia produce más que solamente perdonar, ella provee recursos divinos para vencer las tentaciones, sin necesitar caer.

¿Es posible vencer las *tentaciones*?

¡Por supuesto!

Hay una solución divina. El propósito del trono de la gracia no es solamente volver a levantar, día tras día, a los creyentes que viven una especie de tropiezo constante, es posible cortar el mal cuando todavía es una intención. ¿A qué se refiere la Biblia cuando habla de encontrar socorro en ocasión «oportuna»? ¿Cuál es ese socorro? ¿Es solamente la acción divina de perdonar a quien ya pecó?

La aproximación al trono debe ocurrir «para alcanzar misericordia y hallar gracia para el oportuno socorro». Primero recibimos misericordia y gracia para cuando sea necesario, en ocasión oportuna, utilizarlas a ambas para socorro. O sea, la ayuda viene antes de la caída, aunque haya una misericordia posterior para quien no la usó. El proyecto de Dios no es solo continuar levantando, repetidamente, al hombre caído. ¡Es ayudarlo a evitar la caída! Por eso la advertencia: «Así que, el que piensa estar firme, mire que no caiga» (1 Co 10:12).

Así también en Hebreos 4:16, hay otro texto que habla de ese tipo de ayuda y cuando ella está disponible para nosotros:

> No os ha sobrevenido ninguna tentación que no sea humana; pero fiel es Dios, que no os dejará ser tentados más de lo que podéis resistir, sino que dará también juntamente con la tentación la salida, para que podáis soportar. (1 Corintios 10:13)

¿Qué podemos aprender con ese versículo? Como mínimo, se pueden subrayar tres lecciones:

1. **La tentación es humana.** Las tentaciones no son demoníacas, son humanas. En otras palabras, no son sobrenaturales, sino naturales. Santiago afirmó que «sino que cada uno es tentado, cuando de su propia concupiscencia es atraído y seducido» (Stg 1:14). Aunque la Biblia denomine a Satanás como «tentador» (Mt 4:3; 1 Ts 3:5), eso se refiere más a su capacidad de instigar nuestro propio deseo, que la de producir en nosotros un deseo que no existía anteriormente. Así que la tentación es humana, aunque instigada por el diablo.
2. **No seremos tentados más de lo que podamos soportar.** El texto sagrado afirma que Dios es fiel y no permitirá que seamos tentados más allá de nuestra capacidad de resistir. En otras palabras, la tentación no es insoportable, ella puede y debe ser vencida. Jamás sobrepasará nuestro límite de resistencia. Eso significa que ninguna tentación será más fuerte que nuestra capacidad de decir no al pecado.
3. **Dios proveerá una salida para soportar la tentación.** Aunque las tentaciones son humanas y no sobrepasan nuestro límite de resistencia, aun así, no estamos solos en la lucha. ¡Podemos fiarnos del auxilio celestial! El texto dice netamente que Dios proveerá *la salida*, por tanto, hay auxilio divino disponible para nosotros. La versión Dios Habla Hoy dice que Él proveerá «la manera de salir de ella», mientras La Biblia de Las Américas habla acerca de una «vía de escape». Santiago, el hermano del Señor Jesús, declaró: «Cuando alguno es tentado, no diga que es tentado de parte de Dios; porque Dios no puede ser tentado por el mal, ni él tienta a nadie» (Stg 1:13). Dios no tienta a nadie, eso es la pura verdad. Ya hemos visto que la tentación es humana y el maligno solo instiga

el deseo del hombre. Pero hay una acción divina en la tentación y, por supuesto, no es para favorecerla, sino para deshacerla.

El propio Jesús que venció las tentaciones y el pecado, acuérdese que lo hizo como hombre, no como Dios, nos ha enseñado cómo obtener la provisión divina para vencer. En la oración conocida como *Padrenuestro*, nos instruyó a orar así: «Y no nos dejes caer en tentación, sino líbranos del maligno» (Mt 6:13, NVI). Después, en el Jardín del Getsemaní, volvió a decirlo a sus discípulos: «Velad y orad, para que no entréis en tentación» (Mt 26:41).

Las dos declaraciones de Cristo son preventivas y tienen como propósito evitar el pecado. Aunque sea nuestra responsabilidad dominar los deseos de la carne, el Padre Celestial decidió auxiliarnos, *empoderarnos* con Su gracia, para que podamos resistir a las tentaciones con Su ayuda.

¡Esto es fenomenal! Sin embargo, conozco pocos cristianos que realmente oran para no caer en tentación. Muchos oran solamente después de que caen. La mayoría parece que no entiende, o bien no logra creer, en esa gracia *capacitadora* para una vida de santidad.

Los mandamientos divinos han sido dados para que sean obedecidos y su transgresión es lo que configura el pecado. El pecado no es el deseo de la carne, sino el quiebre de la ley de Dios: «Todo aquel que comete pecado, infringe también la ley; pues el pecado es infracción de la ley» (1 Jn 3:4). Cuando el deseo carnal habla más fuerte y elegimos complacerlo, y no al Señor, es ahí que pecamos. La gracia nos capacita justamente para negar a los deseos de la carne, mucho antes de que se conviertan en pecado, para obedecer a los preceptos de Dios. Solo la gracia puede llevarnos a una respuesta de obediencia.

John Bevere, en el libro *Matar la kriptonita*, cuenta como entendió ese concepto. En la secuencia de su testimonio de liberación, también comparte un dato interesante que comprueba el desconocimiento de los cristianos acerca de la capacitación disponible en la gracia. ¡Inspírese con las palabras de Bevere y vuelva a creer!

Al principio de mi vida cristiana, repetidamente intentaba vivir en santidad y repetidamente fallaba. Me frustraba, por decirlo suavemente. Después descubrí la gracia de Dios. Encontré que la gracia es el poder inmerecido de Dios que nos da la capacidad de hacer lo que no podíamos hacer en nuestra propia fuerza. Yo no podía ser libre de la pornografía y de otros hábitos de pecado, pero cuando descubrí la gracia, pude caminar en libertad y creer y cooperar con ella.

Este es un hecho triste. Nuestro ministerio hizo una encuesta hace unos años. Fuimos a varias iglesias representativas de un abanico de corrientes doctrinales y denominaciones. Encuestamos a más de cinco mil cristianos nacidos de nuevo en toda nuestra nación. Pedimos a los participantes que dieran tres o más definiciones de la gracia de Dios. Los resultados de la encuesta demostraron que casi todos asociaban la gracia de Dios con la salvación, el perdón de pecados, un regalo inmerecido de Dios y el amor de Dios. Esta era la buena noticia. El resultado trágico fue que menos de un dos por ciento de los creyentes sabían que la gracia es el *empoderamiento* de Dios.

(...) La realidad es que no podemos recibir nada de Dios a menos que creamos. Y no podemos creer lo que no sabemos. Si aproximadamente un dos por ciento de los cristianos estadounidenses saben que la gracia nos empodera, entonces prácticamente el noventa y ocho por ciento de los cristianos están intentando vivir la santidad en sus propias fuerzas, lo cual es imposible. Frustración, derrota, depresión, condenación y culpa es seguramente lo que vendrá después de su esfuerzo.

(...) Nuestra estrategia de enseñar una gracia de *cubierta* que omite lo que tiene la *gracia que empodera*, básicamente ha cerrado la puerta y ha echado la cerradura de seguridad.

DIFERENCIA ENTRE LEY Y GRACIA

¿Cuál es la diferencia básica entre la Antigua y la Nueva Alianza? O bien, entre ley y gracia, términos empleados por el apóstol Juan: «Pues la ley por medio de Moisés fue dada, pero la gracia y la verdad vinieron por medio de Jesucristo» (Jn 1:17). Además de reconocer que Cristo se manifestó en la última alianza, ¿qué otro contraste hay entre la Ley de Moisés y la gracia de Jesús?

Antes de las diferencias, las similitudes:

1. **Necesidad de obediencia**. En la Antigua Alianza, la Ley había sido revelada para que fuese obedecida: «Guardad, pues, todos mis estatutos y todas mis ordenanzas, y ponedlos por obra. Yo Jehová» (Lv 19:37). En la Nueva Alianza, también se encuentra ese propósito. Cuando Jesús dio la gran comisión, aclaró acerca de la necesidad de obedecer lo que Él ya había enseñado: «Por tanto, id, y haced discípulos a todas las naciones, bautizándolos en el nombre del Padre, y del Hijo, y del Espíritu Santo; enseñándoles que guarden todas las cosas que os he mandado» (Mt 28:19-20).
2. **Consecuencias de la desobediencia**. En la Antigua Alianza, el quiebre de la Ley de Dios generaba juicio: «He aquí yo pongo hoy delante de vosotros la bendición y la maldición: la bendición, si oyereis los mandamientos de Jehová vuestro Dios, que yo os prescribo hoy, y la maldición, si no oyereis los mandamientos de Jehová vuestro Dios, y os apartareis del camino que yo os ordeno hoy, para ir en pos de dioses ajenos que no habéis conocido» (Dt 11:26-28). En la Nueva Alianza, también hay juicio sobre el pecado. Observe las palabras del Señor Jesús en la carta a la iglesia de Tiatira: «Y le he dado tiempo para que se arrepienta, pero no quiere arrepentirse de su fornicación. He aquí, yo la arrojo en cama, y en grantribulación a los que con ella adulteran, si no se arrepienten de las obras de ella» (Ap 2:21-22).

Algunos predicadores suelen sugerir que tanto los mandamientos como las consecuencias por no cumplirlos pertenecen solamente a la Antigua Alianza. Citan «el fin de la ley es Cristo» (Ro 10:4) fuera del contexto, como si no hubieran más mandamientos que deban ser obedecidos. ¿Eso es verdad? ¡Por supuesto que no! El libro de Hebreos, al hablar del cambio de alianza y, consecuentemente, del sacerdocio (mostrando la sustitución del sacerdocio levítico por el sacerdocio de Cristo, según la orden de Melquisedec), declara: «Porque cambiado el sacerdocio, necesario es que haya también cambio de ley» (He 7:12). Cambio de ley: ¡ese es el tema!

La declaración de Jesús sobre un *nuevo* mandamiento (Jn 13.34) aclara todavía más que los mandamientos de Cristo (Jn 14:21) se presentan como cambio de la ley y no como su anulación. Jesús repitió varias veces la frase «Oísteis que fue dicho a los antiguos» (Mt 5:21,27,31,33,38,43), evidente referencia a la Ley de Moisés, pero observe que hay también la repetición de «Pero yo os digo» (Mt 5:22,28,31,34,39,44), lo que indica la llegada de una «actualización», un «ajuste» de la ley de Dios. Otra evidencia es la declaración de Pablo a los corintios: «no estando yo sin ley de Dios, sino bajo la ley de Cristo» (1 Co 9:21). La expresión «ley de Cristo» merece destaque aquí.

John Wesley, en la obra *Una clara explicación de La Perfección Cristiana*, declara:

> Estamos sin esa ley, pero eso no significa que estamos sin alguna ley, porque Dios estableció otra ley en su lugar, la ley de la fe; y todos estamos bajo esta ley para con Dios y con Cristo. Tanto nuestro Creador, como nuestro Redentor exigen que la observemos.

Además del deber de obedecer a una ley, ahora la ley de Cristo, todavía hay consecuencias para la desobediencia.

Presentadas las similitudes, vamos a las distinciones:

1. **Incapacidad de obedecer**. Pablo declaró a los romanos que la Ley vino para probar que el hombre no tenía condiciones de obedecerla. Él citó esa incapacidad empezando por la bajísima estadística de obediencia: «Como está escrito: No hay justo, ni aun uno» (Ro 3:10). Exactamente, ¿de dónde viene esa incapacidad de obedecer y practicar la ley de Dios? ¡De la naturaleza humana! Pablo usa la expresión «hijos de la desobediencia» para referirse a nuestro pasado y afirma que «*éramos, por natura*leza, hijos de la ira» (Ef 2: 2-3). El apóstol también dice que las pasiones pecaminosas se han despertado por la Ley (Ro 7:5, LBLA). Finalmente, tenemos el clásico discurso de cómo la Ley solamente develó la fuerza del pecado (sugiero que usted lea todo el texto bíblico, reflexionando atentamente):

   > ¿Qué diremos, pues? ¿La ley es pecado? ¡De ninguna manera! Pero yo no habría conocido el pecado si no fuera por la ley; pues no habría conocido la codicia si la ley no dijera: No codiciarás. Pero

> el pecado, tomando ocasión por el mandamiento, produjo en mí todo tipo de concupiscencia; porque, sin la ley, el pecado está muerto. Y yo sin la ley vivía en un tiempo; pero venido el mandamiento, el pecado revivió y yo morí. Y hallé que el mismo mandamiento que era para vida, a mí me resultó para muerte; porque el pecado, tomando ocasión por el mandamiento, me engañó, y por él me mató. De manera que la ley a la verdad es santa, y el mandamiento santo, justo y bueno. ¿Luego lo que es bueno, vino a ser muerte para mí? En ninguna manera; sino que el pecado, para mostrarse pecado, produjo en mí la muerte por medio de lo que es bueno, a fin de que por el mandamiento el pecado llegase a ser sobremanera pecaminoso. Porque sabemos que la ley es espiritual; mas yo soy carnal, vendido al pecado. Porque lo que hago, no lo entiendo; pues no hago lo que quiero, sino lo que aborrezco, eso hago. Y si lo que no quiero, esto hago, apruebo que la ley es buena. De manera que ya no soy yo quien hace aquello, sino el pecado que mora en mí. Y yo sé que en mí, esto es, en mi carne, no mora el bien; porque el querer el bien está en mí, pero no el hacerlo. Porque no hago el bien que quiero, sino el mal que no quiero, eso hago. Y si hago lo que no quiero, ya no lo hago yo, sino el pecado que mora en mí. Así que, queriendo yo hacer el bien, hallo esta ley: que el mal está en mí. Porque según el hombre interior, me deleito en la ley de Dios; pero veo otra ley en mis miembros, que se rebela contra la ley de mi mente, y que me lleva cautivo a la ley del pecado que está en mis miembros. (Romanos 7:7-23)

2. **Capacidad de obedecer.** El gran contraste entre la Antigua y la Nueva Alianza es la capacidad de obedecer. El nuevo nacimiento proporcionó un cambio de naturaleza (2 P 1:4) y empezamos a ser llamados como «hijos obedientes» (1 P 1:14). Esta última declaración viene acompañada por la afirmación de que podemos vivir sin pecar (desobedecer) y, consecuentemente, podemos manifestar la santidad de Dios: «como hijos obedientes, no os conforméis a los deseos que antes teníais estando en vuestra ignorancia; sino, como aquel que os llamó es santo, sed también vosotros santos

> en toda vuestra manera de vivir; porque escrito está: Sed santos, porque yo soy santo» (1 P 1:14-16).

Algunos predicadores sugieren que, por la incapacidad del hombre en obedecer, la Ley habría sido revocada, pero ya hemos visto que lo que pasó fue un cambio, no una anulación de la ley. Por cierto, el estándar establecido en la gracia no ha sido una flexibilización de las exigencias, ni tampoco un hecho de degradar los principios divinos por causa de la incapacidad demostrada por el hombre durante la Ley, ¡Por el contrario! Observe algunas declaraciones de Jesús en el sermón del monte: «Oísteis que fue dicho: No cometerás adulterio. Pero yo os digo que cualquiera que mira a una mujer para codiciarla, ya adulteró con ella en su corazón» (Mt 5:27-28). Al decir «oísteis que fue dicho», Jesús se refería a la Ley de Moisés. En la Antigua Alianza, el adulterio era prohibido, sin embargo, era definido solo por la relación física. Al declarar «pero yo os digo», Cristo hablaba del cambio de ley y de un estándar más alto, establecido por Él a partir de entonces.

Vea otro ejemplo: «Oísteis que fue dicho: Amarás a tu prójimo, y aborrecerás a tu enemigo. Pero yo os digo: Amad a vuestros enemigos, bendecid a los que os maldicen, haced bien a los que os aborrecen, y orad por los que os ultrajan y os persiguen» (Mt 5:43-44). En la Ley mosaica, la ordenanza era amar al prójimo y odiar al enemigo; en la gracia, ¡la ordenanza es amar incluso hasta los enemigos! ¿Se elevó o se rebajó el estándar? ¡Se elevó! Pero, si el hombre ya no era capaz de cumplir el estándar inferior, ¿por qué Dios aumentaría aún más el nivel de exigencia? ¡Porque el hombre sería revestido por una nueva naturaleza, empoderado por el Espíritu Santo y capacitado por la gracia!

Haciendo un resumen del contraste, la Palabra de Dios debía ser obedecida en la Antigua Alianza y la desobediencia implicaba consecuencias, sin embargo, el hombre no tenía condiciones para obedecer. En la Nueva Alianza, la Palabra *aún* debe ser obedecida, y la desobediencia *aún* implica juicio. ¡Más que eso, ahora el hombre posee condiciones para obedecer! En otras palabras, la incapacidad de obedecer, y no la responsabilidad, fue removida porque la obra de Cristo proporcionó un cambio de naturaleza, de hijos de la desobediencia a hijos obedientes.

El apóstol Pablo habla de esa diferencia entre Ley y gracia en las palabras siguientes:

> Porque el pecado no se enseñoreará de vosotros; pues no estáis bajo la ley, sino bajo la gracia. (Romanos 6:14)

En la Ley, la humanidad no lograba cumplir los mandamientos y se convirtió en esclava del pecado. En la gracia, el hombre no fue solamente perdonado por la desobediencia, sino liberado del dominio del pecado y capacitado para vivir una vida en obediencia a su Creador.

COOPERANDO CON LA GRACIA

Ya hemos visto que la gracia es una fuerza capacitadora para vencer la tentación y el pecado, pero ¿qué esperar de esa gracia? Ciertamente no se trata de una acción unilateral. La Biblia dice que tenemos que *aproximarnos* al Sumo Sacerdote si deseamos recibir ayuda, esa es nuestra parte. Si la gracia operara sola, sin ninguna acción del hombre, las Escrituras no dirían que nos acerquemos del trono de gracia. Acercarse es aproximarse, es estar cerca, y eso depende de nosotros. Si no fuera así, la respuesta para aquellos que no vencen al pecado sería simplemente que Dios no hizo Su parte para ayudarlos.

La verdad es que el hombre no puede hacer nada solo, sin la gracia. Por otro lado, la gracia no opera sola, sin la cooperación del hombre. Como ya fue definido anteriormente, es necesario, al mismo tiempo, nuestro esfuerzo y búsqueda del favor de Dios, que proviene del trono de gracia.

Es necesaria una *interacción* con la gracia.

Suelo decir que la gracia no solo actúa, sino también que reacciona. Si, por una parte, la gracia se manifestó salvadora (Tit 2:11), lo que revela la parte de Dios, por otra, el hombre necesita arrepentirse y creer para que es salvo (Mr 1:15), pues es por la fe que se tiene acceso a la gracia (Ro 5:2).

El apóstol Pedro declaró: «he escrito brevemente, para animarlos y confirmarles que esta es la verdadera gracia de Dios. Manténganse firmes en ella» (1 P 5:12, NVI). ¿Si la acción de la gracia fuera un hecho unilateral por parte de Dios, ¿por qué exhortar a los hermanos para que se mantengan firmes en la gracia? ¿La propia exhortación no sugiere que la firmeza puede ser comprometida? Pablo también hizo una afirmación parecida en su epístola a Timoteo: «Tú, pues, hijo mío, esfuérzate en la gracia que es en Cristo Jesús» (2 Ti 2:1). Si el fortalecimiento en la gracia dependiera única y exclusivamente de Dios, ¿cuál sería el propósito de tal declaración? Está claro que es posible crecer en la gracia, conforme lo registrado en el evangelio de Lucas: «Y Jesús crecía en sabiduría y en estatura, y en gracia para con Dios y los hombres» (Lc 2:52). Si no fuera así, ¿por qué Pedro también habría escrito: «creced en la gracia y el conocimiento de nuestro Señor y Salvador Jesucristo» (2 P 3:18)?

De la misma manera, es fundamental entender que es posible abortar la acción de la gracia. No porque el Señor la interrumpa, nosotros podemos comprometer el proceso, nuestra parte en la interacción.

Tras la prédica de Pablo y Bernabé en Antioquía de Pisidia, el mensaje fue muy específico: «Y despedida la congregación, muchos de los judíos y de los prosélitos piadosos siguieron a Pablo y a Bernabé, quienes hablándoles, les persuadían a que perseverasen en la gracia de Dios» (Hch 13:43). Si no tenemos ninguna responsabilidad de interactuar con la gracia divina, ¿cuál es el propósito y el significado de una orientación como esa? Y qué significa, entonces, ¿perseverar en la gracia de Dios? La verdad es que la gracia puede fluir libremente por parte de Dios y ser desperdiciada por el hombre. Esa es la razón por la cual Pablo exhortó a los corintios:

> Así, pues, nosotros, como *colaboradores suyos*, os exhortamos también a que *no recibáis en vano la gracia de Dios*. (2 Corintios 6:1, énfasis añadido)

Fíjese en esa afirmación: «no recibáis *en vano* la gracia de Dios». ¿Por qué razón se los diría sino por el hecho de que podemos impedir la gracia de cumplir su propósito? Escribiendo a los gálatas, Pablo mostró que la mala actitud de ellos de querer volver a la Ley de Moisés los haría anular la gracia, algo que él mismo no haría: «No desecho la gracia de Dios» (Gá 2:21). Si la gracia no pudiera ser desechada (o anulada), ¿cuál sería el propósito de esa declaración? Sin considerar que, adelante en la misma epístola, el apóstol dice explícitamente: «De Cristo os desligasteis, los que por la ley os justificáis; de la gracia habéis caído» (Gá 5:4). Si es imposible que alguien se caiga de la gracia (fíjese que Pablo no dijo que Dios los arrojó de ella), ¿no sería contradictoria tal definición?

Es imposible fijarse en la enseñanza bíblica de la santificación y al mismo tiempo ignorar la necesidad de la interacción humana con la gracia divina, así como nuestra capacidad de impedirle cumplir en nosotros su propósito. Observe esta parte de las Escrituras:

> Seguid la paz con todos, y la *santidad*, sin la cual nadie verá al Señor. Mirad bien, no sea que alguno *deje de alcanzar la gracia de Dios* (...) (Hebreos 12:14-15, énfasis añadido)

La Biblia Dios Habla Hoy registra: «a nadie le falte la gracia de Dios». La Nueva Versión Internacional prefirió: «que nadie deje de alcanzar la gracia de Dios». La Nueva Traducción Viviente: «que ninguno de ustedes deje de recibir la gracia de Dios». La mayoría de las traducciones inglesas se enfocan en los términos «caer» o «fallar».

Si no es posible separarse de la gracia, entonces ¿por qué aconsejar a los hermanos considerar diligentemente para que eso no ocurra? Al final del mismo capítulo, el escritor vuelve a tratar de la responsabilidad de cooperación:

> Así que, habiendo recibido un reino que no puede ser sacudido, *retengamos la gracia* y, mediante ella sirvamos a Dios agradándole con temor y reverencia. (Hebreos 12:28 , RVA-2015, énfasis añadido)

¿Qué es la orden de retener la gracia sino la demostración de que es posible comprometerla?

¿Y por qué seríamos ordenados a retener aquello que no se puede perder?

Es importante retomar aquí que muchas cosas de la enseñanza acerca de la gracia enfocan una manifestación divina en la cual no hay acción. ¿Si fuera verdad, por qué seríamos alentados a acercarnos al trono de gracia para entonces, y solamente entonces, ser socorridos? Si la gracia es unilateral, yo no necesitaría acercarme, ¡ella vendría detrás de mí! Si ella fuera irresistible, ¿cómo sería posible separarme de ella? ¿O hasta mismo caer de la gracia? ¿Por qué estaría la instrucción de retener lo que no hace falta que se retenga?

El hecho es que el trono de la gracia aguarda la debida interacción y cooperación humana. Sin eso, la provisión divina para vencer no podrá ser disfrutada. O sea, la gracia como fuerza capacitadora para vencer la tentación y el pecado debe ser entendida y buscada.

PARTE 3

SANTIDAD Y MINISTERIO

11

SANTIDAD ANTE EL SEÑOR

«Santos sin santidad son la tragedia del cristianismo».
(A. W. Tozer)

Este libro empieza hablando del llamado a ser y no solo al hacer. Después, hay varios capítulos aclarando tanto los fundamentos de la doctrina de la santificación como la aplicación al hombre integral. Ahora, es momento de tratar la relación entre santidad y ministerio. La palabra «ministerio» no se refiere solo a aquellos que trabajan en tiempo completo, sino que incluye todos los que, de alguna manera, están involucrados en el servicio al Señor.

El énfasis de Dios sobre el sacerdocio universal del creyente ha sido proclamado por todas partes, uno de los frutos de la Reforma Protestante iniciada hace quinientos años. Aquellos días, en que la iglesia era dividida apenas entre el clero y los laicos, han quedado atrás. En todo el mundo, Dios levanta las iglesias que comprenden que cada miembro es útil y posee una función. Todos tienen un ministerio para ejercer y deben ser enseñados e incentivados no solo a descubrir, sino también a asumir ese lugar en el Cuerpo de Cristo.

Es interesante observar que muchas de las grandes iglesias del mundo actual fueron estructuradas sobre el trabajo de líderes que, antiguamente, serían llamados de *liderazgo laico*. Una respuesta al deseo divino de ver a muchos alcanzados es la multiplicación de obreros. Jesús lo dejó claro:

> Entonces dijo a sus discípulos: A la verdad la mies es mucha, mas los obreros pocos. Rogad, pues, al Señor de la mies, que envíe obreros a su mies. (Mateo 9:37-38)

Nadie puede hacer la obra de Dios solo, ni Jesús lo hizo. La afirmación sobre la mies y los trabajadores se hizo en un momento en que Él mismo se encontraba sobrecargado con la obra del ministerio:

> Recorría Jesús todas las ciudades y aldeas, enseñando en las sinagogas de ellos, y predicando el evangelio del reino, y sanando toda enfermedad y toda dolencia en el pueblo. Y al ver las multitudes, tuvo compasión de ellas; porque estaban desamparadas y dispersas como ovejas que no tienen pastor. (Mateo 9:35-36)

El secreto de alcanzar multitudes para Cristo, ofreciendo la supervisión necesaria, consiste en multiplicar a los obreros y andar sobre la visión del sacerdocio universal de todo creyente. Las Escrituras afirman que Jesús, «nos hizo reyes y sacerdotes para Dios, su Padre» (Ap 1:6). ¡Somos todos sacerdotes!

Personalmente, me siento guiado por Dios para ministrar esta enseñanza en dos tópicos:

1. Desafiar a los cristianos para que se dispongan al servicio del Señor.
2. Capacitar por medio de la enseñanza de la Palabra y por la formación del carácter que Dios espera encontrar en cada cristiano.

Bajo este impacto, el Señor me habla mucho al corazón sobre la necesidad de que cada obrero desarrolle la visión correcta acerca de la expectativa de Dios y de lo que Él espera cuando el hombre le dice «sí» al ministerio.

Estamos hablando del sacerdocio, no del gobierno de la iglesia, ni de los cinco dones ministeriales. Todos fuimos llamados para servir a Dios, aunque haya diferentes dimensiones de implicación en el ministerio.

RELACIÓN ENTRE MINISTERIO Y SANTIDAD

Es importante señalar que el estándar divino para el sacerdocio surgió con Aarón, el primer sumo sacerdote que recibió instrucciones sobre cómo ejercer el ministerio. Ciertamente, ya existían sacerdotes anteriores. La Biblia menciona a Melquisedec y Jetro, sin olvidar a los patriarcas, que le ofrecían sacrificios al Señor como sacerdotes, que después pasó a ser prohibido (Lv 17:1-6). Sin embargo, fue a partir del hermano de Moisés que el Señor reglamentó el ministerio, estableciendo normas: qué, cuándo, cómo y por quién debería realizarse Su servicio. En Aarón se encuentra el estándar ministerial divino, un referente que indica el futuro para aquello que Dios espera de los ministros de hoy.

Con eso en mente: ¿Qué es indispensable para todo aquel que desea servir al Señor? Fíjese como eran las ropas del sumo sacerdote:

> Harás además una lámina de oro fino, y grabarás en ella como grabadura de sello, *SANTIDAD A JEHOVÁ*. Y la pondrás con un cordón de azul, y estará sobre la mitra; por la parte delantera de la mitra estará. Y estará sobre la frente de Aarón, y llevará Aarón las faltas cometidas en todas las cosas santas, que los hijos de Israel hubieren consagrado en todas sus santas ofrendas; y sobre su frente estará *continuamente*, para que obtengan gracia delante de Jehová. (Éxodo 28:36-38, énfasis añadido)

Entre toda la indumentaria que sería usada por Aarón, una lámina de oro puro debería ser utilizada para sostener la mitra, figura de autoridad. Era un pequeño cartel, una especie de «mini cartelera» que todos verían. Aunque tenía un rol ante Dios, la lámina también tenía un propósito ante las personas: era una señal de compromiso de que el sacerdote era separado para el Señor.

En el primer sumo sacerdote revela un mensaje que va más allá de los días en los que ejerció su ministerio, ahora reglamentado por Dios mismo. Las Sagradas Escrituras dicen que: «La ley es solo una sombra de los bienes venideros, y no la presencia misma de estas realidades» (He 10:1, NVI), por lo tanto, la instrucción divina dada por medio de Moisés no era solo literal, sino que proyectaba una sombra, un modelo de aquello que Dios espera hoy de Sus ministros: *santidad* y *compromiso público*.

No fue en vano que Dios le ordenó al sacerdote que trajera en su frente la inscripción «santidad ante el Señor». Cada vez que alguien lo miraba, veía el mensaje. Allá estaba, bien visible a todos. Hay un compromiso público que se debe mantener ante el pueblo al que servimos; compromiso de consagración al Señor.

Liderazgo consiste en ejemplo. Los primeros en comprometerse firmemente con Dios deben ser los ministros, y el pueblo tiene todo el derecho de esperar eso. Es primordial entender la importancia de poder proclamar, junto con el apóstol Pablo: «Sed imitadores de mí, así como yo de Cristo» (1 Co 11:1).

En el Nuevo Testamento, encontramos una repetición del estándar del Antiguo Pacto cuando Pablo le habla a su hijo en la fe, Timoteo, sobre un instrumento para honra:

> Pero en una casa grande, no solamente hay utensilios de oro y de plata, sino también de madera y de barro; y unos son para usos honrosos, y otros para usos viles. Así que, si *alguno se limpia de estas cosas, será instrumento para honra, santificado, útil al Señor, y dispuesto para toda buena obra.* Huye también de las pasiones juveniles, y sigue la justicia, la fe, el amor y la paz, con los que de corazón limpio invocan al Señor. (2 Timoteo 2:20-22, énfasis añadido)

Primero observe el término condicional establecido por el apóstol: «si alguno se limpia… será instrumento para honra». ¡Así es! El uso de la palabra «si» hace toda la diferencia.

Luego, la palabra «santificado», que se asocia a «útil al Señor» y «dispuesto para toda buena obra». Es un hecho que la preparación para el ministerio pide más que habilidades, implica carácter, integridad y honra, temas que se abordarán detalladamente en otro capítulo.

Por ahora, vamos a analizar la palabra traducida como «preparado o dispuesto» que, en el original griego, es *hetoimazo*. Según Strong, significa «estar listo, preparar; hacer las preparaciones necesarias, dejar todo listo».

Strong informa que «el concepto tiene origen en la costumbre oriental de enviar, antes de los reyes, en sus viajes, personas para nivelar los caminos y hacerlas transitables». ¿Y qué significa eso? ¡Qué la preparación para el ministerio va mucho más allá de las habilidades sociales y del trabajo, pues exige una santificación para Dios!

De una manera aún más explícita, el autor de II Timoteo vincula «instrumento para honra» al concepto de santidad cuando habla de huir de las pasiones de la juventud y tener un corazón puro. Esto demuestra que la mayor preparación ministerial tiene que ver, ante todo, con la santificación.

RESULTADOS

Un ministro que está pecando de manera intencional puede obtener resultados en el ministerio, porque muchos resultados no dependen solo del ministro. Cuando alguien predica la Palabra de Dios, por ejemplo, ¿de dónde proviene el resultado? ¿Cuán bueno es el sembrador o la semilla que ha sembrado? En este caso, la semilla, la Palabra de Dios, es la que tiene el poder de reproducción. Por otra parte, tener o no la autoridad oriunda de una conducta correcta puede generar resultados de diferentes proporciones. Jesús anunciaba la Palabra de Dios, sin embargo, todos reconocían que Él lo hacía con autoridad (Mt 7:29).

Entonces, ¿es posible llegar a resultados ministeriales, aunque esté en pecado? ¡Sí! Quién asevera es el propio Señor Jesús:

> Muchos me dirán en aquel día: Señor, Señor, ¿no profetizamos en tu nombre, y en tu nombre echamos fuera demonios, y en tu nombre hicimos muchos milagros? Y entonces les declararé: Nunca os conocí; apartaos de mí, *hacedores de maldad*. (Mateo 7:22-23, énfasis añadido)

Cristo no dijo que algunas personas mentirían en el día de la rendición de cuentas sobre sus resultados; pues esto podría llevar a la interpretación de que las profecías, las sanaciones y las liberaciones no habrían sido auténticas. Tampoco negó que tales obras se hicieran en Su nombre.

Pero condenó a los ministros con la declaración: «Nunca os conocí». La razón: hacedores de maldad.

Por lo tanto, el tema no está en el hecho de que un ministro pueda producir resultados con una vida en pecado, sino en las consecuencias que vendrán de ese comportamiento. No estoy defendiendo el error, al contrario: ¡este libro es un llamado a la santidad!

Sin embargo, es imprescindible reconocer que los resultados no son, necesariamente un aval divino para los métodos.

> Toma la vara, y reúne la congregación, tú y Aarón tu hermano, y hablad a la peña a vista de ellos; y ella dará su agua, y les sacarás aguas de la peña, y darás de beber a la congregación y a sus bestias. Entonces Moisés tomó la vara de delante de Jehová, como él le mandó. Y reunieron Moisés y Aarón a la congregación delante de la peña, y les dijo: ¡Oíd ahora, rebeldes! ¿Os hemos de hacer salir aguas de esta peña? Entonces alzó Moisés su mano y golpeó la peña con su vara dos veces; y salieron muchas aguas, y bebió la congregación, y sus bestias. Y Jehová dijo a Moisés y a Aarón: Por cuanto no creísteis en mí, para santificarme delante de los hijos de Israel, por tanto, no meteréis esta congregación en la tierra que les he dado. (Números 20:8-12)

Aunque el mandato era para que solo hablara, Moisés decidió golpear la roca. Incluso, la golpeó dos veces. ¿Cuál fue el resultado? ¡La roca vertió agua de la misma manera como si hubiera solamente hablado! El resultado no fue diferente por causa de la desobediencia. Lo que surgió de nuevo en el escenario fue la reprobación divina, y luego vino el anuncio de las consecuencias que Moisés y Aarón tendrían que sufrir: quedarse fuera de la tierra prometida.

En resumen: los resultados ministeriales no significan necesariamente un aval divino. La unción y autoridad no solo pueden ser usadas, sino también abusadas. Es decir, la razón para vivir en santidad tiene más que ver con agradar a Aquel que nos ha llamado, que con la productividad.

Pero, aunque sea posible tener resultados ministeriales en un ambiente de pecado, no significa que la santidad no tenga un efecto amplificador.

SANTIDAD Y AUTORIDAD

Andar en santidad, además de preservar la intimidad con Dios y ser de ejemplo a los demás, también define la autoridad en la dimensión espiritual.

En primer lugar, el ejercicio de la autoridad está condicionado a la capacidad de someterse a la autoridad. La constatación de esa verdad se puede ver en el episodio bíblico del centurión romano que buscó intervención de Cristo en favor de su siervo enfermo:

> Entrando Jesús en Capernaum, vino a él un centurión, rogándole, y diciendo: Señor, mi criado está postrado en casa, paralítico, gravemente atormentado. Y Jesús le dijo: Yo iré y le sanaré. Respondió el centurión y dijo: Señor, no soy digno de que entres bajo mi techo; solamente di la palabra, y mi criado sanará. *Porque también yo soy hombre bajo autoridad*, y tengo bajo mis órdenes soldados; y digo a éste: Ve, y va; y al otro: Ven, y viene; y a mi siervo: Haz esto, y lo hace. Al oírlo Jesús, se maravilló, y dijo a los que le seguían: De cierto os digo, que ni aun en Israel he hallado tanta fe. Y os digo que vendrán muchos del oriente y del occidente, y se sentarán con Abraham e Isaac y Jacob en el reino de los cielos; mas los hijos del reino serán echados a las tinieblas de afuera; allí será el lloro y el crujir de dientes. Entonces Jesús dijo al centurión: Ve, y como creíste, te sea hecho. Y su criado fue sanado en aquella misma hora. (Mateo 8:5-13, énfasis añadido)

El centurión entendía de autoridad porque lideraba soldados en el ejército romano. Sin embargo, antes de decir que tenía hombres subordinados a sus órdenes, declaró: «soy hombre bajo autoridad». Solo puede expresar autoridad, en la cadena de mando militar, quien está bajo autoridad. Un sargento solo tiene voz de mando sobre un soldado, por ejemplo, cuando él mismo está bajo la voz de mando de un teniente u otro rango superior. Si rompe la sujeción de la autoridad que está sobre él, también comprometerá la expresión de autoridad ante quien está debajo de él. ¿Cuán cierto es eso en el paralelo espiritual? Santiago responde:

> Someteos, pues, a Dios; resistid al diablo, y huirá de vosotros.
> (Santiago 4:7)

Muchos predicadores enfatizan solo la segunda mitad del versículo. Pero, antes de mandar resistir al diablo, la Biblia ordena el sometimiento a Dios. ¿Por qué?

¡Porque para expresar autoridad contra Satanás debemos estar bajo la autoridad de Dios! Si no nos sometemos a Dios, no podemos expresar Su autoridad contra los poderes de las tinieblas. Vamos a un ejemplo:

> Pero algunos de los judíos, exorcistas ambulantes, intentaron invocar el nombre del Señor Jesús sobre los que tenían espíritus malos, diciendo: Os conjuro por Jesús, el que predica Pablo. Había siete hijos de un tal Esceva, judío, jefe de los sacerdotes, que hacían esto. Pero respondiendo el espíritu malo, dijo: A Jesús conozco, y sé quién es Pablo; pero vosotros, ¿quiénes sois? Y el hombre en quien estaba el espíritu malo, saltando sobre ellos y dominándolos, pudo más que ellos, de tal manera que huyeron de aquella casa desnudos y heridos. (Hechos 19:13-16)

Jesús les dio a los discípulos autoridad para que expulsaran a los demonios en Su nombre (Mt 10:1; Mc 16:17) y los demonios debían sujetarse a tal autoridad. Los discípulos sabían que el poder estaba en el nombre de Jesús y no en la autoridad de ellos mismos, cierta vez declararon: «Señor, ¡aun los demonios se nos sujetan en tu nombre!» (Lc 10:17).

Ahora, si la autoridad de expulsar demonios viene del nombre de Jesús, y eso es lo que los hijos de Esceva intentaron hacer, ¿por qué no funcionó con ellos?

«A Jesús conozco, y sé quién es Pablo; pero vosotros, ¿quiénes sois?», les contestó el propio demonio. En otras palabras, afirmó conocer quién es quién en el reino espiritual, mencionando tanto a Jesús como a Pablo. El espíritu maligno aclaró que no reconocía en aquellos exorcistas ambulantes la capacidad de reflejar la autoridad del nombre de Jesús. El motivo es bastante obvio: uno solo puede expresar la autoridad de ese nombre si primero se somete a él.

Dicho esto, es importante preguntarse: ¿es posible experimentar, en el mundo espiritual, un *cierto nivel* de resistencia maligna en el ejercicio del ministerio?

Normalmente solo pensamos en los extremos. O bien alguien está tan inmerso en el pecado que no puede expresar ningún nivel de autoridad, o está en una posición completamente distinta, sin ningún tipo de pecado, y por lo tanto, libre para expresar plenamente la autoridad espiritual.

No obstante, ni siquiera consideramos la posibilidad de que haya una especie de combinación de ambas cosas.

El hecho es que alguien puede probar una resistencia *parcial* del reino de las tinieblas. Quiero compartir un entendimiento precioso que he recibido del Señor sobre este tema. Pero antes, voy a contarles como lo he logrado.

ENTENDIENDO LA RESISTENCIA MALIGNA

Desde 1991, cuando empecé a trabajar en el ministerio itinerante, experimentaba en mi espíritu impresiones muy distintas al final de las reuniones en las que ministraba.

A veces, la sensación era haber disfrutado de «todo aquello que debería ocurrir». Una mezcla de logro, satisfacción interior, alegría y gratificación que mi mente no siempre entendía. En otras ocasiones, la impresión era que no había pasado «nada de lo que tendría que haber ocurrido».

Lo curioso es que, algunas veces, el sentimiento de realización venía en reuniones menores e incluso con pocos resultados visibles, mientras que el sentimiento de insatisfacción ocurría después de grandes reuniones, con un buen número de conversiones, sanaciones y manifestaciones del Espíritu Santo.

Justamente por no depender de resultados explícitos, yo sabía que ese sentimiento no provenía de una exigencia propia de performance, no provenía de mí mismo.

He orado durante algunos años hasta que el Espíritu Santo me permitió tener una experiencia notable. No entraré en detalles por una cuestión de espacio, pero el Señor me hizo ver un *denominador común* en varios de aquellos cultos que terminaron con una buena evaluación, pero en conflicto con la insatisfacción interior, con aquel aviso de no haber alcanzado la plenitud del plan de Dios. Algo me había sucedido antes de ministrar: yo había pecado.

No me refiero a lo que clasificaríamos como «pecados terribles», sino a cosas que jamás imaginaba que podrían afectar, de alguna manera, el cumplimiento del propósito divino para un culto. Fue como si me hubiese puesto a ver a una película de todos aquellos años de ministraciones y el Espíritu Santo me hizo ver que pensamientos impuros, comentarios que desbordaban maledicencia y hasta juicios que ocurrieron solo en mi interior habían afectado el resultado de las reuniones. Sí, nada en esa lista parecía encajarse en «delitos graves», eran más bien «pecaditos», como solemos llamarlos.

El Señor me mostró que, debido a lo que creemos que sean *buenos* resultados, no nos percatamos que podríamos haber probado resultados *todavía mejores*. Tampoco vemos lo que nos hizo quedar por debajo. Cuando pecamos, rompemos la capacidad de expresar la autoridad de Dios, y eso queda evidente en el mundo espiritual.

¡Calma! No se apresure en sacar conclusiones. No defiendo resultados solo por mérito humano, porque sería hablar en contra de la gracia de Dios. Volveremos a ese tema más adelante, pues aquí el objetivo es la ley espiritual de siembra y cosecha.

El texto sobre el cual el Señor me permitió entender ese principio describe una visión del profeta Zacarias:

> Me mostró al sumo sacerdote Josué, el cual estaba *delante del ángel de Jehová, y Satanás estaba a su mano derecha para acusarle*. Y dijo Jehová a Satanás: Jehová te reprenda, oh Satanás; Jehová que ha escogido a Jerusalén te reprenda. ¿No es éste un tizón arrebatado del incendio? Y Josué *estaba vestido de vestiduras viles*, y estaba delante del ángel. Y habló el ángel, y mandó a los que estaban delante de él, diciendo: Quitadle esas vestiduras viles. Y a él le dijo: Mira que he quitado de ti *tu pecado*, y te he hecho vestir de ropas de gala. Después dijo: Pongan mitra limpia sobre su cabeza. Y pusieron una mitra limpia sobre su cabeza, y le vistieron las ropas. Y el ángel de Jehová estaba en pie. (Zacarías 3:1-5, énfasis añadido)

En negrita están las partes que debemos analizar. El sumo sacerdote Josué estaba ante el ángel del Señor con vestiduras sacerdotales (fíjese que él está usando la mitra), lo que nos hace creer que estaba en el templo, en el ejercicio de su ministerio. Estamos hablando de alguien que estaba delante del propio Dios, ya que el artículo definido «el» antes de «ángel del Señor» indica una *teofanía*, una revelación o aparición (limitada) de Dios.

Pero la Biblia muestra que Satanás también estaba allí para *oponerse* (*acusarle*) a Josué.

¿Por qué el diablo estaba tan cerca?

¿Por qué estaba allí? ¿Algo le daba derecho legal para que el maligno ofreciera resistencia al ministerio de un hombre en servicio delante del Señor?

¡Sí! El texto habla de ropa sucia siendo cambiada por ropa limpia. Vestiduras, en la Biblia, significan la condición del hombre delante de Dios. Vestiduras sucias se refieren al pecado, lo que no es difícil de interpretar, porque las Escrituras relacionan el cambio de vestiduras con el perdón.

Cualquier ministro debe entender tales verdades. Cuando el hombre peca, no sujetándose a la autoridad divina, él compromete la capacidad de ejercer la autoridad contra el reino de las tinieblas. Cuando las vestiduras están sucias, aunque el ministro esté en la presencia del Señor, ejerciendo el ministerio que Él estableció, Satanás puede oponerse.

Muchos restringen los resultados que podrían tener en el ministerio al permitir que entren impurezas, aunque parezcan pequeñas.

Miremos desde otro ángulo.

¿Por qué Jesús fue llevado por el Espíritu a vencer al diablo en el desierto antes de empezar Su ministerio?

> Jesús, lleno del Espíritu Santo, volvió del Jordán, y fue llevado por el Espíritu al desierto por cuarenta días, y era tentado por el diablo. Y no comió nada en aquellos días, pasados los cuales, tuvo hambre. (Lucas 4:1-2)

Cristo fue lleno del Espíritu Santo en el Jordán, donde fue bautizado por Juan, pero no salió de allí inmediatamente para empezar el ministerio. Él fue llevado, por el mismo Espíritu, al desierto. ¿Con cuál propósito? Durante mucho tiempo pensé que Jesús había sido llevado con el propósito de ayunar y que, porque ayunó, fue tentado por el diablo. Pero el orden es justamente el inverso. Él fue conducido al desierto *para ser tentado por el diablo* y, porque sería tentado, ¡entonces ayunó!

Hay una diferencia entre la forma en que Jesús llega al desierto «lleno del Espíritu» Lc 4:1, y como sale de allá «en el poder del Espíritu» Lc 4:14. ¿Qué es lo que determinó la diferencia? No fue solo haber recibido la unción, pues eso ya había sucedido antes del desierto. Después de resistir a *todas* las tentaciones del diablo, demostrando *plena* sujeción a Dios, Jesús pasa a tener la capacidad de, como hombre, expresar la autoridad de Dios de otra manera, de una forma especial.

Algunos tratan de esquivar una vida de compromiso argumentando que las debilidades no comprometen los resultados del ministerio, porque eso podría perjudicar el mensaje de la gracia. En nombre de la gracia, ellos ignoran declaraciones explícitas de la Palabra de Dios:

> No os engañéis; Dios no puede ser burlado: pues todo lo que el hombre sembrare, eso también segará. Porque el que siembra para su carne, de la carne segará corrupción; mas el que siembra para el Espíritu, del Espíritu segará vida eterna. (Gálatas 6:7-8)

La declaración bíblica es que la corrupción o la vida eterna son resultados de las elecciones, de las siembras. Por supuesto que fui salvo por la gracia, sin ningún mérito por mi parte. He sido llamado al ministerio por la misma gracia. ¡Pero los resultados que hoy produzco y el galardón que tendré en el futuro dependen de mis elecciones y decisiones, tanto de rechazar la siembra para mi carne como de invertir en la cosecha de la vida eterna!

SANTIDAD Y UNCIÓN

Aunque no se pueda definir la unción como una especie de «premio por buen comportamiento», la santidad está conectada a ella de alguna manera. La Palabra de Dios habla acerca de la combinación de *vestidos blancos* (símbolo de santidad) y *aceite* sobre la cabeza (figura de la unción):

> En todo tiempo sean *blancos tus vestidos*, y nunca falte ungüento sobre tu cabeza. (Eclesiastés 9:8, énfasis añadido)

Merece la pena destacar que no se trata de una afirmación aislada. Al hablar sobre la consagración de los sacerdotes, Dios le dijo a Moisés que ellos tenían que estar vestidos adecuadamente con toda la indumentaria previamente preparada para, después, recibir el aceite de la unción sobre ellos:

> Y llevarás a Aarón y a sus hijos a la puerta del tabernáculo de reunión, y los lavarás con agua. Y tomarás las vestiduras, y vestirás a Aarón la túnica, el manto del efod, el efod y el pectoral, y le ceñirás con el cinto del efod; y pondrás la mitra sobre su cabeza, y sobre la mitra pondrás la *diadema santa*. Luego tomarás *el aceite de la unción*, y lo derramarás sobre su cabeza, y le ungirás. (Éxodo 29:4-7, énfasis añadido)

El detalle que debe ser destacado es que el aceite de la unción venía *después* de la acción de vestir la corona santa, aquella sobre la cual hablamos al inicio del capítulo y que tenía la inscripción «santidad ante el Señor». Era esa corona de santidad que sujetaba la mitra (o turbante), símbolo de autoridad, lo que una vez más indica la relación entre ambos temas. La unción, así como la autoridad, fluye libremente en una «atmos-fera» de santidad.

> Pues la voluntad de Dios es vuestra *santificación*; que os apartéis de fornicación; que cada uno de vosotros sepa tener su propia esposa en *santidad* y honor; no en pasión de concupiscencia, como los gentiles que no conocen a Dios; que ninguno agravie ni engañe en nada a su hermano; porque el Señor es vengador de todo esto, como ya os hemos dicho y testificado. Pues no nos ha llamado Dios a inmundicia, sino a *santificación*. Así que, el que desecha esto, no desecha a hombre, sino a Dios, que también nos dio su Espíritu Santo. (1 Tesalonicenses 4:3-8, énfasis añadido)

La Palabra enfatiza que la voluntad de Dios es nuestra santificación. Quien rechaza ese mensaje no está rechazando al hombre, sino a Dios. Por lo tanto, vamos a reflexionar acerca del rechazo. En ese contexto, ¿qué es rechazar a Dios?

Llevo mucho tiempo en el ministerio. Empecé a pastorear en el año 1993, después de años como ministro itinerante. Lastimosamente, ya he visto a muchos cristianos que han fallado en esta área: en vez de abstenerse de la prostitución, se dejaron enredar. Sin embargo, vi a muchos de los que acompañé, quizás a la mayoría, siendo restaurados. Se arrepintieron, volvieron para el Señor y disfrutaron de un nuevo comienzo. Presento las dos realidades para mostrar que aquellos que se dejaron vencer por la inmoralidad, así como David, no necesariamente apostataron. Muchos no rechazaron a Dios permanentemente.

Aunque el rechazo temporario y deliberado esté presente en la expresión «desecha a Dios», hay un aspecto que se debe considerar.

El versículo 8 declara: «el que desecha esto, no desecha a hombre, sino a Dios, que también nos dio su Espíritu Santo». Pienso que el apóstol habla acerca de desechar *una particularidad de Dios*, que él denomina de «el Dios que nos dio su Espíritu Santo». En otras palabras, el flujo de la unción, de la capacitación del Espíritu Santo es lo que se está rechazando, incluso cuando alguien no rechazó permanentemente al Señor.

Comprometer la santidad es como comprometer la autoridad que podemos expresar en el mundo espiritual, pero también significa interrumpir el flujo de la unción divina. La mejor manera de preservar la autoridad y la unción es cuidar de tener una vida santa. El lema del ministro, desde los días de Aarón hasta nuestros días sigue siendo: «santidad ante el Señor».

12

LA HERENCIA DE LOS SANTIFICADOS

«Nunca hubo un hombre que deshonrara a Dios, sin que eso se evidenciara como una deshonra más grande para él mismo». (Richard Baxter)

Según lo citado en la introducción, en el año de 2008 realizamos por primera vez una conferencia anual direccionada específicamente para pastores y líderes, llamada Casa de Sadoc. El evento nació y fue denominado a partir del mensaje que tratamos en este capítulo. La esencia es la relación entre *consagración* y *conquista*. Al instruir al profeta Ezequiel sobre un nuevo templo y cómo debería distribuir la herencia en su entorno, el Señor concedió honra y una parte especial a aquellos que Él mismo calificó como «sacerdotes santificados».

Hay una herencia diferente reservada para los ministros comprometidos con Dios.

Por el profeta Ezequiel, el Señor muestra un linaje sacerdotal que cumplió con su deber y no se desvió: los hijos de Sadoc:

> Los sacerdotes santificados de los hijos de Sadoc que me guardaron fidelidad, que no erraron cuando erraron los hijos de Israel, como erraron los Levítas. (Ezequiel 48:11, énfasis añadido)

Todo lo que se alcanza en la relación con Dios, y también en el ministerio, está directa y proporcionalmente conectado a la dimensión de compromiso y entrega del hombre. Más que eso, la santificación determina no solamente cuán lejos camina y cuánto conquista, sino también lo que logrará mantener después.

Los hijos de Sadoc fueron llamados por Dios «sacerdotes santificados», pero se los podría llamar también «ministros comprometidos» con el Señor. Para comprender ese linaje y su valor a los ojos divinos, es necesario retroceder en el tiempo. El inicio de la historia es una palabra de juicio pronunciada por el Señor contra la casa del sumo sacerdote Elí.

PROMESA DE UNA CASA FIRME

Las Escrituras Sagradas revelan principios fundamentales acerca de la manera como Dios Se relaciona con Sus ministros. Al establecer un ministerio, Él no solo determina lo que el ministro debe hacer y como actuar, sino también cita, para el fin, un día de rendición de cuentas, en el cual será distribuida la debida recompensa.

Sin embargo, algunos pueden ser juzgados por el Señor antes de la futura rendición de cuentas que se dará en el tribunal final.

El apóstol Pablo declaró a Timoteo que hay un juicio inmediato como también uno que no es inmediato: «Los pecados de algunos se ven claramente antes del juicio, pero en otros casos solo se ven después» (1 Ti 5:24, DHH). O sea, algunos pecados solamente serán revelados y juzgados futuramente, pero otros pueden ser revelados y juzgados ahora. Fue exactamente lo que pasó con el sumo sacerdote Elí.

Por los continuos pecados de Elí, así como de sus hijos, después de una fuerte manifestación de la longanimidad de Dios, lo que se comprueba por la edad avanzada del sacerdote, el Altísimo declaró una dura palabra de juicio a través de un profeta:

> Y vino un varón de Dios a Elí, y le dijo: Así ha dicho Jehová: ¿No me manifesté yo claramente a la casa de tu padre, cuando estaban en Egipto en casa de Faraón? Y yo le escogí por mi sacerdote entre todas las tribus de Israel, para que ofreciese sobre mi altar, y quemase incienso, y llevase

efod delante de mí; y di a la casa de tu padre todas las ofrendas de los hijos de Israel. ¿Por qué habéis hollado mis sacrificios y mis ofrendas, que yo mandé ofrecer en el tabernáculo; y has honrado a tus hijos más que a mí, ¿engordándoos de lo principal de todas las ofrendas de mi pueblo Israel? Por tanto, Jehová el Dios de Israel dice: Yo había dicho que tu casa y la casa de tu padre andarían delante de mí perpetuamente; mas ahora ha dicho Jehová: Nunca yo tal haga, porque yo honraré a los que me honran, y los que me desprecian serán tenidos en poco. He aquí, vienen días en que cortaré tu brazo y el brazo de la casa de tu padre, de modo que no haya anciano en tu casa. Verás tu casa humillada, mientras Dios colma de bienes a Israel; y en ningún tiempo habrá anciano en tu casa. El varón de los tuyos que yo no corte de mi altar, será para consumir tus ojos y llenar tu alma de dolor; y todos los nacidos en tu casa morirán en la edad viril. Y te será por señal esto que acontecerá a tus dos hijos, Ofni y Finees: ambos morirán en un día. Y yo me suscitaré un *sacerdote fiel*, que haga conforme a mi corazón y a mi alma; y yo le edificaré *casa firme*, y andará delante de mi ungido todos los días. Y el que hubiere quedado en tu casa vendrá a postrarse delante de él por una moneda de plata y un bocado de pan, diciéndole: Te ruego que me agregues a alguno de los ministerios, para que pueda comer un bocado de pan. (1 Samuel 2:27-36, énfasis añadido)

La profecía anuncia que:

1. Fue el Señor que eligió y levantó la Casa de Elí para el ministerio.
2. El Señor no Se agradó de Elí y de su casa, porque Lo deshonraron con pecados continuos.
3. El Señor decidió juzgarlos, sacándolos del ministerio, tanto a ellos mismos como a sus descendientes.
4. El Señor prometió levantar un *sacerdote fiel* y edificarle una *casa firme* (otras versiones bíblicas usan la expresión «casa duradera»).

Esa verdad debe estar en el corazón de todos los que fueron llamados para el ministerio. ¡El pecado atraerá juicio, y hasta la sustitución de la posición ministerial, a los que fueron llamados y levantados por el propio Dios!

La promesa divina de juicio y de sustitución de la familia sacerdotal de Elí también señala algunos fundamentos del ministerio:

Aunque Dios haya declarado Su voluntad de que la Casa de Elí permaneciera siempre en el ministerio, eso no se concretó por error del propio sacerdote.

Siempre que alguien fracasa en cumplir el propósito divino, se levanta otro en su lugar (Est 4:14; Hch 1:20).

El principal criterio de la nueva elección de Dios es encontrar a alguien que no le falle de la misma manera que le falló el que fue sustituido (1 S 13:14).

¡Cómo es triste saber que alguien que ha sido escogido por el Señor fue rechazado y sustituido! Sin embargo, el juicio divino no es exclusivo para la casa de Elí. El mismo principio se aplica a cualquier ministerio que «se burle» de Dios; como lo hicieron Elí y sus hijos.

> No os engañéis; *Dios no puede ser burlado*: pues todo lo que el hombre sembrare, eso también segará. (Gálatas 6:7, énfasis añadido)

El cumplimiento de la profecía que se hizo a Elí ocurrió años después, e involucró dos sacerdotes: Abiatar y Sadoc. En la persona de Abiatar, está el cumplimiento de la destrucción de la familia de Elí. Mientras en Sadoc, lo del sacerdote fiel.

Primero, Abiatar. El profeta Samuel aún vivía cuando comenzó a ocurrir el juicio:

> Y el rey dijo: Sin duda morirás, Ahimelec, tú y toda la casa de tu padre. Entonces dijo el rey a la gente de su guardia que estaba alrededor de él: Volveos y matad a los sacerdotes de Jehová; porque también la mano de ellos está con David, pues sabiendo ellos que huía, no me lo descubrieron. Pero los siervos del rey no quisieron extender sus manos para matar a los sacerdotes de Jehová. Entonces dijo el rey a Doeg: Vuelve tú, y arremete contra los sacerdotes. Y se volvió Doeg el edomita y acometió a los sacerdotes, y mató en aquel día a ochenta y cinco varones que vestían efod de lino. Y a Nob, ciudad de los sacerdotes, hirió a filo de espada; así a hombres como a mujeres, niños hasta los de pecho, bueyes, asnos y ovejas, todo lo hirió a filo de espada. Pero uno de los hijos de

> Ahimelec hijo de Ahitob, que se llamaba Abiatar, escapó, y huyó tras David. Y Abiatar dio aviso a David de cómo Saúl había dado muerte a los sacerdotes de Jehová. (1 Samuel 22:16-21)

Un poco antes, la Biblia describe el linaje: «Y Ahías hijo de Ahitob, hermano de Icabod, hijo de Finees, hijo de Elí, sacerdote de Jehová en Silo, llevaba el efod; y no sabía el pueblo que Jonatán se hubiese ido» (1 S 14:3). Tanto Ahías como Ahimelec eran hijos de Ahitob y bisnietos de Elí. Entre los sacerdotes de la casa de Elí, todos murieron, 85 delante de Saúl, además de los que fueron muertos en Nob. La excepción fue el tataranieto Abiatar, que escapó con vida y fue, por muchos años, el único sobreviviente del linaje. Sin embargo, cuando Salomón asumió el trono, la sentencia profética se cumplió:

> Y el rey dijo al sacerdote Abiatar: Vete a Anatot, a tus heredades, pues eres digno de muerte; pero no te mataré hoy, por cuanto has llevado el arca de Jehová el Señor delante de David mi padre, y además has sido afligido en todas las cosas en que fue afligido mi padre. Así echó Salomón a Abiatar del sacerdocio de Jehová, para que se cumpliese la palabra de Jehová que había dicho sobre la casa de Elí en Silo. (1 Reyes 2:26-27)

Cuando Abiatar fue expulsado del ministerio sacerdotal, la palabra del Señor contra la casa de Elí finalmente se cumplió. Pero había más: Dios había prometido levantar un sacerdote fiel y, a través de él, una casa firme. Así empieza la historia de Sadoc.

Es importante subrayar que Sadoc fue sacerdote junto con Abiatar, pero se mantuvo fiel durante todos los días de su vida. ¡Más allá de su propio compromiso, también instruyó todo un linaje para que permaneciera fiel al Señor!

Al hablar de una casa firme, el Señor revela Su deseo de ver no solamente un ministro, sino todo un linaje estable en devoción y fidelidad a Sus mandamientos. En el Nuevo Pacto, el concepto de que los hijos de los ministros deben andar en integridad se sostiene:

> Pero es necesario que el obispo sea irreprensible, marido de una sola mujer, (...); que gobierne bien su casa, *que tenga a sus hijos en sujeción* con

> toda honestidad (pues el que no sabe gobernar su propia casa, ¿cómo cuidará de la iglesia de Dios? (1 Timoteo 3:2a, 4-5, énfasis añadido)

> Por esta causa te dejé en Creta, para que corrigieses lo deficiente, y establecieses ancianos en cada ciudad, así como yo te mandé; el que fuere irreprensible, marido de una sola mujer, y *tenga hijos creyentes que no estén acusados de disolución ni de rebeldía.* (Tito 1:5-6, énfasis añadido)

La respuesta al llamado ministerial no se refiere solamente a nosotros, ministros del Señor, sino que también envuelve a toda nuestra familia. Nuestros hijos y los hijos de nuestros hijos deben ser muy bien instruidos acerca de cómo andar en fidelidad. Dios no busca simplemente personas que hagan bien el servicio, que ejecuten con excelencia una tarea, Él espera una casa firme, ¡estable!

Que las próximas generaciones, después de nosotros, sigan viviendo en santificación y compromiso con Él. ¡Que nuestro linaje lleve la herencia espiritual de santidad! Ese tal vez sea el mayor desafío y la principal responsabilidad de un ministerio.

ESTABLECIDOS O DESTITUIDOS

Muchos desconocen de qué manera el Señor se maneja con los que están en posición ministerial. Las cosas no ocurren de manera aleatoria.

El Reino de Dios es constituido por principios que Él mismo estableció y que no se pueden ignorar. Con relación al ministerio, la Biblia señala un requisito: consagración y santificación.

Para entender el estándar celestial, se debe recurrir a los registros bíblicos de los días de Moisés. La razón es que, antes, nadie fue oficial y formalmente establecido por Dios en el ministerio. Algunas personas aparecen en la narrativa bíblica como sacerdotes (Melquisedec y Jetro), pero no se encuentra a nadie que haya sido colocado por Dios en la función.

La primera consagración al ministerio ocurrió con Aarón y sus hijos. Luego, toda la Tribu de Leví, aunque no fueran todos sacerdotes. Pero hay una cuestión importante: ¿Por qué se eligió la Tribu de Leví?

El plan inicial de Dios no involucraba *apenas una tribu*. Él deseaba *una nación sacerdotal*:

> Ahora pues, si en verdad escucháis mi voz y guardáis mi pacto, seréis mi especial tesoro entre todos los pueblos, porque mía es toda la tierra; y vosotros seréis para mí un *reino de sacerdotes y una nación santa*. Estas son las palabras que dirás a los hijos de Israel. (Éxodo 19:5-6, LBLA, énfasis añadido)

El plan divino era un reino y no solamente una tribu de sacerdotes. ¡Era una nación santa! La palabra hebraica traducida como «santa» es *kadosh*, que significa «algo sagrado», pero también lleva la idea de «separado». No se trataba simplemente de mantener distancia de otros pueblos, incluso porque la idea de Dios era bendecir y alcanzar otras naciones a través del pueblo de Israel (Gn 18:18). En aquel contexto, ser «separado» significaba no contaminarse con los pecados y costumbres de los demás pueblos y, al mismo tiempo, ¡ser un instrumento de Dios para tocar todos los pueblos y culturas!

Sin embargo, en un momento específico, la Tribu de Leví fue separada para ser una tribu sacerdotal, en vez de toda una nación de sacerdotes.

¿Qué pasó? El propio Moisés contesta, retratando algo que ocurrió entre sus dos escaladas al Monte Sinaí:

> *En aquel tiempo* apartó Jehová *la tribu de Leví* para que llevase el arca del pacto de Jehová, para que estuviese delante de Jehová para servirle, y para bendecir en su nombre, hasta hoy, por lo cual Leví no tuvo parte ni heredad con sus hermanos; Jehová es su heredad, como Jehová tu Dios le dijo. Y yo estuve en el monte como los primeros días, cuarenta días y cuarenta noches; y Jehová también me escuchó esta vez, y no quiso Jehová destruirte. (Deuteronomio 10:8-10)

Él dice que «en aquel tiempo» (no antes) la Tribu de Leví fue apartada. El versículo 10 revela cuando eso ocurrió: antes de la segunda ida al Monte Sinaí.

Cuando Moisés bajó con las tablas de piedra donde estaban los Diez Mandamientos, él descubrió que el pueblo de Israel, liderado por Aarón, había fabricado un becerro de oro y se apartó del Señor. El pueblo estaba *desenfrenado* (no se los podía parar). Así que se tomó una medida enérgica de juicio:

> Y viendo Moisés que el pueblo estaba desenfrenado, porque Aarón lo había permitido, para vergüenza entre sus enemigos, se puso Moisés a la puerta del campamento, y dijo: ¿Quién está por Jehová? Júntese conmigo. Y se juntaron con él todos los hijos de Leví. Y él les dijo: Así ha dicho Jehová, el Dios de Israel: Poned cada uno su espada sobre su muslo; pasad y volved de puerta a puerta por el campamento, y matad cada uno a su hermano, y a su amigo, y a su pariente. Y los hijos de Leví lo hicieron conforme al dicho de Moisés; y cayeron del pueblo en aquel día como tres mil hombres. (Éxodo 32:25-28)

En el momento en que Moisés declara «¿Quién está por Jehová? *Júntese conmigo*», los únicos que responden son los integrantes de la Tribu de Leví: «Y se juntaron con él todos los hijos de Leví». Los Levitas se mueven en *fervor de santidad* y ejecutan juicio contra sus hermanos. La elección divina por los que serán ministros del Altísimo siempre está asociada al fervor por *consagración* y *santificación*. Por eso, si un ministro compromete esos valores, él habrá comprometido la esencia de su llamado.

Así como en la profecía contra Elí y en el episodio de la separación de la Tribu de Leví, el mismo criterio de elección (o de rechazo) es utilizado con los reyes de Israel:

> Entonces Samuel dijo a Saúl: Locamente has hecho; no guardaste el mandamiento de Jehová tu Dios que él te había ordenado; pues ahora Jehová hubiera confirmado tu reino sobre Israel para siempre. Mas ahora tu reino no será duradero. Jehová se ha buscado un varón conforme a su corazón, al cual Jehová ha designado para que sea príncipe sobre su pueblo, por cuanto tú no has guardado lo que Jehová te mandó. (1 Samuel 13:13-14)

Siempre creí que Saúl había sido levantado «temporariamente», hasta que David, el elegido de Dios, surgiera en el escenario. ¡Eso no es verdad! ¡Saúl tuvo oportunidades reales de seguir en el trono y, como dijo el profeta Samuel, tener su reino sobre Israel confirmado para siempre! No significa que él seria inmortal, sino que su linaje estaría para siempre en el trono (así como la Alianza que Dios hizo posteriormente con David), lo que, en mi opinión, revela la posibilidad de que el Mesías fuera descendiente de Saúl. Lo que ese hombre tiró por la ventana no fue solamente el trono (a propósito, eso fue lo que él más disfrutó, ya que reinó por cuarenta años, Hechos 13:21), sino la participación en el desenlace del plan divino, mucho más grande de lo que él jamás pudo soñar.

La historia se repite con el rey Jeroboam. En los días de Roboam, hijo de Salomón, el reino se dividió. Judá y Benjamín formaron, bajo el comando de Roboam, el Reino de Judá (del Sur), y las demás tribus, bajo el comando de Jeroboam, el Reino de Israel (del Norte). Antes de la división, el Señor dijo en profecía que *rompería* las diez tribus de Israel que formaban el Reino de Roboam para entregarlas a Jeroboam.

> Yo, pues, te tomaré a ti, y tú reinarás en todas las cosas que deseare tu alma, y serás rey sobre Israel. Y si prestares oído a todas las cosas que te mandare, y anduvieres en mis caminos, e hicieres lo recto delante de mis ojos, guardando mis estatutos y mis mandamientos, como hizo David mi siervo, yo estaré contigo y te edificaré casa firme, como la edifiqué a David, y yo te entregaré a Israel. (1 Reyes 11:37-38)

Si Jeroboam hubiera obedecido al Señor, lo que sabemos que no lo hizo, tendría el mismo derecho a una casa firme, así como Dios le concedió a David. Ni Saúl ni Jeroboam fueron levantados por Dios para fallar, para que sean destituidos. Ellos tenían promesas y posibilidades reales de prosperar en el plan divino, sin embargo, elecciones equivocadas los alejaron del Señor y de Sus planes.

Si, por una parte, la obediencia y la consagración nos establecen en el lugar de servicio asignado por Dios, por otra parte, la desobediencia y la falta de consagración nos quitan de la posición en la cual fuimos establecidos.

Ese es un estándar que se encuentra en toda la Biblia, no solamente en el Antiguo Testamento, sino también en el Nuevo.

En el libro del Apocalipsis, el apóstol Juan tuvo una visión de siete candeleros de oro y de siete estrellas (Ap 1:20), siendo que los candeleros simbolizan las siete iglesias (de Asia) y las estrellas, los ángeles (mensajeros) de esas iglesias. El Señor le dice al ángel de la iglesia de Éfeso lo siguiente:

> Recuerda, por tanto, de dónde has caído, y arrepiéntete, y haz las primeras obras; pues si no, vendré pronto a ti, y quitaré tu candelero de su lugar, si no te hubieres arrepentido. (Apocalipsis 2:5)

En otras palabras, Él está diciendo: «¡Arrepiéntete, de lo contrario Yo quitaré la iglesia (el ministerio) que confié a ti!». Por lo tanto, es evidente que la *falta de santidad* hace que algunos ministros sean removidos del lugar de servicio en donde el Señor los puso. Por otra parte, Dios separó la Tribu de Leví para el ministerio justamente por haberse posicionado en *santidad.* Lo que hace que una persona sea establecida en el ministerio es el *compromiso de santidad.*

FERVOR DE SANTIDAD

Cada ministro del Señor debe no solo consagrarse personalmente, sino llenarse de *fervor por la santidad* del pueblo de Dios. A continuación, la impresionante historia de Finees, nieto del sumo sacerdote Aarón, el cual, por declarar la guerra e intolerancia al pecado, recibió el *pacto del sacerdocio perpetuo*, no hay prueba más clara acerca de aquello que define quién es establecido por el Señor en el ministerio:

> Moraba Israel en Sitim; y el pueblo empezó a fornicar con las hijas de Moab, las cuales invitaban al pueblo a los sacrificios de sus dioses; y el pueblo comió, y se inclinó a sus dioses. Así acudió el pueblo a Baal-peor; y el furor de Jehová se encendió contra Israel. Y Jehová dijo a Moisés: Toma a todos los príncipes del pueblo, y ahórcalos ante Jehová delante del sol, y el ardor de la ira de Jehová se apartará de Israel. Entonces Moisés dijo a los jueces de Israel: Matad cada uno a aquellos de los vuestros que se han juntado con Baal-peor. Y he aquí un varón de los hijos de Israel vino y trajo una madianita a sus hermanos, a ojos de Moisés y de toda la congregación de los hijos de Israel, mientras lloraban ellos

> a la puerta del tabernáculo de reunión. Y lo vio Finees hijo de Eleazar, hijo del sacerdote Aarón, y se levantó de en medio de la congregación, y tomó una lanza en su mano; y fue tras el varón de Israel a la tienda, y los alanceó a ambos, al varón de Israel, y a la mujer por su vientre. Y cesó la mortandad de los hijos de Israel. Y murieron de aquella mortandad veinticuatro mil. (Números 25:1-9)

Finees no admitió el insulto de aquel israelita. Bajo una orden dada por el Señor de ejercer juicio sobre los que encabezaban aquella corrida hacia el pecado, el sacerdote actuó, mostrando un gran fervor por Dios y por Su santidad en el medio del campamento de Israel. Las Escrituras Sagradas muestran que aquel *fervor de santidad* no hizo solamente que se detenga la plaga, sino que resultó en una confirmación divina de la posición ministerial de Finees, además de la promesa de permanencia del linaje en el sacerdocio («casa firme»):

> Entonces Jehová habló a Moisés, diciendo Finees hijo de Eleazar, hijo del sacerdote Aarón, ha hecho apartar mi furor de los hijos de Israel, llevado de celo entre ellos; por lo cual yo no he consumido en mi celo a los hijos de Israel. Por tanto diles: He aquí yo establezco mi pacto de paz con él; y tendrá él, y su descendencia después de él, el pacto del sacerdocio perpetuo, por cuanto tuvo celo por su Dios e hizo expiación por los hijos de Israel. (Números 25:10-13)

Pensemos un poco acerca de ese «pacto del sacerdocio perpetuo». Dios ya había determinado que el linaje de Aarón ejercería el sacerdocio, sin embargo, eso no significaba que cualquier descendiente estuviese «garantizado» en el ministerio. Si no fuera así, el Señor no habría dicho que removería la Casa de Elí del sacerdocio Por otra parte, aunque el linaje de Elí fuera extirpado del ministerio, otros descendientes de Aarón todavía seguirían ejerciendo el oficio sagrado.

Así que el pacto que Dios firmó con Finees no fue una mera repetición de la promesa y de la bendición que ya estaban sobre cualquier descendiente de Aarón, ¡Fue algo más! El Altísimo decía que, aunque otros descendientes de Aarón pudieran ser removidos del ministerio, el linaje de Finees sería perpetuamente establecido en el lugar de servicio.

¿Por qué? Por causa del *fervor de santidad* manifestado por el cabeza de aquel linaje.

Es curioso observar que Elí, que tuvo la casa removida del sacerdocio por la infidelidad, no era descendiente de Finees, hijo de Eleazar. Aunque fuera descendiente de Aarón, era del linaje de Itamar (1 Cr 24:3-6), y no de Eleazar. Ya el sacerdote Sadoc era del linaje de Finees y estaba incluido en el *pacto del sacerdocio perpetuo*:

> Los hijos de Aarón son estos: Eleazar su hijo, Finees su hijo, Abisúa su hijo, Buqui su hijo, Uzi su hijo, Zeraías su hijo, Meraiot su hijo, Amarías su hijo, Ahitob su hijo, Sadoc su hijo, Ahimaas su hijo. (1 Crónicas 6:50-53)

¡Se repite la historia! Aarón recibió la promesa de tener el linaje en el ministerio. Después de Aarón, su nieto Finees sobresalió y, por el *fervor de santidad*, recibió el *pacto del sacerdocio perpetuo*.

Posteriormente, surgió Sadoc, del linaje de Finees, para quien Dios hizo la promesa de una «casa firme» (linaje que no sería removido). Tras el exilio babilónico, uno de los peores períodos de apostasía de la historia de Israel, los hijos de Sadoc aún fueron señalados por Dios como los que se han conservado fieles.

Finalmente, en los últimos libros de la narrativa del Antiguo Testamento, surgió Esdras, el sacerdote de gran visibilidad en la reconstrucción de Jerusalén durante el período postexilio, y que también era descendiente de Sadoc y de Finees (Esd 7:1-5).

Por lo tanto, lo que nos establece o remueve de la función ministerial es el compromiso con Dios, el *fervor de santidad* o su falta.

ES MEJOR NO PECAR QUE SER RESTAURADO POSTERIORMENTE

A los quince años escuché una simple historia (incluso diría que fue una metáfora infantil), que abrió mis ojos para algo extremadamente importante. Estaba hablando con un pastor acerca de las batallas contra el pecado que el adolescente debe combatir y, en algún momento, comenté que era reconfortante la idea de que servimos a un Dios perdonador.

A pesar de decir una verdad bíblica incuestionable, demostré un entendimiento equivocado acerca de cómo debemos relacionarnos con el tema del pecado y de cómo podemos disfrutar del perdón de Dios. Inmediatamente, aquel pastor comenzó a narrar la siguiente historia:

«Había una vez un muchacho lleno de energía, hiperactivo, que la madre casi no lograba controlar. Tras innumerables intentos frustrantes de corregirlo y disciplinarlo, ella decidió abordar algo que sobresalía como una característica particular del chico: su lado narcisista. Ella le había regalado a su hijo una fotografía de él, ampliada, y la había puesto como un gran cartel en la habitación del muchacho. Al muchachito le encantaba aquel cuadro y prácticamente se adoraba a sí mismo. Así que la madre decidida en hacerlo reflexionar acerca de su rebeldía, lo amenazó diciendo que, a partir de aquel momento, pincharía un chinche en ese cartel por cada acto de desobediencia del muchacho.

Hasta que un día, el muchachito entró en su habitación y se sorprendió por casi no poder ver su propio rostro en el cartel, debido a la gran cantidad de chinches pinchadas en el cuadro. El shock causado por la escena ayudó al muchacho a percatarse de las cosas malas que venía haciendo y lastimando a su propia madre. Sinceramente arrepentido, el chico pidió perdón por haber fallado tanto y dijo que le gustaría mucho actuar de manera diferente, lo que hizo que su madre no solo lo perdonase, sino también que sacase todas aquellas chinches. ¡Sin embargo, el cartel *quedó lleno de agujeritos*!»

Moraleja: nuestros errores, aunque perdonados, dejan consecuencias. Yo entendí claramente que, a pesar de saber que servía a un Dios que perdona mis pecados, ¡yo no podía «seguir» pecando y después pedir perdón! Es mejor no pecar que ser restaurado después, pues el perdón divino restaura la comunión con el Señor, pero no anula las consecuencias posteriores, que son inevitables. La Palabra de Dios es muy clara respecto a eso. Veamos ese principio revelado en tres ejemplos bíblicos de personas que pecaron y cosecharon las consecuencias, aun después de haber sido perdonadas.

Primeramente, los israelíes que salieron de Egipto. Cuando se negaron a creer que heredarían la Tierra Prometida, el Señor Se enojó contra ellos a punto de querer destruirlos (Nm 14:11-12). Pero Moisés intercedió, suplicando por el perdón divino, y se lo escuchó en su oración

(Nm 14:13-20). Dios perdonó sus pecados, pero, junto con el perdón, anunció cuál sería la consecuencia del pecado (aunque ya habían sido perdonados):

> Entonces Jehová dijo: Yo lo he perdonado conforme a tu dicho. Mas tan ciertamente como vivo yo, y mi gloria llena toda la tierra, todos los que vieron mi gloria y mis señales que he hecho en Egipto y en el desierto, y me han tentado ya diez veces, y no han oído mi voz, no verán la tierra de la cual juré a sus padres; no, ninguno de los que me han irritado la verá. (Números 14.20-23)

Las Escrituras también describen como David, quien, aunque perdonado, escuchó del Señor un juicio. Eso es evidente en la palabra profética que recibió luego del adulterio con Betsabé y del homicidio de Urías:

> ¿Por qué, pues, tuviste en poco la palabra de Jehová, haciendo lo malo delante de sus ojos? A Urías heteo heriste a espada, y tomaste por mujer a su mujer, y a él lo mataste con la espada de los hijos de Amón. Por lo cual ahora no se apartará jamás de tu casa la espada, por cuanto me menospreciaste, y tomaste la mujer de Urías heteo para que fuese tu mujer. Así ha dicho Jehová: He aquí yo haré levantar el mal sobre ti de tu misma casa, y tomaré tus mujeres delante de tus ojos, y las daré a tu prójimo, el cual yacerá con tus mujeres a la vista del sol. (2 Samuel 12:9-11)

Aunque Dios hubiera declarado perdón a David y determinado que él estaba libre de la muerte (condena exigida por la Ley de Moisés en este caso, lo que, en mi opinión, es una «ventana de la gracia» abriéndose aun en el tiempo de la Ley), las consecuencias fueron anunciadas claramente. El rey salmista fue avisado de que la espada jamás se apartaría de su casa y, todavía, probó el dolor de ver a un hijo matando a otro. Después de eso, la vida de David, así como la de su familia, se convirtió en una gran confusión. En la rebelión de Absalón, la profecía llegó al ápice de su cumplimiento, que fue cuando su hijo arrebató a las concubinas del rey y lo humilló a la vista de todo Israel.

Todo pecado, aunque perdonado, deja consecuencias. Siempre habrá una cosecha de lo que sembramos. ¡El perdón divino remueve la culpa, pero las consecuencias, aunque sean aplacadas por la misericordia divina, han de manifestarse!

Otro ejemplo evidente de esa verdad se puede ver en la vida de Pablo, quien, antes de la conversión, persiguió a la iglesia de Jesucristo más que cualquiera (Hch 8:3; 1 Co 15:9). Sabemos que, al encontrarse con Jesús, fue perdonado de todos sus pecados. Sin embargo, una de las primeras palabras proféticas que recibió del Señor fue: «porque yo le mostraré cuánto le es necesario padecer por mi nombre» (Hch 9:16).

Es oportuno citar aquí la declaración de Richard Baxter, un inglés puritano del siglo XVII. Tras comentar la sentencia contra los hijos de Elí: «(…) porque yo honraré a los que me honran, y los que me desprecian serán tenidos en poco» (1 S 2:30), el pastor anglicano afirmó:

> Nunca hubo un hombre que deshonrara a Dios, sin que eso se evidenciara como una deshonra más grande para él mismo. Dios proveerá formas de borrar todo lo que sea lanzado contra Él. Pero ustedes no estarán libres tan fácilmente de vuestra vergüenza y tristeza.

Lo que me atemoriza es cuán involucrada está nuestra generación por el engaño de que podemos pecar sin ninguna consecuencia. John Bevere, también en su libro *Matar la kriptonita*, declara:

> Nos engañamos a nosotros mismos si decimos que podemos ignorar estas advertencias del Nuevo Testamento porque todo está cubierto por la gracia de Dios, su perdón y amor. Recuerda que el mismo Dios que revela su gracia, perdón y amor en el Nuevo Testamento es el que revela los peligros de practicar la desobediencia.
>
> No podemos escoger de las Escrituras lo que nos gusta, e ignorar o incluso deshacernos de lo que no nos gusta. Esa mentalidad es en sí un engaño. Debemos aceptar todo el consejo de la palabra de Dios. Tristemente, en la actualidad estamos experimentando una epidemia de verdad ignorada en la iglesia actual. No es porque Dios está reteniendo su verdad, sino por la constante idolatría que se produce en la iglesia.

Repito: todo pecado, aunque perdonado, tendrá consecuencias, especialmente en el contexto de los que ya se convirtieron. Si no fuera así,

¿por qué la Palabra de Dios traería tantas advertencias para no pecar? ¡Si no hubiera ninguna consecuencia para los pecados, tampoco habría necesidad de cualquier advertencia para no cometerlos! Bastaría simplemente acordarse de que, si pecamos, hay perdón disponible.

Una vez más, recurro a una declaración do John Bevere (que posee un contexto de enseñanza bíblica), ubicada en el libro citado anteriormente:

> No te creas nunca esta mentira: «Estoy cubierto por la gracia; si peco, al final me irá bien». Esta actitud está jugando con fuego.

¡La gracia divina vino para sacarnos del pecado y enseñarnos a vivir de manera santa; no para ser una permisión para seguir pecando!

Es importante resaltar que las consecuencias de los pecados son obviamente determinadas por la gravedad de lo que se hizo. Ni todo pecado cometido por un ministro significará remoción del ministerio. Lo que declaró el Señor Jesús al mensajero de la iglesia de Éfeso fue lo siguiente: «arrepiéntete (...) pues si no, vendré pronto a ti, y quitaré tu candelero de su lugar, si no te hubieres arrepentido» (Ap 2:5). La remoción ministerial solamente ocurre si no hay arrepentimiento. Sin embargo, algunos pecados pueden reducir la herencia ministerial, ¡como también el nivel de conquistas y bendiciones que podríamos disfrutar!

Moisés y Aarón, luego de pecar contra el Señor, no pudieron entrar en la Tierra Prometida. Los dos hermanos fueron instruidos por Dios para hablarle a la roca que, a su vez, manaría agua. Sin embargo, en vez de hablarle, golpearon la roca. Luego, después del hecho, la sentencia divina fue determinada:

> Y Jehová dijo a Moisés y a Aarón: Por cuanto no creísteis en mí, para santificarme delante de los hijos de Israel, por tanto, no meteréis esta congregación en la tierra que les he dado. Estas son las aguas de la rencilla, por las cuales contendieron los hijos de Israel con Jehová, y él se santificó en ellos. (Números 20:12-13)

Luego de la determinación del Altísimo acerca de la consecuencia de sus pecados, ellos no podrían más entrar en Canaán, la Tierra de la Promesa. Él también determinó que Aarón fuera inmediatamente «recogido». La muerte del sumo sacerdote fue anticipada por causa de ese pecado en las aguas de Meriba:

> Y partiendo de Cades los hijos de Israel, toda aquella congregación, vinieron al monte de Hor. Y Jehová habló a Moisés y a Aarón en el monte de Hor, en la frontera de la tierra de Edom, diciendo: Aarón será reunido a su pueblo, pues no entrará en la tierra que yo di a los hijos de Israel, por cuanto fuisteis rebeldes a mi mandamiento en las aguas de la rencilla [Meriba]. (Números 20:22-24)

Después de Aarón, murió Moisés sin entrar en la Tierra Prometida. Una vez más, el Señor recordó el motivo, el pecado cometido en las aguas de la rencilla:

> Jehová dijo a Moisés: Sube a este monte Abarim, y verás la tierra que he dado a los hijos de Israel. Y después que la hayas visto, tú también serás reunido a tu pueblo, como fue reunido tu hermano Aarón. Pues fuisteis rebeldes a mi mandato en el desierto de Zin, en la rencilla de la congregación, no santificándome en las aguas a ojos de ellos. Estas son las aguas de la rencilla de Cades en el desierto de Zin. (Números 27:12-14)

Moisés llegó a orar pidiendo que Dios le dejara entrar en Canaán, pero su herencia fue reducida y nada más se pudo hacer. ¡La herencia ministerial puede ser reducida cuando pecamos! ¡Eso es un hecho!

Iniciamos este capítulo hablando del contraste entre los hijos de Sadoc (que se mantuvieron fieles al Señor) y los demás Levitas (que se pervirtieron, sirviendo a los ídolos), además de hablar acerca de como la herencia *natural* de tierras en el entorno del Templo se donó para honrar a los *sacerdotes santificados*. Veremos ahora que la herencia *espiritual* es determinada por la misma postura de *compromiso con Dios*.

Observe que los demás sacerdotes que pecaron fueron «bajados de categoría» para la función de meros Levitas, sin poder ejercer todo el oficio, tampoco disfrutar de todos los derechos sacerdotales:

> Y los levitas que se apartaron de mí cuando Israel se alejó de mí, yéndose tras sus ídolos, llevarán su iniquidad. Y servirán en mi santuario como

> porteros a las puertas de la casa y sirvientes en la casa; ellos matarán el holocausto y la víctima para el pueblo, y estarán ante él para servirle. Por cuanto les sirvieron delante de sus ídolos, y fueron a la casa de Israel por tropezadero de maldad; por tanto, he alzado mi mano y jurado, dice Jehová el Señor, que ellos llevarán su iniquidad. No se acercarán a mí para servirme como sacerdotes, ni se acercarán a ninguna de mis cosas santas, a mis cosas santísimas, sino que llevarán su vergüenza y las abominaciones que hicieron. Les pondré, pues, por guardas encargados de la custodia de la casa, para todo el servicio de ella, y para todo lo que en ella haya de hacerse. (Ezequiel 44:10-14)

Por otra parte, los hijos de Sadoc, la «casa firme», tuvieron no solamente sus derechos y funciones preservados por permanecer fieles, cuando ningún otro lo hizo, sino que también recibieron la promesa de que disfrutarían de la presencia de Dios como nadie más:

> Mas los sacerdotes levitas hijos de Sadoc, que guardaron el ordenamiento del santuario cuando los hijos de Israel se apartaron de mí, ellos se acercarán para ministrar ante mí, y delante de mí estarán para ofrecerme la grosura y la sangre, dice Jehová el Señor. Ellos entrarán en mi santuario, y se acercarán a mi mesa para servirme, y guardarán mis ordenanzas. (Ezequiel 44:15-16)

Ese entendimiento debe producir temor en nuestros corazones y hacer que se produzca en nosotros una respuesta más intensa de consagración a Dios.

¡Si nuestra herencia, tanto en la dimensión *natural* (Ez 48:10-14) como en la *espiritual* (Ez 44:15-16), es determinada por nuestra *santificación,* entonces debemos profundizar el compromiso con el Señor! ¡Es la única manera de disfrutar la herencia de los santificados!

¿Usted está decidido a disfrutarla? ¡Entonces decida ser un ministro comprometido, un sacerdote santificado!

Cierro el capítulo destacando nuestra responsabilidad en cuanto a la santidad y a las consecuencias de ignorarla, de acuerdo con la declaración de Martyn Lloyd-Jones:

Cualquier enseñanza concerniente a la santificación o a la santidad que nos diga que realmente no necesitamos hacer nada, y que la solicitud más grande dirigida a nosotros es que no intentemos hacer las cosas mirando nuestra santificación, es evidentemente una contradicción doctrinaria.

13

CONDUCTA EJEMPLAR

«La peor vergüenza en nuestros días es que la santidad que enseñamos sea anulada por la impiedad de nuestra manera de vivir». (Leonard Ravenhil)

Como hemos visto en el primer capítulo, el llamado divino principal es para el *ser*, que viene antes del *hacer*. Por esa razón, el ejercicio del ministerio y del liderazgo se basa en el ejemplo. No se trata solo de productividad, sino primeramente, de una conducta irreprochable. Vea como el apóstol Pablo les escribió a los hermanos de Corinto, asumiendo la responsabilidad de convertirse en ejemplo de vida a ser seguido:

> Sed imitadores de mí, así como yo de Cristo. (1 Corintios 11:1)

Cristo es nuestro líder y el modelo más importante. Pablo lo destaca al decir que lo imitaba. Sin embargo, el apóstol también se responsabiliza al afirmar que él mismo debería ser imitado, justamente porque era un imitador de Jesús.

La iglesia brasileña parece que se acostumbró a un auténtico cliché: «No mire al hombre, mire a Jesús». No diría que la frase de por si esté equivocada. Es evidente que, como referencia, Cristo está por encima de los hombres. Pero, además de incompleta, esa declaración es peligrosa. Lo digo porque muchas veces se vuelve una excusa, una justificación para eximirse de la responsabilidad de ser ejemplo en el ejercicio del liderazgo. El ministerio es un honor (Hechos 5:4). Sin embargo, además de privilegio, también es una responsabilidad. No es algo para aventureros. No es lugar para proyectarse o para buscar el éxito personal. La posición ministerial exige que el ministro sea modelo para los demás hermanos. Y ser modelo no es más que ser un buen imitador de Aquel que es el mayor referencial, el Señor Jesucristo.

Necesitamos seguir los pasos de Cristo. Andar como Él anduvo. Su conducta es nuestro norte, no hay vida cristiana que excluya ese concepto.

> Pues para esto fuisteis llamados; porque también Cristo padeció por nosotros, *dejándonos ejemplo*, para que sigáis sus pisadas. (1 Pedro 2:21, énfasis añadido)

> El que dice que permanece en él, debe andar como él anduvo. (1 Juan 2:6)

LIDERAZGO MEDIANTE EL EJEMPLO

El estilo de vida de un líder debe ser ejemplo para los demás. Esa instrucción fue claramente transmitida por Pablo a Timoteo y a Tito, líderes que él había establecido para encargarse de las iglesias:

> Ninguno tenga en poco tu juventud, sino *sé ejemplo* de los creyentes en palabra, conducta, amor, espíritu, fe y pureza. (1 Timoteo 4:12, énfasis añadido)

> Presentándote tú en todo *como ejemplo* de buenas obras; en la enseñanza mostrando integridad, seriedad, palabra sana e irreprochable, de modo que el adversario se avergüence, y no tenga nada malo que decir de vosotros. (Tito 2:7-8, énfasis añadido)

Pablo enseñó mucho sobre el ejemplo. En cinco de sus epístolas hay un llamamiento explícito para que lo imitaran:

> Por tanto, os ruego que *me imitéis*. (1 Corintios 4:16, énfasis añadido)

> Os ruego, hermanos, *que os hagáis como yo*, porque yo también me hice como vosotros. Ningún agravio me habéis hecho. (Gálatas 4:12 énfasis añadido)

> Hermanos, sed *imitadores* de mí, y mirad a los que así se conducen según el ejemplo que tenéis en nosotros. (Filipenses 3:17, énfasis añadido)

> Y vosotros *vinisteis a ser imitadores de nosotros y del Señor*, recibiendo la palabra en medio de gran tribulación, con gozo del Espíritu Santo, de tal manera que *habéis sido ejemplo a todos* los de Macedonia y de Acaya que han creído. (1 Tesalonicenses 1:6-7, énfasis añadido)

> Porque vosotros mismos sabéis de qué manera *debéis imitarnos*; pues nosotros no anduvimos desordenadamente entre vosotros, ni comimos de balde el pan de nadie, sino que trabajamos con afán y fatiga día y noche, para no ser gravosos a ninguno de vosotros; no porque no tuviésemos derecho, sino por *daros nosotros mismos un ejemplo para que nos imitaseis*. (2 Tesalonicenses 3:7-9, énfasis añadido)

En Hebreos somos incentivados a imitar la fe de nuestros guías:

> Acordaos de vuestros guías que os hablaron la palabra de Dios, y considerando el resultado de su conducta, *imitad su fe*. (Hebreos 13:7, LBLA, énfasis añadido)

Ante tantos (y tan claros) textos bíblicos, no hay como seguir en otra dirección. Los líderes deben ser referenciales de conducta. El mismo Jesús habló sobre el hecho de que Él es ejemplo tanto en el procedimiento como en el servicio:

> Así que, después que les hubo lavado los pies, tomó su manto, volvió a la mesa, y les dijo: ¿Sabéis lo que os he hecho? Vosotros me llamáis Maestro, y Señor; y decís bien, porque lo soy. Pues si yo, el Señor y el Maestro, he lavado vuestros pies, vosotros también debéis lavaros los pies los unos a los otros. Porque *ejemplo os he dado*, para que como yo os he hecho, *vosotros también hagáis*. (Juan 13.12-15, énfasis añadido)

¡Esa es la doctrina bíblica que se debe seguir y practicar!

En los capítulos 5 y 9 hemos citado las declaraciones de Clemente. Volvamos a mencionarlo. Obispo de Roma en la época del Emperador Domiciano, escribió, a fines del primer siglo, una carta para la iglesia de Corinto. Considerada una de las escrituras cristianas más antiguas después de las escrituras neotestamentarias, fue tan apreciada por la iglesia antigua que, durante algún tiempo, los cristianos de Egipto y de Siria quisieron que fuera incluida en el canon del Nuevo Testamento. En ella, Clemente exhorta a los hermanos por haberse rebelado y por haber destituido a los presbíteros de la iglesia, además de convocarlos al arrepentimiento y restauración. En el versículo 3 del capítulo 63, menciona la intervención de mediadores para resolver aquella situación:

> Y también os hemos enviado a hombres *fieles* y prudentes que *han estado en medio de nosotros*, desde su juventud hasta la vejez, *de modo intachable*, los cuales serán testigos entre vosotros y nosotros.

Vea la relación entre las expresiones «fieles» y «han estado... de modo intachable». Añada otro detalle importante: «desde la juventud hasta la vejez». Una conducta ejemplar no era solamente apreciada, sino también presentada como una credencial de reconocimiento.

Por lo tanto, les pregunto: ¿cómo llegamos al punto de permitir que el carisma, los dones y las habilidades de un líder se volvieran cualidades suficientes, suprimiendo el peso y la importancia de una vida ejemplar? Necesitamos rescatar no solo el comportamiento, como también la doctrina bíblica de una conducta ejemplar por parte de los ministros.

Hernandes Dias Lopes, al tratar sobre la importancia del ejemplo, afirma:

> Todos nosotros necesitamos modelos para vivir. Aprendemos observando. Los mentores espirituales son necesarios en nuestra jornada. Todo Josué necesita un Moisés, todo Eliseo necesita un Elías, todo Timoteo necesita un Pablo. Cuando seguimos las huellas de hombres piadosos, que recurren a las sendas de la probidad, alcanzamos una vida bienaventurada; pero, cuando seguimos los malos modelos, cosechamos los frutos amargos de una dolorosa decepción. Hombres llenos del Espíritu

Santo son como estacas y pilares en nuestra vida. Son referentes y puntos de referencia en nuestro camino.

CUANDO EL EJEMPLO ESTÁ COMPROMETIDO

¿Y cuando no hay ejemplo? El Señor Jesús enfatizó la *contradicción* de aquellos que no son ejemplos que deban ser seguidos. Él dijo que, en esos casos, se debe observar la *enseñanza*, aunque no la *conducta* del que está enseñando. Vea:

> Entonces habló Jesús a la gente y a sus discípulos, diciendo: En la cátedra de Moisés se sientan los escribas y los fariseos. Así que, todo lo que os digan que guardéis, guardadlo y hacedlo; mas no hagáis conforme a sus obras, porque dicen, y no hacen. (Mateo 23:1-3)

Si el predicador deja de practicar aquello que predica, la Palabra de Dios no se invalida; sin embargo, descalifica al ministro como ejemplo. O sea, alguien no puede estar en el púlpito, o en cualquier otro ámbito del ministerio, solamente porque tiene conocimiento o habilidad. La autoridad se establece por medio del ejemplo.

El apóstol Pablo, por el Espíritu Santo, también habló sobre eso:

> Más bien, golpeo mi cuerpo y lo domino, no sea que, después de haber predicado a otros, yo mismo quede descalificado. (1 Corintios 9:27, NVI)

¿Qué significa ser descalificado?

La palabra griega traducida como «descalificado» es *adokimos* y, según el Léxico de Strong, significa: «no resistiendo a la prueba, no aprobado, descalificado para, reprobado, falso, espurio, condenado». La prueba aquí es el ejemplo que debe de ser preservado, aunque no siempre se lo haga.

Un predicador que no vive lo que predica pierde las cualificaciones para el ejercicio del ministerio. Él no pierde el conocimiento de la Palabra de Dios que lo llevó a predicar, pero sí la autoridad para hablar sobre aquello que conoce, pero que no está practicando.

Muchos se vuelven verdaderos profesionales en el ejercicio del ministerio. Sea predicando, enseñando, conduciendo la alabanza, o mismo liderando y aconsejando. Son habilidosos en lo que hacen, pero su conducta no refleja a Cristo. Sustituyen la responsabilidad del *ser* por el *hacer*. También se olvidan de que, además de la propia descalificación, todavía sirven de tropiezo a otros y estorban el progreso del Reino de Dios.

Tratemos de entender lo que le descalificaría a Pablo, y a cualquier otro ministro, en el texto de 1 Corintios, citado hace poco. Si el predicador cayó en pecado, no perdió el conocimiento bíblico que tenía, tampoco la habilidad de comunicarse. ¡Ha perdido ser un ejemplo! Si un ministro de alabanza cayó en pecado, él no perdió la voz, tampoco la afinación. ¡Él ha perdido ser un ejemplo!

Es inevitable que, en una época donde la conducta dejó de ser estándar para el ministerio y la habilidad pasó a ser requisito principal, se valore el *hacer* en detrimento del *ser*.

En el libro *Piedad y pasión: La vida del ministro es la vida de su ministerio*, Hernandes Dias Lopes reflexiona seriamente sobre la situación actual de muchos líderes:

> La crisis moral en la vida de muchos pastores brasileños ha sido un terremoto avasallador. Muchos ministros del evangelio que eran considerados modelos y ejemplos para sus iglesias han sucumbido en la vida moral.
>
> Cuando el predicador vive una duplicidad, cuando usa máscaras viviendo como un actor, cuando dice una cosa y vive otra, cuando hay un abismo entre lo que profesa y lo que practica, cuando sus actos desaprueban sus palabras, entonces nos quedamos confundidos y desilusionados.
>
> El pecado del líder es más grave, más hipócrita y perjudicial en sus consecuencias. Más grave porque los pecados del maestro son los maestros del pecado. Y más hipócrita porque ataca al pecado en público y al mismo tiempo lo practica en secreto. Al mismo tiempo que lo condena (el pecado) en los demás, se rinde a su fuerza y lo aloja en el corazón. Es más dañino en sus consecuencias porque, teniendo más conocimiento, el líder que peca, cae de forma más escandalosa. Cuanto mayor es el árbol, mayor será el ruido de su caída. Cuanta más proyección tiene un líder, más grande será la decepción con su fracaso. Cuanto más amada es una persona, más grande podrá ser el dolor, si ella destruye con sus

propias manos la referencia por la cual ella invirtió toda una vida para enseñarnos.

Infelizmente, por falta de temor y de preparación adecuada (de carácter), se ha dado un muy mal ejemplo. Si, por un lado, el líder sigue siendo imperfecto y humano, por otro, carga con la responsabilidad de ser un ejemplo, de vivir una vida coherente con lo que predica. Esa dualidad necesita ser enfrentada simplemente porque es bíblica y cuando se la ignora, produce resultados de proporciones catastróficas. Creo que esa es la posible razón por la cual Charles Spurgeon decía que un pastor infiel es el principal agente de Satanás dentro de la iglesia.

El apóstol Pablo le escribe a Timoteo, enfatizando que para estar en el ministerio no basta solo con anhelar, es necesario presentar cualificaciones. Sumando todo lo que señala el apóstol como requisitos para obispos y diáconos, tenemos una lista de 16 características. Lo interesante es que, entre ellas, solo una implica *habilidad* «apto para enseñar», todas las otras son rasgos de *carácter*.

Sin embargo, la mayoría de los pastores a los que les he preguntado al respecto han dicho que nunca tuvieron una clase sobre carácter en el seminario o escuela ministerial. La preparación se limitaba exclusivamente a hacerlos aptos para enseñar.

Esto indica una necesidad urgente de reforma en la educación y en la estructura de la formación de líderes.

CUALIFICACIONES DEL MINISTRO

Necesitamos lidiar mejor con los candidatos al ministerio en relación a las cualificaciones. Y también con aquellos que ya fueron establecidos. Lea la descripción de Pablo:

> PALABRA fiel: Si alguno apetece obispado, buena obra desea. Conviene, pues, que el obispo sea irreprensible, marido de una mujer, solícito, templado, compuesto, hospedador, apto para enseñar; No amador del vino, no heridor, no codicioso de torpes ganancias, sino moderado, no litigioso, ajeno de avaricia; Que gobierne bien su casa, que tenga sus hijos en

> sujeción con toda honestidad; (Porque el que no sabe gobernar su casa, ¿cómo cuidará de la iglesia de Dios?) No un neófito, porque inflándose no caiga en juicio del diablo. También conviene que tenga buen testimonio de los extraños, porque no caiga en afrenta y en lazo del diablo. Los diáconos asimismo, deben ser honestos, no bilingües, no dados á mucho vino, no amadores de torpes ganancias; Que tengan el misterio de la fe con limpia conciencia. Y éstos también sean antes probados; y así ministren, si fueren sin crimen. Las mujeres asimismo, honestas, no detractoras, templadas, fieles en todo. Los diáconos sean maridos de una mujer, que gobiernen bien sus hijos y sus casas. Porque los que bien ministraren, ganan para sí buen grado, y mucha confianza en la fe que es en Cristo Jesús. (1 Timoteo 3:1-13, RVA)

A continuación, cada característica es aclarada a partir del griego original, con comentarios.

1. **Irreprensible.** Del griego *anepileptos*, que significa «no arrepentido, que no puede ser reprendido, no censurable, irreprochable». No habla de ser perfecto, sino de alguien que no camina en el error y, por eso, no merece ser corregido (Fil 2:15). Señala el ejemplo que debe darse, siguiendo el estándar enseñado por Cristo (Jn 13:15) y también por los apóstoles (2 Ts 3:9).
2. **Marido de una sola mujer.** Es obvio que el texto hace referencia a la monogamia. Un presbítero, a semejanza de cualquier otro cristiano, no puede tener una aventura o relaciones extraconyugales. Por otra parte, tampoco puede ser alguien casado por segunda vez, fuera de los estándares bíblicos (Mt 19:9; 1 Co 7:39).
3. **Solícito.** Del griego *nephaleos*, significa «sobrio, controlado, abstenerse de vino, sea totalmente o por lo menos de su uso inmoderado». Como enseguida Pablo cita ser templado y no amante del vino, se entiende que esa solicitud respecta al comportamiento delante de las circunstancias. La NVI lo tradujo como: «moderado» y la RVR1960 prefirió: «sobrio». La propia forma de hablar puede reflejar templanza (Col 4:6).
4. **Templado.** Del griego *sophron*, significa «de mente sana, equilibrado, que frena sus propios deseos e impulsos, autocontrolado y

moderado». Habla de autocontrol, no solo con relación a la bebida, sino también en cada aspecto de la vida espiritual, emocional y física (2 Ti 4:5). La NVI tradujo el término como: «sensato».

5. **Modesto**. Del griego *kosmios*, significa «bien ordenado, conveniente, modesto». Habla de características como organización (personal y del trabajo), comportamiento agradable y humildad. La Biblia de Las Américas lo tradujo como: «de conducta decorosa» y la Nueva Traducción Viviente: «tener buena reputación». Ya en la NVI: «respetable».
6. **Hospitalario**. Del griego *philoxenos*, significa «hospitalario, generoso para las visitas». Es alguien con un corazón abierto y amoroso que permite que su propio hogar sea un lugar de acogida. Esa característica revela a alguien que se preocupa con los demás y no es egoísta (He 13:2).
7. **Apto para enseñar**. Del griego *didaktikos*, significa «apto y hábil para la enseñanza». Hay un entendimiento bíblico necesario para vivir y enseñar la palabra de Dios en todos los aspectos, lo que incluye la capacidad de corrección y refutación del error (Tit 1:9-11).
8. **No amador del vino**. La palabra griega es *paroinos* y significa «perteneciente al vino, borracho». No prohíbe la ingesta de bebida (Ef 6:18; 1 Ti 5:23), pero muestra la necesidad de cuidado y atención con ese tema (Gn 9:21; Pr 20:1).
9. **No violento**. Del griego *plektes*, significa «pendenciero, listo para un golpe, contencioso, persona matona». La Biblia de Las Américas dice: «no pendenciero». Dice respecto a quien se controla emocionalmente y no se irrita fácilmente (2 Ti 2:24).
10. **Sensato**. Del griego *epieikes*, significa «evidente, apropiado, conveniente, equitativo, íntegro, suave, gentil». Educación, amabilidad y simpatía. La NVI prefirió traducirlo como: «amable», La versión Dios Habla Hoy lo tradujo como: «bondadoso».
11. **No litigioso**. Del griego *amachos*, significa «irresistible, invencible, pacífico, que se abstiene de luchar». La Biblia de Las Américas lo tradujo como: «no contencioso», mientras que la NVI optó por: «apacible». Habla de alguien que no considera la pelea (aunque solo verbal) o la intriga como opción.

12. **Ajeno de avaricia**. Del griego *aphilarguros*, significa «que no ama el dinero, no avariento». La Biblia de Las Américas utiliza: «no avaricioso» y la NVI: «(no) amigo del dinero». Se refiere al contentamiento (Fil 4:11; He 13:5) y ausencia de codicia (1 P 5:2).
13. **Que gobierne bien su casa**. «que tenga sus hijos en sujeción con toda honestidad; (Porque el que no sabe gobernar su casa, *¿cómo cuidará de la iglesia de Dios?)*». La familia del líder debe ser referencia y modelo para el rebaño. La razón principal por la que Dios alejó la casa de Elí del ejercicio del sacerdocio fue justamente la desestructuración familiar (1 S 3:12-14).
14. **Que no sea un neófito**. «porque inflándose no caiga en juicio del diablo». La palabra «neófito» significa «nuevo en la fe» y fue traducida por la NVI como: «recién convertido». La madurez proveniente del tiempo de caminata cristiana es esencial, la palabra «presbítero» significa «anciano» y habla, como ya hemos visto, no de madurez cronológica, sino espiritual (1 Ti 4:12).
15. **Que tenga buen testimonio de los extraños**. «porque no caiga en afrenta y en lazo del diablo». La vida cristiana debe primero obtener el respeto de los que lo conocen en el día a día, para después servir de referencia para la iglesia, de lo contrario usted será avergonzado y atrapado por el enemigo.
16. **De una sola palabra**. La Versión Reina Valera 1960 usa la expresión: «sin doblez» y la NVI: «sincero». Habla de compromiso con lo que se dice (Sal 15:4; Mt 5:37; Stg 5:12).

Un listado como este facilita la autoevaluación. ¡Qué sea la meta de todo ministro vivir estas cualificaciones! Sin embargo, antes de seguir, quiero hablar un poco más acerca del entendimiento equivocado y muy común de que los ministros son muy «juzgados», así como no son considerados en su humanidad y en su capacidad de cometer errores.

En primer lugar, Dios no le está pidiendo demasiado al líder cuando le exige una conducta ejemplar, porque Él es esencialmente justo y no le pediría al hombre lo que no puede dar. Él mismo es el modelo, el socorro bien presente, el refugio, la fuerza necesaria para vivir de manera santa.

Cabe añadir que no se trata de perder la humanidad, porque el ministro sigue luchando diariamente contra la carnalidad, después de todo, aún es hombre. Sin embargo, así como es importante tener cualificaciones específicas para ejercer determinadas profesiones, el ministerio no se puede ejercer de cualquier manera y debe ser tomado en serio. Dios estableció requisitos y ellos están más relacionados con el carácter que con los dones, así que no es algo opcional tener buena conducta, es eliminatorio.

Por último, no solo los ojos de Dios están atentos al proceder del ministro, pero también los ojos de los liderados y del mundo, porque líderes no fueron hechos para que se queden debajo de un almud, sino sobre el candelero «para que vean vuestras buenas obras, y glorifiquen a vuestro Padre que está en los cielos» Mt 5:16. No hay manera de liderar sin querer que sea visto. El tema es que los ojos ajenos tienen el derecho de observar al ministro, derecho resguardado por Dios mismo. Así es, Dios determinó que el hombre tiene el derecho de mirar el comportamiento de su líder y, más que eso, debe copiarlo. No hay nada malo en eso, aunque muchos lo vean mal. El propio Jesús, que definitivamente debe ser considerado como referencial, nunca se quejó de que lo miraran; al contrario, Cristo atraía para sí y para sus acciones las miradas que no siempre eran amables, ni siquiera comprensibles, pero siempre atentas. Eso no ha impedido el ministerio de Cristo, mucho menos su postura firme por santidad, aunque a menudo era mal interpretada.

De este modo, al desear el ministerio, el candidato tiene que calcular cuanto le va a costar (Lc 14:28), cuesta tener carácter, tener cualificaciones bajo los estándares bíblicos y cuesta mantenerse un ejemplo ante los demás, dentro y fuera de la iglesia.

CUIDAR DE SÍ MISMO

Es posible que la razón principal por la cual algunos dejan de ser un ejemplo y un referente sea la negligencia de cuidarse a sí mismo. Mientras cuidan a otros y se concentran solo en el *hacer*, los líderes cometen el error de olvidar el cuidado personal y con eso comprometen al *ser*.

Como bien dijo el pastor de la Iglesia anglicana, en Inglaterra, Richard Baxter, autor del espectacular libro *El pastor reformado*:

> Ten cuidado de ti mismo no sea que (...) desfallezcas de hambre mientras preparas alimento para los demás (...) Hay muchos sastres que van en harapos mientras que hacen costosos trajes para otros y hay muchos cocineros que apenas pueden lamerse los dedos mientras preparan suculentos platos para otros.

¿Por qué cree que Pablo le ordenó a Timoteo que antes de cuidar a los demás cuidara de sí mismo?

> Ten cuidado de ti mismo y de la doctrina; persiste en ello, pues haciendo esto, te salvarás a ti mismo y a los que te oyeren. (1 Timoteo 4:16)

Si alguien deja de cuidarse, pierde la capacidad de extender el cuidado sobre otros. Pues, como dijo Jesús, «Dejadlos; son ciegos guías de ciegos; y si el ciego guiare al ciego, ambos caerán en el hoyo» (Mt 15:14). Al fin y al cabo, debemos amar a los otros como nos amamos a nosotros mismos:

> Y amarás al Señor tu Dios con todo tu corazón, y con toda tu alma, y con toda tu mente y con todas tus fuerzas. Este es el principal mandamiento. Y el segundo es semejante: Amarás a tu prójimo como a ti mismo. No hay otro mandamiento mayor que éstos. (Marcos 12:30-31)

Ya he escuchado argumentos contrarios al cuidado personal, basados en Judas 12, que habla sobre los «pastores que cuidan solamente de sí mismos» (DHH). Seamos honestos, la Biblia no condena que uno se cuide a sí mismo, lo que condena es a aquel que se cuida a sí mismo y no a los demás, o quien se auto pastorea porque no quiere ser pastoreado. La orden acerca de cuidarse es incontestable. Ese principio ya se podía ver desde los paralelismos del Antiguo Testamento. El sacerdote debía primero ofrecer sacrificios por sus propios pecados y, después, por los pecados del pueblo.

> Y así dispuestas estas cosas, en la primera parte del tabernáculo entran los sacerdotes continuamente para cumplir los oficios del culto; 7 pero en la segunda parte, sólo el sumo sacerdote una vez al año, no sin sangre, la cual ofrece *por sí* mismo y por los pecados de ignorancia *del pueblo*. (Hebreos 9:6-7, énfasis añadido)

En ese trecho del libro de Hebreos casi no se puede distinguir los distintos momentos de cada sacrificio, pero el versículo es un referente a la descripción que se encuentra en Levítico:

> Aarón ofrecerá el becerro como su propio sacrificio por el pecado, para obtener el perdón de sus propios pecados y de los de su familia. (…) Y *después* de eso matará al chivo como sacrificio por el pecado *del pueblo*. (Levítico 16:11, 15a, énfasis añadido)

Es decir, no debemos intentar ofrecer a los demás algo que no haya sido experimentado antes por nosotros mismos, incluso el autocuidado. El ministerio puede ser caracterizado como el rebosar de aquello que experimentamos en Dios.

Vea la declaración de Pablo:

> Bendito sea el Dios y Padre de nuestro Señor Jesucristo, Padre misericordioso y Dios de toda consolación, quien nos consuela en todas nuestras tribulaciones para que, *con el mismo consuelo que de Dios hemos recibido*, también nosotros *podamos consolar a todos los que sufren*. (2 Corintios 1:3-4, NVI, énfasis añadido)

Es así de sencillo. Brindaremos consuelo a los demás mediante las consolaciones que ya hemos recibido de Dios.

Aquello que ya hemos experimentado en nuestras propias vidas, en términos de cuidado personal, deberíamos extenderlo a la vida de los demás.

Otro ejemplo bíblico nos lo proporcionó el propio Cristo al calificar de hipocresía el intento de ayudar a un hermano a sacarse la astilla del ojo cuando se lleva una viga en su propio ojo:

> ¿Por qué te fijas en la astilla que tiene tu hermano en el ojo, y no le das importancia a la viga que está en el tuyo? ¿Cómo puedes decirle a tu hermano: "Déjame sacarte la astilla del ojo", cuando ahí tienes una viga en el tuyo? ¡Hipócrita!, saca *primero* la viga de tu propio ojo, y *entonces verás con claridad* para sacar la astilla del ojo de tu hermano. (Mateo 7:3-5, NVI, énfasis añadido)

Pero Cristo no estaba diciendo que esa persona nunca podría ayudar a nadie. Él dijo que primero necesitaba quitarse la viga de su ojo, así podría ver bien y conseguiría ayudar a su hermano a sacarse la astilla. Podemos ayudar a los demás, cuando permitimos que Dios y su Palabra trabajen en nosotros primero. De lo contrario, será pura hipocresía.

Vea como Baxter, en el mismo libro *El pastor reformado*, trató con el tema:

> Que lamentable será, entonces, tener un mensaje proveniente del Dios de los cielos —mensaje con consecuencias eternas para las almas de los hombres— y, sin embargo, ¡entregar tan débilmente esa palabra!
>
> Cuando Dios es deshonrado, Su obra sufre descrédito y los pecadores endurecen en vez de que se conviertan, debido a nuestra debilidad y negligencia. ¡Cuán grande es nuestra responsabilidad!
>
> Nuestro trabajo es dificultado cuando otros hombres contradicen en su vida particular lo que les declaramos públicamente acerca de la Palabra de Dios… Es así como se hace que los hombres crean que la Palabra de Dios no pasa de un cuento ocioso y que la prédica no parezca mejor que cualquier parloteo. Pues aquel que de verdad pone sentido en lo que dice, ciertamente actúa de acuerdo con lo que habla.

Recomiendo a los ministros la lectura del libro de Baxter. Fue escrito en 1656, pero es un mensaje muy actual. Muestra que los desafíos de la época no eran diferentes de los nuestros. Me siento obligado a citar algunas más de sus afirmaciones:

> Es evidente y público el error de aquellos ministros de la Iglesia que abren un gran abismo entre su prédica y su estilo de vida. Ellos estudian arduamente para predicar con exactitud, pero estudian muy poco o nada para vivir con exactitud.

En su celo por ministros que comprendieran la importancia de ser antes de hacer, el pastor anglicano insistió en advertir:

> Así como esperamos que los que nos oyen sean «cumplidores de la Palabra, y no solo oyentes», también nosotros debemos ser cumplidores,

> y no solamente oradores, engañándonos a nosotros mismos (Stg 1:22). Una doctrina práctica debe ser predicada de manera práctica. Debemos prepararnos arduamente para vivir bien, así como lo hacemos para predicar bien... Es posible que la prédica tenga éxito en la salvación de otros, sin que traiga santidad para nuestros propios corazones o bien para nuestras vidas. Dios no hace acepción de personas. Él no me salva por causa de mi cuello clerical, tampoco por mi vocación ministerial. Una santa vocación no salvará a un hombre que no es santo... Cuidad, pues, de si mismos, para su propio bien. Ustedes también tienen almas para salvar o perder, así como los demás.

Hernandes Dias Lopes, en el mismo libro citado anteriormente, también habla de los daños causados por la falta de ejemplo de los líderes:

> Esa pérdida de referencial es como un atentado terrorista contra la iglesia de Dios. Produce pérdidas irreparables, sufrimientos indescriptibles, llanto inconsolable y heridas incurables. Lo peor es que se blasfema el nombre de Dios entre los incrédulos por causa de esos escándalos.

Que el Señor nos ayude a vivir y a *ser* antes que *hacer*. Que el ejercicio del ministerio no sea solo el ejercicio de una profesión religiosa, sino el desbordamiento de lo que recibimos y la extensión del cuidado que tenemos con nosotros mismos. ¡Además de eso, que nuestro ministerio sea certificado por el buen ejemplo!

14

¿QUIÉN ES USTED CUANDO NADIE LO VE?

«La reputación es lo que los hombres y las mujeres piensan de nosotros; el carácter es lo que Dios y los ángeles saben de nosotros». (Thomas Paine)

A pesar de la responsabilidad de ser modelo y referencia para los liderados, la preocupación no debe ser la de preservar el buen testimonio solo cuando somos vistos. Es posible vivir bajo desvíos de comportamiento fuera de la zona de vigilancia y al mismo tiempo actuar de manera teatral frente a los que nos observan.

Un antiguo dicho popular dice: «Carácter es lo que uno es cuando nadie nos está mirando». Es pertinente aquí recomendar la lectura del libro del pastor Bill Hybels: *¿Quién soy cuando nadie me ve?* La conducta dudosa, con diferentes comportamientos según si hay o no platea, revela la necesidad que se tiene que trabajar verdaderamente el carácter. Arthur Schopenhauer dijo: «En los pequeños detalles y cuando se está desprevenido es cuando el hombre pone de manifiesto su carácter».

Moisés fue un ejemplo de gran líder. Desde luego, se lo puede considerar como la figura más importante del Antiguo Testamento. Aun así, tuvo que lidiar con las mismas debilidades y limitaciones que los ministros de todas las épocas, así como el profeta Elías, de quien la Palabra de Dios afirma que: «era hombre sujeto a pasiones semejantes a las nuestras» (Santiago 5:17). El hecho de que Dios haya usado a estos dos gigantes espirituales de manera extraordinaria no anula el hecho de que eran hombres. Ellos también necesitaban ser trabajados para el Señor, así como usted y yo lo necesitamos.

Vea un episodio de la vida de Moisés:

> En aquellos días sucedió que crecido ya Moisés, salió a sus hermanos, y los vio en sus duras tareas, y observó a un egipcio que golpeaba a uno de los hebreos, sus hermanos. Entonces miró a todas partes, y viendo que no parecía nadie, mató al egipcio y lo escondió en la arena. Al día siguiente salió y vio a dos hebreos que reñían; entonces dijo al que maltrataba al otro: ¿Por qué golpeas a tu prójimo? Y él respondió: ¿Quién te ha puesto a ti por príncipe y juez sobre nosotros? ¿Piensas matarme como mataste al egipcio? Entonces Moisés tuvo miedo, y dijo: Ciertamente esto ha sido descubierto. Oyendo Faraón acerca de este hecho, procuró matar a Moisés; pero Moisés huyó de delante de Faraón, y habitó en la tierra de Madián. (Éxodo 2:11-15)

Fíjese en la oración «entonces miró a todas partes, y viendo que no parecía nadie, mató al egipcio». ¿Por cuál motivo Moisés miró a todas partes?

¿Usted cree que si hubiese testigos él mataría el egipcio? ¡Por supuesto que no!

En aquel momento, el hecho de no haber espectadores determinó el comportamiento de Moisés. A menudo actuamos de la misma manera. Sin embargo, si usted no haría algo delante de otros, tampoco debería hacerlo cuando está solo. Si, lo que usted mira en una habitación de hotel cuando está solo, no tendría las agallas de mirarlo con alguien a su lado, entonces es evidente que no debería estar mirándolo.

El coraje que Moisés tuvo para matar al egipcio vino de la falta de testigos. Lo mismo sucede hoy. Creemos que si nadie lo ve nadie lo sabrá. Pero el texto bíblico nos enseña que, aun aquello que creemos que nadie vio será revelado. Una lección fácil de aprender con el cadáver del egipcio, que no permaneció oculto.

NO VIVA EN FUNCIÓN DE LA VIGILANCIA DE LOS HOMBRES

Carácter se refiere a los valores que sembramos en nuestro interior, de los cuales nos obligamos a practicar incluso cuando nadie nos está viendo.

Quien deja de practicar el mal solo porque es vigilado no está preocupado por el carácter, sino solo por la reputación, o sea, por lo que piensan de él. Cito aquí una buena distinción entre carácter y reputación que he escuchado de mi amigo Danilo Figueira, pastor de la *Comunidade Cristã de Ribeirão Preto:*

> Lo que soy a la *luz* determina mi *credibilidad*. Lo que soy en la *oscuridad* determina mi *autoridad*. Delante de los hombres necesitamos *reputación*, pues nos trae credibilidad, pero ante Dios lo que vale es el *carácter*. De ahí viene la *autoridad*.

Es bueno cuidar de la reputación y no podemos hablar en contra de eso. Porque la Palabra de Dios nos enseña a valorarla:

> De más estima es el buen nombre que las muchas riquezas, Y la buena fama más que la plata y el oro. (Proverbios 22:1)

Otra versión bíblica dice: «Vale más la buena fama que las muchas riquezas, y más que oro y plata, la buena reputación» (NVI). Un buen nombre (o la buena reputación) es uno de los más grandes tesoros que podemos valorar. Sin embargo, debe ser extensión del carácter y no una manera de engañar a los que no pueden ver nuestro interior. Jesús confrontó a los fariseos, muchas veces, por ese motivo. ¡Él nos enseñó que una buena reputación sin carácter no es más que hipocresía!

> Guardaos de hacer vuestra justicia delante de los hombres, para ser vistos de ellos; de otra manera no tendréis recompensa de vuestro Padre que está en los cielos. (Mateo 6:1)

Por supuesto que Jesús no habla contra el ser visto por los hombres, una vez que, en el mismo sermón del Monte, él ya había dicho que nuestras buenas obras, cuando son notadas por los hombres, pueden llevar a otros a glorificar a Dios:

> Así alumbre vuestra luz delante de los hombres, para que vean vuestras buenas obras, y glorifiquen a vuestro Padre que está en los cielos. (Mateo 5:16)

Jesús confrontaba a los fariseos por el hecho de que ellos solo hacían el bien porque querían ser vistos por los hombres. Estaban apenas construyendo su reputación. No harían en lo oculto, en lo privado, aquello que se proponían hacer a la luz, en público.

La misma enseñanza se encuentra en diferentes partes de las Escrituras Sagradas. Fíjese lo que Pablo dijo respecto al comportamiento que deberían tener los siervos:

> Siervos, obedeced en todo a vuestros amos terrenales, no sirviendo al ojo, como los que quieren agradar a los hombres, sino con corazón sincero, temiendo a Dios. Y todo lo que hagáis, hacedlo de corazón, como para el Señor y no para los hombres; sabiendo que del Señor recibiréis la recompensa de la herencia, porque a Cristo el Señor servís. (Colosenses 3:22-24)

Fíjese en la oración «no sirviendo al ojo, como los que quieren agradar a los hombres». Indica que la productividad del cristiano no debería mejorar solo cuando hay espectadores. Por ello, añade «sino con corazón sincero», que denuncia el fingimiento de uno cuando hace algo únicamente para que se lo vea. Entonces el apóstol nos lleva al entendimiento de lo que es el carácter: «Y todo lo que hagáis, hacedlo de corazón, como para el Señor». ¡Ese es el secreto!

No puedo dedicarme a hacer el bien o evitar hacer lo que está mal solo cuando me vean los hombres. Aunque nadie me esté mirando, Dios me ve y es a Él a quien debo esforzarme por honrar y complacer.

Con eso en mente, considere el ejemplo bíblico de integridad de José:

> Aconteció después de esto, que la mujer de su amo puso sus ojos en José, y dijo: Duerme conmigo. Y él no quiso, y dijo a la mujer de su

> amo: He aquí que mi señor no se preocupa conmigo de lo que hay en casa, y ha puesto en mi mano todo lo que tiene. No hay otro mayor que yo en esta casa, y ninguna cosa me ha reservado sino a ti, por cuanto tú eres su mujer; ¿cómo, pues, haría yo este grande mal, y pecaría contra Dios? Hablando ella a José cada día, y no escuchándola él para acostarse al lado de ella, para estar con ella, aconteció que entró él un día en casa para hacer su oficio, y no había nadie de los de casa allí. Y ella lo asió por su ropa, diciendo: Duerme conmigo. Entonces él dejó su ropa en las manos de ella, y huyó y salió. (Génesis 39:7-12)

Aprendo mucho con el comportamiento de José. Él no estaba preocupado solo por su reputación, por lo que los hombres iban a decir acerca de él. De lo contrario, hubiera aprovechado las «oportunidades» que tuvo de acostarse con la mujer de Potifar. Hasta tuvo el «escenario perfecto» para el desliz cuando estuvo solo con ella en la casa. Ninguno de los demás empleados estaba allí. Sería, desde la perspectiva maligna, el «momento perfecto» para hacerlo sin que nadie más lo pudiera pillar. Sin embargo, la Biblia demuestra dos lecciones importantes acerca de la actitud del hombre de Dios:

1. Él rechazaba acostarse con ella, y
2. Evitaba acercarse a ella.

La decisión de no querer acostarse con aquella mujer demuestra *integridad*. La decisión de evitar acercarse a ella demuestra el reconocimiento de su *fragilidad*. Reconocer el peligro de la caída nos lleva a caminar en vigilancia. La Palabra de Dios alerta que quien juega con fuego termina por quemarse:

> ¿Tomará el hombre fuego en su seno sin que sus vestidos ardan? ¿Andará el hombre sobre brasas sin que sus pies se quemen? (Proverbios 6:27-28)

Pienso que, al registrar que José huyó de la casa, la Sagrada Escritura señala una actitud prudente, pero la misma prudencia revela que existe la tentación. No creo que José haya huido por miedo a ser violado por la mujer. Creo que él huye para evitar liarse en una trampa maligna que se le presentó de manera muy seductora. ¡Pienso que el hombre de Dios huyó de él mismo!

José quería agradar a Dios. Él no habló solo acerca de pecar contra su señor terrenal, sino contra el Señor Celestial: «cómo, pues, haría yo este gran mal, y pecaría contra Dios?». En el próximo capítulo, el enfoque será acerca de la actitud correcta.

Aquí tenemos uno de los puntos culminantes de la lección ministrada por José: No importa si hay o si no hay testigos humanos, los ojos de Dios están sobre nosotros.

EL DIOS QUE TODO LO VE

En la Biblia, Dios es llamado por el nombre de «El Roí», que significa «el Dios que me ve» (Gn 16:13). Ese es un entendimiento que debemos absorber profundamente.

Cuando Adán y Eva pecaron y creían que podrían ocultarse, se olvidaron del Dios que puede ver todo.

Cuando Moisés miró a todas partes y se animó a matar al egipcio, porque no había testigos, se olvidó del Dios que todo lo ve.

Cuando David ordenó que le trajeran a Betsabé al palacio, se olvidó de que, aunque Urías, su marido, no descubriera la verdadera paternidad de la criatura generada bajo adulterio, hay un Dios que todo puede ver.

Cuando la Biblia habla de Jesús con ojos como llama de fuego, en la carta para la Iglesia de Tiatira, se refiere al hecho de que Él ve el pecado y trata con el mismo:

> Y escribe al ángel de la iglesia en Tiatira: El Hijo de Dios, el que tiene *ojos como llama de fuego*, y pies semejantes al bronce bruñido, dice esto: *Yo conozco tus obras*, y amor, y fe, y servicio, y tu paciencia, y que tus obras postreras son más que las primeras. Pero tengo unas pocas cosas contra ti: que toleras que esa mujer Jezabel, que se dice profetisa, enseñe y seduzca a mis siervos a fornicar y a comer cosas sacrificadas a los ídolos. Y le he dado tiempo para que se arrepienta, pero no quiere arrepentirse de su fornicación. He aquí, yo la arrojo en cama, y en gran tribulación a los que con ella adulteran, si no se arrepienten de las obras de ella. Y a

> sus hijos heriré de muerte, y todas las iglesias sabrán que yo soy el que escudriña la mente y el corazón; y os daré a cada uno según vuestras obras. (Apocalipsis 2:18-23, énfasis añadido)

El concepto de un Dios que todo lo ve no se limita a un Dios que logra mantenerse bien informado, sino a lo que Él hará con todo lo que ve. Todos nosotros rendiremos cuentas al Dios que todo lo ve. Esa es una verdad amplia y netamente enseñada en la Palabra de Dios, que también enseña que los ojos del Señor están en todo lugar y se fija no solo en algunos, sino en cada paso del hombre:

> Y no hay cosa creada que no sea manifiesta en su presencia; antes bien todas las cosas están desnudas y abiertas *a los ojos de aquel a quien tenemos que dar cuenta.* (Hebreos 4:13, énfasis añadido)

> Porque sus ojos están sobre los caminos del hombre, y ve todos sus pasos. (Job 34:21)

> Porque los caminos del hombre están ante los ojos de Jehová, y él considera todas sus veredas. (Proverbios 5:21)

> Los ojos de Jehová están en todo lugar, mirando a los malos y a los buenos. (Proverbios 15:3)

La razón por la cual la Biblia destaca que Dios ve todas las cosas se refiere a la futura rendición de cuentas. Aunque podamos creer que mucho de lo que hicimos en esta vida quedará eternamente en secreto, eso no es cierto. Llegará el día en que todo lo que estuvo oculto será revelado.

TODO SERÁ REVELADO

¡Nada de lo que hacemos escondido permanecerá escondido… habrá un día en que todo será revelado!

Conocí la historia de un pastor, hace muchos años, sobre el cual pesaban acusaciones y sospechas a nivel moral. Sus líderes lo llamaron varias veces para solicitar una aclaración, y él siempre lo negaba todo. En una de esas ocasiones, los líderes insistieron en que fuera honesto, que abriera su corazón acerca de su real condición, pues así podrían ayudar a tratarlo y a restaurarlo. Aún así, él seguía negando las difamaciones. Hasta que alguien en aquella sala de reuniones, lamentándose dijo: «No queríamos llegar tan lejos…», mientras prendía la televisión para mostrar un video. ¡Sorpresa! Uno de sus últimos hechos inmorales, que él creía que estaba oculto, había sido filmado sin que él lo supiera. La escena fue exhibida delante de él y de sus líderes. El flagrante de una filmación oculta era algo que él jamás hubiera imaginado. ¡Qué vergüenza!

Ciertamente, aquel ministro jamás hubiera hecho lo que hizo si imaginara la posibilidad de que podría ser filmado. Lo que pasa es que *todo* lo que hacemos es registrado, aunque no sea por una filmadora, o bien cualquier otro dispositivo tecnológico que conocemos.

Veo en ese suceso una analogía con lo que un día sucederá con nosotros. No hay nada oculto que no vaya de ser revelado, fue el propio Señor Jesucristo quien declaró:

> Así que, no los temáis; porque nada hay encubierto, que no haya de ser manifestado; ni oculto, que no haya de saberse. (Mateo 10:26)

Moisés ocultó en la arena al cadáver del egipcio que había matado. No sé como se descubrió eso. Cuando yo era niño y mi padre contaba las historias bíblicas, siempre contaba el chiste de que Moisés se olvidó de enterrar el dedo gordo del pie del egipcio y que había quedado fuera de la arena. A veces sugería que el viento podría haber removido la arena y expuesto el cadáver escondido. No sé muy bien lo que pasó, pero estoy seguro de que Moisés jamás creyó que su crimen sería descubierto.

De igual manera, mucha gente «barre la suciedad debajo de la alfombra», creyendo que permanecerá allí para siempre. ¡Gran error! Dios dijo, a través del profeta Nahúm, que «levantaría el vestido» de la ciudad de Nínive:

> Heme aquí contra ti, dice Jehová de los ejércitos, y descubriré tus faldas en tu rostro, y mostraré a las naciones tu desnudez, y a los reinos tu vergüenza. (Nahúm 3:5)

El significado era obvio, explicado por el propio texto. El Señor mostraría públicamente la desnudez que Nínive quería mantener escondida. Dios iría a exponer sus vergüenzas. No creo que ese tipo de juicio esté limitado solamente a una ciudad en los tiempos antiguos. En verdad, ese tipo de juicio es parte de un estándar revelado en la Palabra de Dios.

JUICIO INMEDIATO Y NO INMEDIATO

No todo lo que hacemos de malo será, necesariamente, expuesto de inmediato, o aun en esta vida. Algunas cosas tardan para salir a la luz. Hay otras que tal vez solo sean reveladas en el día del juicio. Y la Biblia muestra la diferencia:

> Los pecados de algunos hombres se hacen patentes antes que ellos vengan a juicio, mas a otros se les descubren después. (1 Timoteo 5:24)

Lo que hace exactamente que cada pecado sea revelado antes o después, yo no lo sé. Prefiero atribuir eso a la soberanía de Dios, que sabe muy bien todo lo que hace. Lo indiscutible es que todo será juzgado, aunque pueda ocurrir en diferentes tiempos de la vida de las personas.

Supongo que uno de los motivos por los cuales el juicio no ocurre siempre de inmediato es la expectativa de Dios por el arrepentimiento. Un ejemplo de eso se puede encontrar también en la carta a la Iglesia de Tiatira, en el Apocalipsis, cuando el Señor reprende una mujer que es llamada como Jezabel:

> Y le he dado tiempo para que se arrepienta, pero no quiere arrepentirse de su fornicación. He aquí, yo la arrojo en cama, y en gran tribulación a los que con ella adulteran, si no se arrepienten de las obras de ella. Y a sus hijos heriré de muerte, y todas las iglesias sabrán que yo soy el que escudriña la mente y el corazón; y os daré a cada uno según vuestras obras. (Apocalipsis 2:21-23)

Muchos no entienden la longanimidad divina y la interpretan como impunidad. Dios dijo que, antes de traer juicio, hay tiempo para que haya arrepentimiento. O sea, una de las razones para que el juicio no sea inmediato es la misericordia divina. Santiago, el hermano del Señor, afirmó que: «la misericordia triunfa sobre el juicio» (Stg 2:13). Podemos decir que ella precede el juicio, para que este no sea necesario. Pero cuando la misericordia es despreciada, ¡el juicio ciertamente se manifestará!

Independientemente de que las personas se arrepientan o no, lo que determinaría juicio inmediato o posterior, las Sagradas Escrituras enseñan que Dios juzgará l*os secretos* de los hombres:

> En el día en que Dios juzgará por Jesucristo los secretos de los hombres, conforme a mi evangelio. (Romanos 2:16)

Sí, es exactamente eso lo que el apóstol Pablo está afirmando. ¡Los *secretos* de los hombres serán juzgados! Eso implica que ellos serán revelados primero, antes de recibir la manifestación del juicio.

Más que reputación, debemos manifestar carácter, aquello que debemos ser a los ojos de Dios, aunque nadie más nos vea. O sea, debemos vivir conscientes de que Dios siempre nos ve y lo que somos, debemos ser por Su causa, no por los demás, independiente de que nos vean o no. Primeramente, por amor, pero también por profundo temor y sentido común de responsabilidad.

Concluyo este capítulo con la poderosa declaración de Smith Wigglesworth:

> Deberíamos estar más preocupados con tener un carácter noble y rico que con tener una buena reputación. La popularidad se puede obtener muy rápidamente, pero un carácter noble es el resultado de años de entrenamiento y disciplina divinos.

15

AMBICIONES PELIGROSAS

«La verdadera conversión proporciona seguridad al hombre, pero no le permite que cese de velar». (Charles Spurgeon)

Creo que todo ministro de Cristo anhela prosperar en el ejercicio de su ministerio. Pero cada ministro debería ser advertido que, hasta la búsqueda del éxito, aunque ministerial, puede ser peligrosa. No he afirmado que, necesariamente, *sea* peligrosa, sino *que puede ser*. El éxito, en sí mismo, no tiene que ser un problema, sin embargo, requiere una actitud correcta para que no se convierta en uno.

El mayor peligro, que exige de nosotros una gran vigilancia, no está fuera, en las circunstancias, ya sean buenas o malas. Él habita en el interior, en nuestras ambiciones y motivaciones. Por eso la prosperidad debe empezar dentro del hombre para después, y solamente después, rebalsar hacia afuera.

En efecto, la prosperidad exterior, sin que sea precedida por la interior, puede llevar a la ruina. Por otra parte, ¡la prosperidad interior siempre conducirá hacia la prosperidad exterior! Vea la afirmación bíblica:

> Amado, yo deseo que tú seas prosperado en todas las cosas, y que tengas salud, *así como prospera tu alma*. (3 Juan 1:2, énfasis añadido)

El apóstol Juan le deseó a Gayo la prosperidad material y física en la misma proporción en la que su alma ya era próspera. Eso es lo que significa la expresión «así como», que significa «al igual que». La palabra griega traducida como «yo deseo» es *euchomai* y significa «orar a Dios, anhelar, pedir por». Por lo tanto, es como si Juan dijera: «Yo oro a Dios para que Él te conceda, exteriormente, la misma medida de prosperidad que ya lograste obtener dentro tuyo. ¡Ni más, ni menos!».

En la Biblia y en la historia de la iglesia, muchas personas se perdieron en medio de un éxito exterior que no vino acompañado por un triunfo interior. El rey Uzías fue una de ellas. Buscó al Señor, prosperó, pero después se perdió:

> Y persistió en buscar a Dios en los días de Zacarías, entendido en visiones de Dios; y *en estos días en que buscó a Jehová, él le prosperó.* (...) Mas cuando ya era fuerte, su corazón se enalteció para su ruina; porque se rebeló contra Jehová su Dios, entrando en el templo de Jehová para quemar incienso en el altar del incienso. (2 Crónicas 26:5,16, énfasis añadido)

Ejemplos como los de Uzías pueden hacer que algunos concluyan que el problema estaría entonces en el exterior, en las circunstancias, en el éxito. Pretendo mostrar, por medio de las Escrituras, que lo que importa se encuentra, de hecho, en el interior, en la actitud del corazón. El problema de Uzías no fue el éxito alcanzado, sino el corazón que se enalteció.

EL PROBLEMA ESTÁ EN EL INTERIOR

El problema no está en lo que las circunstancias pueden ocasionar, sino en cómo el corazón puede corromperse o manifestar la corrupción latente. En el Antiguo Testamento, encontramos la oración de Agur. Parece que ella responsabiliza más a las circunstancias, por los errores y aciertos, que a sus propias decisiones.

> Dos cosas te he demandado; no me las niegues antes que muera: vanidad y palabra mentirosa aparta de mí; no me des pobreza ni riquezas;

> manténme del pan necesario; no sea que me sacie, y te niegue, y diga: ¿Quién es Jehová? O que siendo pobre, hurte, y blasfeme el nombre de mi Dios. (Proverbios 30:7-9)

Confieso que llegué a repetir esa oración algunas veces. Eso fue antes de entender, por las propias Escrituras, algunos puntos importantes.

El primer punto es la diferencia entre el registro bíblico de cómo alguien hizo su oración y la enseñanza acerca de reproducir una manera específica y correcta de orar, como hizo Jesús con Sus discípulos al decir «Vosotros, pues, oraréis así» (Mt 6:9). No fuimos instruidos a orar como oró Agur, apenas tenemos el registro de la oración que él hizo. Así como en la oración de Elías, que pide para sí mismo la muerte (1 R 19:4), la Escritura solo nos informa cómo el profeta oró, no está insinuando que debemos orar de la misma manera.

La segunda cosa que entendí es que, en la oración que Cristo nos enseñó como modelo a ser reproducido, somos instruidos a clamar al Padre Celestial: «Y no nos dejes caer en tentación» (Mt 6:13, NVI). O sea, no debemos orar para no ser tentados, ¡sino para que venzamos las tentaciones!

¿Qué significa eso? Que podemos esperar el auxilio divino. Sin embargo, eso no significa que el Señor vaya a cambiar las circunstancias que nos tientan. ¡Al contrario! Él nos dará fuerzas para vencer las circunstancias que permanecen inalteradas. Así que, cuando he adquirido ese entendimiento, dejé de hacer la oración de Agur y comencé a seguir el modelo de oración que nuestro Señor nos enseñó.

Las Escrituras no orientan a clamar para que Dios nos exima de los problemas externos, sino que nos instruyen a guardar el corazón, para no tener la actitud equivocada delante de las circunstancias. Mire:

> No confiéis en la violencia, ni en la rapiña; no os envanezcáis; Si se aumentan las riquezas, no pongáis el corazón en ellas. (Salmos 62:10)

> Sobre toda cosa guardada, guarda tu corazón; porque de él mana la vida. (Proverbios 4:23)

Hay determinados deseos claramente contrarios a la Palabra de Dios. Por ejemplo, no existe la posibilidad de tolerar la idea de que alguien codicie la mujer del prójimo. Estamos hablando de algo que, de por sí, es totalmente opuesto a las ordenanzas divinas. Sin embargo, hay deseos y ambiciones que pueden venir disfrazados como si fueran algo bueno cuando, en realidad, la *motivación* detrás de ellos, *y no el deseo en sí*, está equivocada. Vamos a analizar algunos.

TRES TEMAS QUE MERECEN ATENCIÓN

Dios menciona la necesidad con el cuidado y vigilancia en tres esferas específicas donde puede haber trampas para los ministros. Obviamente, no son los únicos temas en los que podemos tropezar, pero la cantidad de advertencias bíblicas sugiere que en estas tres áreas hay una gran vulnerabilidad. Observe los avisos del Señor para los futuros reyes de Israel:

> Cuando hayas entrado en la tierra que Jehová tu Dios te da, y tomes posesión de ella y la habites, y digas: Pondré un rey sobre mí, como todas las naciones que están en mis alrededores; ciertamente pondrás por rey sobre ti al que Jehová tu Dios escogiere; de entre tus hermanos pondrás rey sobre ti; no podrás poner sobre ti a hombre extranjero, que no sea tu hermano. Pero él *no aumentará para sí caballos*, ni hará volver al pueblo a Egipto con el fin de aumentar caballos; porque Jehová os ha dicho: No volváis nunca por este camino. *Ni tomará para sí muchas mujeres*, para que su corazón no se desvíe; *ni plata ni oro amontonará para sí en abundancia*. Y cuando se siente sobre el trono de su reino, entonces escribirá para sí en un libro una copia de esta ley, del original que está al cuidado de los sacerdotes levitas; y lo tendrá consigo, y leerá en él todos los días de su vida, para que aprenda a temer a Jehová su Dios, para guardar todas las palabras de esta ley y estos estatutos, para ponerlos por obra; para que no se eleve su corazón sobre sus hermanos, ni se aparte del mandamiento a diestra ni a siniestra; a fin de que prolongue sus días en su reino, él y sus hijos, en medio de Israel. (Deuteronomio 17:14-20, énfasis añadido)

El pasaje de Deuteronomio trata de temas en los cuales hay un fuerte riesgo de caída. Aunque no sean los únicos, yo diría que, hablando estadísticamente, los tres siguientes están entre los que los líderes más tropiezan:

1. **Ego.** «… no aumentará para si caballos». Lo equivalente actual para un ejército con muchos caballos podría ser muchos tanques de guerra. Otros textos bíblicos hablan sobre eso: «¡Ay de los que descienden a Egipto por ayuda, y confían en caballos; y su esperanza ponen en carros, porque son muchos, y en jinetes, porque son valientes; y no miran al Santo de Israel, ¡ni buscan a Jehová!» (Is 31:1). Y también: «Estos confían en carros, y aquellos en caballos; Mas nosotros del nombre de Jehová nuestro Dios tendremos memoria» (Sal. 20:7). Multiplicar caballos, en aquel entonces, significaba tanto poder militar como *status* para un gobernante, y el Señor no quería ningún líder gloriándose de eso. El riesgo de permitir que el ego sucumba al orgullo es real y requiere nuestra prevención.
2. **Satisfacción carnal.** «… ni tomará para si muchas mujeres». Después que David cometió adulterio con Betsabé, el profeta Natán lo reprendió y, de la parte del Señor, dijo: «y te di la casa de tu señor, y las mujeres de tu señor en tu seno; además te di la casa de Israel y de Judá; y si esto fuera poco, te habría añadido mucho más» (2 S 12:8). La pregunta fue, netamente: «¿Quizás le faltaba algo en esa área?», y todos sabemos que la respuesta es no. Salomón también fracasó en el mismo tema: «Y tuvo setecientas mujeres reinas y trescientas concubinas; y sus mujeres desviaron su corazón» (1 R 11:3). Infelizmente, muchos vienen cayendo en esa trampa.
3. **Propiedades.** «… ni plata ni oro amontonará para sí en abundancia». Vea la expresión «en abundancia». El tema no era que el líder no podría tener bienes materiales, sino que era necesario un límite de contentamiento. El incremento en el campo financiero puede, de acuerdo con las Escrituras, significar tragedia o bendición, el resultado depende de cual será la actitud de la persona. Esa es la razón de la advertencia divina: «A los ricos de este siglo manda que no sean altivos, ni pongan la esperanza en las riquezas, las cuales son inciertas, sino en el Dios vivo, que nos da todas las cosas en abundancia para que las disfrutemos» (1 Ti 6:17). El texto bíblico habla tanto del peligro del orgullo a causa del éxito

financiero como también del riesgo de depositar la esperanza en el lugar equivocado.

Con el fin de mostrar un *estándar* de batalla en las áreas de riesgo, miremos a Jesús. El propio Cristo, como hombre, fue tentado y libró batalla en las mismas tres esferas:

1. **Ego**. El Maligno tentó a Jesús para que saltara de la cumbre del templo públicamente, con el fin de apresurar su reconocimiento como el Mesías: «Entonces el diablo le llevó a la santa ciudad, y le puso sobre el pináculo del templo, y le dijo: Si eres Hijo de Dios, échate abajo; porque escrito está: A sus ángeles mandará acerca de ti, y, en sus manos te sostendrán, para que no tropieces con tu pie en piedra. Jesús le dijo: Escrito está también: No tentarás al Señor tu Dios» (Mt 4:5-7).
2. **Satisfacción carnal**. El Diablo le tentó a Jesús a transformar piedras en panes después de 40 días de ayuno y gran hambre: «Y después de haber ayunado cuarenta días y cuarenta noches, tuvo hambre. Y vino a él el tentador, y le dijo: Si eres Hijo de Dios, di que estas piedras se conviertan en pan. Él respondió y dijo: Escrito está: No sólo de pan vivirá el hombre, sino de toda palabra que sale de la boca de Dios» (Mt 4:2-4).
3. **Propiedades**. Satanás ofreció a Cristo los reinos y la gloria de este mundo: «Otra vez le llevó el diablo a un monte muy alto, y le mostró todos los reinos del mundo y la gloria de ellos, y le dijo: Todo esto te daré, si postrado me adorares. Entonces Jesús le dijo: Vete, Satanás, porque escrito está: Al Señor tu Dios adorarás, y a él sólo servirás."» (Mt 4:8-10).

Al observar esos textos del Antiguo y Nuevo Testamento, se revela un estándar en la tentación de los líderes. Hernandes Dias Lopes, con conocimiento de causa de quien ya predicó en más de mil iglesias de diversas denominaciones, hace la siguiente declaración:

> Cada año crece más la cantidad de pastores que se hunden en el ministerio debido a cuestiones de sexo, dinero y poder.

¡Esa es una información alarmante!

Así que, vamos a analizar mejor cada uno de los principales peligros.

EGO

Nuestro ego suele ser más vulnerable de lo que cree la mayoría de nosotros. El orgullo, la ambición de ser, termina por espandirse en lo más íntimo. Observe la siguiente situación, que involucró a los doce apóstoles. Fíjese que estamos hablando de la primera línea, de aquellos que ocuparían el primer nivel de liderazgo de la iglesia de Jesús. Había, entre ellos, una disputa sobre quién era el más importante:

> Y llegó a Capernaum; y cuando estuvo en casa, les preguntó: ¿Qué disputabais entre vosotros en el camino? Mas ellos callaron; porque en el camino habían disputado entre sí, *quién había de ser el mayor*. Entonces él se sentó y llamó a los doce, y les dijo: Si alguno quiere ser el primero, será el postrero de todos, y el servidor de todos. (Marcos 9:33-35, énfasis añadido)

El orgullo destruye los ministerios. Conforme alguien dijo, el orgullo es algo parecido al mal aliento: ¡quien lo tiene es el único que no percibe! Es fundamental guardar el corazón de ese engaño sutil y vigilar esa área de vulnerabilidad a la cual todos estamos sometidos.

La Palabra de Dios nos enseña una importante lección cuando trata del orgullo del rey Nabucodonosor. El hombre que lideraba el primer imperio mundial tuvo un sueño (Dn 4:5). Una advertencia divina se le dio, a través de una visión nocturna, para que el rey reconociera la grandeza de Dios; lo que él ignoró. Las Escrituras revelan la actitud del corazón del gobernante caldeo: «Al cabo de doce meses, paseando en el palacio real de Babilonia, habló el rey y dijo: *¿No* es *ésta* la gran Babilonia que yo edifiqué para casa real con la fuerza de mi poder, y para gloria de mi majestad?» (Dn 4:29-30). Observe las expresiones destacadas: «yo», «mi» y «mi». Ellas indican un ego exacerbado. Y la seriedad de eso puede ser medida por el juicio divino ordenado sobre Nabucodonosor, aunque su arrepentimiento y su consecuente restauración también deban ser vistos como partes de la misma lección:

> Aún estaba la palabra en la boca del rey, cuando vino una voz del cielo: A ti se te dice, rey Nabucodonosor: El reino ha sido quitado de ti; y de entre los hombres te arrojarán, y con las bestias del campo será tu habitación, y como a los bueyes te apacentarán; y siete tiempos pasarán sobre ti, hasta que reconozcas que el Altísimo tiene el dominio en el reino de los hombres, y lo da a quien él quiere. En la misma hora se cumplió la palabra sobre Nabucodonosor, y fue echado de entre los hombres; y comía hierba como los bueyes, y su cuerpo se mojaba con el rocío del cielo, hasta que su pelo creció como plumas de águila, y sus uñas como las de las aves. Mas al fin del tiempo yo Nabucodonosor alcé mis ojos al cielo, y mi razón me fue devuelta; y bendije al Altísimo, y alabé y glorifiqué al que vive para siempre, cuyo dominio es sempiterno, y su reino por todas las edades. Todos los habitantes de la tierra son considerados como nada; y él hace según su voluntad en el ejército del cielo, y en los habitantes de la tierra, y no hay quien detenga su mano, y le diga: ¿Qué haces? En el mismo tiempo mi razón me fue devuelta, y la majestad de mi reino, mi dignidad y mi grandeza volvieron a mí, y mis gobernadores y mis consejeros me buscaron; y fui restablecido en mi reino, y mayor grandeza me fue añadida. Ahora yo Nabucodonosor alabo, engrandezco y glorifico al Rey del cielo, porque todas sus obras son verdaderas, y sus caminos justos; y él puede humillar a los que andan con soberbia. (Daniel 4:31-37)

Alguien dijo que tal magnitud de tentación solo es probada tras conquistas relevantes, por encima del promedio. Hay una cierta verdad en eso, pero el ego del hombre no necesita mucho para ser incitado.

Otra característica de un ego desequilibrado se presenta cuando hay un espíritu de disputa. Cuando la Biblia dice que los apóstoles discutían acerca de cuál de ellos era el más importante, ¿qué revela eso? Que competían entre ellos. La inclinación para medir si nuestro éxito es mayor que el de los demás, aun en el ministerio, demuestra cuanto somos víctimas de las trampas del propio ego.

Otra evidencia del espíritu de disputa es la determinación de algunos para buscar el éxito personal a expensas de la tragedia ajena. Cuando Caín envidió y mató a su hermano Abel, ¿qué es lo que demostró? Que no titubearía en eliminar la «competencia» para llamar la atención. El mismo tropiezo hizo caer a Ezequías. El profeta Isaías anunció, de la parte de Dios, que los hijos del rey serían llevados cautivos, pero él no se preocupó por eso. Al contrario, incluso celebró el hecho de que él personalmente no iba a tener problemas. Observe:

> He aquí vienen días en que todo lo que está en tu casa, y todo lo que tus padres han atesorado hasta hoy, será llevado a Babilonia, sin quedar nada, dijo Jehová. Y de tus hijos que saldrán de ti, que habrás engendrado, tomarán, y serán eunucos en el palacio del rey de Babilonia. Entonces Ezequías dijo a Isaías: La palabra de Jehová que has hablado, es buena. Después dijo: Habrá al menos paz y seguridad en mis días. (2 Reyes 20:17-19)

El rey Ezequías fue un hombre de fe y de avivamiento en su generación. Un ejemplo de liderazgo espiritual, un ícono en sus días. Comprometido con la Palabra, luchó contra la idolatría y el pecado. Sin embargo, no le importó el triste destino de sus propios hijos, que serían llevados como esclavos y eunucos al palacio del rey de Babilonia. Su actitud era la de quien dice: «No me importa si los demás, a mi alrededor, se hunden; lo importante es que, al fin y al cabo, a mí me vaya bien».

He visto, con tristeza, ese tipo de liderazgo hoy. Hombres y mujeres de Dios, que experimentan milagros por la fe y promueven avivamiento para su generación, pero, con el ego en las alturas, buscan la primacía en detrimento de otros. Parece que no les importa cuando sus hijos (naturales y espirituales) sucumben, mientras que ellos mismos se beneficien.

La Palabra de Dios orienta hacia una actitud contraria. Debemos considerar superiores a los demás, no menos que nosotros.

> Nada hagáis por contienda o por vanagloria; antes bien con humildad, *estimando cada uno a los demás como superiores a él mismo*; no mirando cada uno por lo suyo propio, sino cada cual también por lo de los otros. (Filipenses 2:3-4, énfasis añadido)

Lo opuesto al espíritu de competición es el espíritu de Cristo. Tanto es así que la declaración que viene a continuación, en el próximo versículo, es: «Haya, pues, en vosotros este sentir que hubo también en Cristo Jesús» (Fil 2:5). Fuimos llamados para poner el interés de los demás por encima de los nuestros. La Biblia define eso como *autonegación* (Mc 8:34). Un ego exagerado, sobrevalorado, siempre será un problema. Y deberíamos tener mucho cuidado con ese tema.

La elección de Matías y el «rechazo» de José, llamado Barsabás, para ocupar el puesto del apostolado abandonado por Judas Iscariote, nos enseña algo (Hch 1:21-26). Puedo imaginar la alegría de Matías por haber sido elegido, pero es difícil mensurar el nivel de madurez y quebrantamiento necesarios para que José pudiera aceptar alegremente el plan y el propósito de Dios. Si no permitimos que el Señor trate con nuestro ego, ciertamente generaremos mucha confusión.

PLACERES CARNALES

El tema de los placeres carnales puede ser muy amplio. Por un lado, el Señor alertó a los reyes de Israel que no multiplicasen mujeres para sí, lo que trata directamente sobre atracción sexual. Por otro lado, la tentación de Jesús en el desierto, también en el área de placeres carnales, involucraba la comida.

Obviamente, es necesario tener en cuenta la amplitud del tema y el hecho de que involucra algo más que solo tentación sexual. Sin embargo, por cuestiones de objetividad y propósito, decidí concentrar la atención en el peligro de las tentaciones sexuales como el quid de los placeres carnales. Además de ser el área de mayor incidencia de caída entre los líderes, todavía hay implicaciones por ser un pecado cometido contra el cuerpo (tratado en el capítulo 9).

Enfatizo la orden divina de «no dejarse seducir por las mujeres» porque ese es el enfoque bíblico, pero es igualmente verdadero lo contrario. Por supuesto que las mujeres también necesitan tener cuidado y vigilar para preservar la pureza y la integridad.

Dicho eso, tomemos como ejemplo a José, en Egipto. La mujer de Potifar, insinuándose, lo invitó a acostarse con ella (Gn 39:7). Tenemos aquí una incitación al adulterio, a una relación sexual ilícita.

En aquel entonces, el hijo de Jacob todavía no era casado. Como soltero, enfrentó día tras día, y por mucho tiempo, el acoso de la mujer de su señor. Fue una tentación insistente. ¿Y cómo él la enfrentó?

> Aconteció después de esto, que la mujer de su amo puso sus ojos en José, y dijo: Duerme conmigo. Y él no quiso, y dijo a la mujer de su amo: He aquí que mi señor no se preocupa conmigo de lo que hay en casa, y ha puesto en mi mano todo lo que tiene. No hay otro mayor que yo en esta casa, y ninguna cosa me ha reservado sino a ti, por cuanto tú eres su mujer; ¿cómo, pues, haría yo este grande mal, y *pecaría contra Dios*? (Génesis 39:7-9, énfasis añadido)

El hombre de Dios percibió el engaño por detrás de la apelación a la satisfacción carnal. No importaba si él era el administrador y que, en la mayor parte del tiempo, era él quien estaba en la casa para encargarse de todo. Independientemente del hecho de que el marido estaba ausente, o bien de que la mujer no estuviera satisfecha, la verdad es que ella no pertenecía a José, y estaba específicamente prohibida, no solamente por la orden de Potifar, sino primeramente por los principios divinos.

Además de eso, por más atractiva que fuera aquella oferta para los deseos carnales, ella solo aportaría perjuicios. José se enfocó en lo que realmente interesa: ¡no vale la pena pecar contra Dios!

¿Qué hizo entonces José? ¿Cómo reaccionó?

¡Se alejó del deseo que era contrario a la Palabra de Dios! Desnudó el engaño y se sujetó a los mandamientos divinos para vencer a la tentación. Ese es el camino de la victoria.

¡Si las tentaciones siempre se alejaran después de la primera resistencia, seria todo mucho más fácil! Sin embargo, el Tentador no se rinde fácil. Él es persistente.

Después de ser vencido en el desierto por Jesucristo, y habiendo usado todo su arsenal de tentaciones, la Biblia dice que Satanás se apartó de Jesús *por un tiempo* (Lc 4:13). O sea, el Diablo siempre vuelve.

Con José pasó lo mismo. La mujer de Potifar insistió a diario, pero no logró éxito. Así que el Maligno intensificó el ataque. Lo que, hasta entonces, se limitaba a invitaciones y propuestas, pasó al nivel máximo de acoso: ¡ella intentó agarrarlo!

> Hablando ella a José *cada día*, y *no escuchándola él* para acostarse al lado de ella, para estar con ella, aconteció que entró él un día en casa para hacer su oficio, y no había nadie de los de casa allí. Y *ella lo asió por su*

> *ropa*, diciendo: *Duerme conmigo*. Entonces él dejó su ropa en las manos de ella, y huyó y salió. (Génesis 39:10-12, énfasis añadido)

Luego de ese *jaque mate*, José huyó. Observe que él no salió con estilo, cordialmente, sino que salió corriendo. ¡Él realmente huyó! Dejó sus vestiduras y salió solo con una parte de la ropa que usaba.

Nadie huye de un enfrentamiento que no le amedrente, o bien que no le cause debilidad, molestia. Me imagino que José se sintió lentamente socavado por aquellas constantes invitaciones.

Acuérdese que, cuando la tentación enciende nuestros deseos, ellos se vuelven progresivos, exactamente como pasó con Eva.

El texto dice que no había nadie más en aquella casa. Aun así, José huyó. Pienso que él no corrió de aquella mujer, sino de la oportunidad y posibilidad de terminar cediendo. Él no tenía miedo de la mujer, porque ella no era una bestia. Ella no estaba armada y tampoco quería herirlo o matarlo. El hecho es que ella representaba un peligro solamente dentro de aquella casa, y no fuera. Por eso que él corrió hacia afuera. Creo que José no huyó de ella, sino de la casa vacía, de la posibilidad que se mostraba delante de él.

Si su enfrentamiento con las pasiones se hace difícil y parece que usted no logra dominarlas, no pierda tiempo, ni se arriesgue intentando vencerlas. ¡Huya! Porque si ellas lo dominan, usted se encontrará en una situación terrible. Hay momentos donde tenemos que huir como José. Pablo le aconsejó a Timoteo a que hiciera lo mismo:

> Huye también de las pasiones juveniles, y sigue la justicia, la fe, el amor y la paz, con los que de corazón limpio invocan al Señor. (2 Timoteo 2:22)

El apóstol le decía a su hijo en la fe que, cuando las pasiones, los deseos de la carne, llegan con mucha intensidad (en la juventud, por ejemplo), entonces es tiempo de parar, de confrontar al enemigo. Es tiempo de elegir huir.

Cuando era adolescente, mi padre me enseñó esas mismas verdades. Y ellas me fueron muy útiles.

DESPRENDIMIENTO FINANCIERO

Todo cristiano, y no solo los líderes, debe vivir el desprendimiento financiero. Hay algunas verdades que necesitan que ser más enfatizadas en nuestros días y creo que esta sea una de ellas.

Hubo un tiempo en que, bajo la perspectiva de muchos en la iglesia, era considerado pecado cuando el cristiano poseía bienes materiales. No veíamos que el tema era el corazón. El hecho es que alguien puede amar el dinero, incluso sin tenerlo, y de esta manera, estar atrapado por la raíz de todos los males (1 Ti 6:10). De la misma manera, alguien puede cometer adulterio sin siquiera tener contacto físico con otra persona (Mt 5:28).

Con el tiempo, pasamos a entender que lo incorrecto no era el creyente tuviera dinero, sino al revés. Incluso, alguien definió la avaricia así: «el avariento no posee las cosas; sino que las cosas lo poseen».

Mientras que ese entendimiento se mostró liberador para algunos, también se transformó en una excusa para otros.

Actualmente veo muchos ministros que defienden demasiado el derecho de ser bendecido financieramente. No soy contrario a la idea de que existe un aspecto de la bendición divina que se manifiesta en lo material; sea en la vida del cristiano, o bien, en la vida de los ministros de Dios, incluso porque las Escrituras lo respaldan. Pablo manda que Timoteo les diga a los ricos de este mundo: «... ni pongan la esperanza en las riquezas, las cuales son inciertas, sino en el Dios vivo, que nos da todas las cosas en abundancia para que las disfrutemos» (1 Ti 6:17). Cuando considero la declaración de que Dios «nos provee de todo en abundancia para que lo disfrutemos» (NVI), no puedo negar que Él también nos bendice de esa manera. El problema, en mi opinión, es cuando perdemos el propósito y ponemos el corazón en el lugar equivocado.

Jesús dijo que no deberíamos preocuparnos con cuestiones materiales y de subsistencia básica (comida, bebida y vestimenta), pero deberíamos buscar primero, antes de estas cosas, Su reino:

> No os afanéis, pues, diciendo: ¿Qué comeremos, o qué beberemos, o qué vestiremos? Porque los gentiles buscan todas estas cosas; pero vuestro Padre celestial sabe que tenéis necesidad de todas estas cosas. Mas

> buscad primeramente el reino de Dios y su justicia, y todas estas cosas os serán añadidas. (Mateo 6:31-33)

No puedo negar que haya añadiduras materiales para quien busca el reino de Dios en primer lugar. Lo que me molesta es que, para muchos, la bendición material dejó de ser una consecuencia de quien está enfocado primordialmente en el reino de Dios, para ser el motivo de su principal persecución. Es casi como si creyeran que las palabras de Cristo fueron: «Buscad primeramente la bendición material y financiera y el reino os será añadido».

De verdad hay bendiciones que se manifiestan en al ámbito material y financiero. Pero, también es verdad que debemos cuidarnos para quedar atrapados en la misma área donde podemos ser bendecidos:

> No os hagáis tesoros en la tierra, donde la polilla y el orín corrompen, y donde ladrones minan y hurtan; sino haceos tesoros en el cielo, donde ni la polilla ni el orín corrompen, y donde ladrones no minan ni hurtan. Porque donde esté vuestro tesoro, allí estará también vuestro corazón. (Mateo 6:19-21)

En realidad, esas palabras de advertencia precedieron a las de la añadidura material prometida por Jesús, que aun dijo: «Ninguno puede servir a dos señores; porque o aborrecerá al uno y amará al otro, o estimará al uno y menospreciará al otro. No podéis servir a Dios y a las riquezas» (Mt 6:24). Escuché ministros defendiendo, con todas sus fuerzas, un altísimo estándar de vida en nombre del derecho del ministro. Otros defienden que Dios dio a los sacerdotes lo mejor de las ofrendas, y eso es verdad (Nm 18:8-19). Lo que muchos suelen no percatarse es que, en el mismo texto de Números, el Señor concluye así: «Y Jehová dijo a Aarón: De la tierra de ellos no tendrás heredad, ni entre ellos tendrás parte. Yo soy tu parte y tu heredad en medio de los hijos de Israel» (Nm 18:20). Parece que esa parte, que trata de que los levitas no pueden tener propiedades como tienen los demás israelitas de las otras tribus, casi ningún ministro quiere enfatizar.

Sé que eso no es una ley para nuestros días, pero revela un estándar de valores que el Señor no instituyó o comunicó *en vano*. Es necesario un equilibrio entre la visión de un Dios que dio lo mejor de las ofrendas a sus sacerdotes y la advertencia del mismo Dios para que ellos no se involucrasen en los negocios, como los demás israelitas tenían el derecho de involucrarse.

Por un lado, encontraremos declaraciones bíblicas que muestran el derecho de los que trabajan para Dios. Jesús dijo que «el obrero es digno de su salario» (Lc 10:7). Pablo cuestionó a los corintios: «¿No sabéis que los que trabajan en las cosas sagradas, comen del templo, y que los que sirven al altar, del altar participan? Así también ordenó el Señor a los que anuncian el evangelio, que vivan del evangelio» (1 Co 9:13-14). Y escribiendo a Timoteo, Pablo dijo también: «Los ancianos que gobiernan bien, sean tenidos por dignos de doble honor, mayormente los que trabajan en predicar y enseñar. Pues la Escritura dice: No pondrás bozal al buey que trilla; y: Digno es el obrero de su salario» (1 Ti 5:17-18). El hecho de que los que sirven al Señor tienen derechos materiales y financieros es innegable.

El tema es que, por otro lado, las mismas Escrituras que establecen ese derecho de los trabajadores del reino de Dios, también advierten acerca del peligro de una motivación equivocada. Pedro habló al liderazgo de la iglesia de su tiempo: «*Apacentad la grey de Dios* que está entre vosotros, cuidando de ella, no por fuerza, sino voluntariamente; *no por ganancia deshonesta*, sino con ánimo pronto» (1 P 5:2, énfasis añadido).

Jesús contrastó al buen pastor, que da la vida por sus ovejas, con el mercenario que, al ver el lobo, huye (Jn 10:11-13). ¿Cuál es la diferencia entre uno y otro? ¿Será que el pastor no tenía ningún sueldo por su trabajo? Pablo cuestionó: «¿quién apacienta el rebaño y no toma de la leche del rebaño?» (1 Co 9:7). Está claro que el pastor tenía un sueldo, pero su misión era más importante, a punto de disponerse a morir por ella. Para el mercenario, lo más importante no era la misión, sino la ganancia, el interés personal. Así que el punto clave no es si tenemos o no tenemos derechos, sino si los convertimos en el propósito o bien en la consecuencia.

Desde el Antiguo Pacto, los líderes deberían ser desvinculados:

> Además escoge tú de entre todo el pueblo varones de virtud, temerosos de Dios, varones de verdad, que *aborrezcan la avaricia*; y ponlos sobre el pueblo por jefes de millares, de centenas, de cincuenta y de diez. Ellos juzgarán al pueblo en todo tiempo; y todo asunto grave lo traerán a ti, y

> ellos juzgarán todo asunto pequeño. Así aliviarás la carga de sobre ti, y la llevarán ellos contigo. (Éxodo 18:21-22)

¿Será que ha cambiado el estándar del Antiguo para el Nuevo Pacto? ¡Por supuesto que no! Ya vimos la advertencia de Pedro enfatizando eso. Pero Pablo también ha enseñado acerca de la misma verdad, colocando el desasimiento tanto como un rasgo de carácter como una cualificación necesaria para obispos y diáconos. Para quien anhelaba el episcopado, él exigió que fuera «no codicioso» (1 Ti 3:3). Para quien fuera ocupar el diaconato, determinó la misma cualificación exigida para los obispos en la carta para Tito (Tit 1:7): «no codiciosos de ganancias deshonestas» (1 Ti 3:8).

Por lo tanto, la pregunta que se debe hacer para los ministros (y para los que anhelan el ministerio) es: ¿estaría usted, en algún momento, dispuesto a renunciar a sus derechos y todavía dedicarse, apasionadamente, a la causa del evangelio?

Pablo lo hizo. Él dijo a los corintios: «no hemos usado de este derecho» (1 Co 9:12) y luego volvió a afirmar: «de nada de esto me he aprovechado» (1 Co 9:15). Dijo eso mientras declaraba que el trabajador es digno de su sueldo. Observe que él lo llama de derecho, no de algo malo. El trabajador tiene derechos y su sueldo es uno de ellos. El tema no es si tenemos o no derecho a la remuneración, sino si nuestro corazón depende o no del uso de ese derecho para permanecer en el ministerio.

Sé que ese es un tema delicado y donde experimentamos mucha presión. Todavía recuerdo los comentarios de la época en que empecé en el ministerio pastoral: «¡Si el pastor tiene un auto viejo es porque no tiene fe, si tiene un auto nuevo es porque está explotando a la iglesia!»

Defiendo la dignidad del sostén de la familia pastoral, porque es bíblico. No hablo en contra de eso y sé que, para muchos, la decisión de no estar en el ministerio en tiempo integral resulta de la mentalidad tacaña de algunas iglesias. Sin embargo, no puedo fingir que no hay aquellos que, enmascarados tras el derecho al sostén, intentan esconder una enorme avaricia. Y ambos extremos están equivocados.

Una buena manera de evaluar la motivación del corazón es chequear la capacidad de renunciar a lo que se posee. Moisés renunció a muchas cosas por causa de su llamado:

> Por la fe Moisés, hecho ya grande, rehusó llamarse hijo de la hija de Faraón, escogiendo antes ser maltratado con el pueblo de Dios, que gozar de los deleites temporales del pecado, teniendo por mayores riquezas el vituperio de Cristo que los tesoros de los egipcios; porque tenía puesta la mirada en el galardón. (Hebreos 11:24-26)

Las Escrituras revelan que Timoteo, reproduciendo lo que había aprendido con su mentor, era alguien que no buscaba solamente su propio interés:

> Espero en el Señor Jesús enviaros pronto a Timoteo, para que yo también esté de buen ánimo al saber de vuestro estado; pues a ninguno tengo del mismo ánimo, y que tan sinceramente se interese por vosotros. Porque todos buscan lo suyo propio, no lo que es de Cristo Jesús. Pero ya conocéis los méritos de él, que como hijo a padre ha servido conmigo en el evangelio. (Filipenses 2:19-22)

Sin embargo, infelizmente, no todos actúan así. El apóstol Pedro alertó acerca de este tipo de tropiezo de los ministros: «y *por avaricia* harán *mercadería* de vosotros con palabras fingidas.» (2 P 2:3, énfasis añadido). Y añadió: «tienen el corazón *habituado a la codicia*, y son hijos de maldición. Han dejado el camino recto, y se han extraviado siguiendo el camino de Balaam hijo de Beor, el cual amó el premio de la maldad» (2 P 2:14-15, énfasis añadido).

Porque nos arriesgamos a perdernos en ese tipo de ambición (así como los demás), ¡que ninguno de nosotros deje de resguardarse! Que estemos en constante vigilancia y tengamos siempre la sensibilidad de permitir ser corregidos por el Señor de la Iglesia, como Él hizo con los ángeles de las iglesias de Asia, en el Apocalipsis.

16

NO REPITA EL ERROR DEL DIABLO

«El orgullo es la fuente de todas las enfermedades, porque es la fuente de todos los vicios». (San Agustín)

Hablamos sobre el orgullo cuando tratamos sobre la vulnerabilidad de nuestro ego, pero necesitamos avanzar un poco más en ese tema. La Palabra de Dios relaciona dos aspectos con la soberbia:

1. Fue la razón de la caída de Satanás.
2. El Maligno hará de todo para arrastrar a los hombres a la misma condenación que él mismo recibió por causa de ese pecado.

Una vez que entendemos que el orgullo es la causa de la caída del Diablo y que él se esforzará para hacer tropezar a los ministros de Dios en el área de su experiencia, inmediatamente encendemos una alerta. Necesitamos cuidarnos.

Vea la advertencia bíblica para los candidatos al ministerio:

No un neófito, no sea que *envaneciéndose* caiga *en la condenación del diablo*. También es necesario que tenga buen testimonio de los de afuera,

> para que *no caiga en descrédito y en lazo del diablo.* (1 Timoteo 3:6-7, énfasis añadido)

¿De qué trata exactamente el texto de Timoteo?

1. El candidato al ministerio está sujeto a caer en el pecado del orgullo.
2. El diablo tiene lazos para enredar a los hombres en la misma área en que cayó y fue condenado.

Sobre la caída de Satanás, Jesús declaró: «Yo veía a Satanás caer del cielo como un rayo» (Lc 10:18). Desde luego, sabemos que hubo una caída. El apóstol Pablo señaló a Timoteo que la soberbia conduce al hombre a la misma condenación del diablo, por lo tanto, se sobreentiende cual fue el área de la caída de Lucifer. ¿Pero cómo lo sabía Pablo? ¿Dónde las Escrituras proporcionan esa información? Fíjese en los siguientes textos:

> ¡Cómo caíste del cielo, oh Lucero, hijo de la mañana! Cortado fuiste por tierra, tú que debilitabas a las naciones. Tú que decías en tu corazón: Subiré al cielo; en lo alto, junto a las estrellas de Dios, levantaré mi trono, y en el monte del testimonio me sentaré, a los lados del norte; sobre las alturas de las nubes subiré, y seré semejante al Altísimo. (Isaías 14:12-14)

Vea las frases «junto a las estrellas de Dios, levantaré mi trono» y «seré semejante al Altísimo». ¿Son o no formas de soberbia?

¿Y cómo se puede saber que se refiere a la caída de Satanás? Además del término «cómo caíste del cielo», que no se aplica a cualquiera, es muy común el uso de la palabra «estrella» para referirse a los ángeles en la Biblia, y el diablo era un ángel. El libro de Job narra un episodio de cuando la Tierra estaba siendo creada, y hace una relación entre las «estrellas» y los «hijos de Dios»: «¿... Cuando alababan todas las estrellas del alba, Y se regocijaban todos los hijos de Dios?» (Job 38:7). Como el hombre no había sido formado aún, las estrellas mencionadas se refieren a los ángeles. También debemos tener en cuenta las palabras del profeta Ezequiel:

> Vino a mí palabra de Jehová, diciendo: Hijo de hombre, levanta endechas sobre el rey de Tiro, y dile: Así ha dicho Jehová el Señor: Tú eras el sello de la perfección, lleno de sabiduría, y acabado de hermosura. *En Edén, en el huerto de Dios estuviste*; de toda piedra preciosa era tu vestidura; de cornerina, topacio, jaspe, crisólito, berilo y ónice; de zafiro, carbunclo, esmeralda y oro; los primores de tus tamboriles y flautas estuvieron preparados para ti en el día de tu creación. Tú, *querubín* grande, protector, yo te puse en el santo monte de Dios, allí estuviste; en medio de las piedras de fuego te paseabas. Perfecto eras en todos tus caminos desde el día que fuiste creado, hasta que se halló en ti maldad. A causa de la multitud de tus contrataciones fuiste lleno de iniquidad, y pecaste; por lo que yo te eché del monte de Dios, y te arrojé de entre las piedras del fuego, *oh querubín* protector. Se enalteció tu corazón a causa de tu hermosura, corrompiste tu sabiduría a causa de tu esplendor; yo te arrojaré por tierra; delante de los reyes te pondré para que miren en ti. (Ezequiel 28:11-17, énfasis añadido)

Tanto en el capítulo 14 de Isaías como en el fragmento extraído del libro de Ezequiel, encontramos lo que se puede denominar como «profecía de doble referencia». En Isaías, la palabra se dirigía al rey de Babilonia, mientras que, en Ezequiel, al príncipe de Tiro. Aunque hay aplicaciones que no valen ni para el rey de Babilonia ni para el príncipe de Tiro. Por ejemplo, la clasificación de «querubín» y la mención «En Edén, en el huerto de Dios estuviste».

¿De quién hablan los textos? ¿Quién era el querubín que estaba en el Edén? ¿Quién cayó por su orgullo? Por lógica y eliminatoria entendemos que los dos textos apuntan a Satanás y la razón de su caída.

La denuncia hecha por el Señor sobre el tipo de pecado del ángel caído es evidente: «Por cuanto se enalteció tu corazón, y dijiste: Yo soy un dios» (Ez 28:2) y «Por cuanto pusiste tu corazón como corazón de Dios» (Ez 28:6). Y todavía: «Se enalteció tu corazón a causa de tu hermosura, corrompiste tu sabiduría a causa de tu esplendor» (Ez 28:17).

Los aspectos más destacados para la perfección, la sabiduría y la belleza de ese querubín, así como los ornamentos mencionados, hacen que muchos piensen que el diablo ocupaba una posición destacada y de probable liderazgo entre los ángeles antes de la caída. El término «lucero de la mañana» (Is 14:12, NVI) suele avalar esa idea, pues se refiere a una estrella que brilla más que las demás.

Pero nada de eso fue suficiente para alguien que se ha dejado llevar por el anhelo de querer ser más de lo que Dios planeó. Esa es la razón de la caída de Satanás. Más que eso, hay un lazo preparado por el Maligno a fin de conducir al hombre hacia la misma condenación, basta con que se involucre en el mismo tipo de ambición. Es así que muchos, llenos de orgullo, incurren en la misma condena del Diablo.

EL ANHELO DE QUERER SER MÁS

La historia de la humanidad muestra, muchas veces, el anhelo de querer ser más. Aparece y desborda en el comportamiento de las personas. Observe una de las actitudes que hizo que Dios juzgue a aquellos que querían edificar la torre de Babel:

> Y dijeron: Vamos, edifiquémonos una ciudad y una torre, cuya cúspide llegue al cielo; y *hagámonos un nombre*, por si fuéremos esparcidos sobre la faz de toda la tierra. (Génesis 11:4, énfasis añadido)

Ellos querían un nombre famoso. La versión de la Biblia de las Américas (LBLA) tradujo el anhelo de esos hombres de la siguiente manera: «Hagámonos un nombre famoso». Aquí vale la pena destacar la diferencia entre Babel y Abraham:

> Y haré de ti una nación grande, y te bendeciré, y engrandeceré tu nombre, y serás bendición. (Génesis 12:2)

No creo que Dios tenga algún problema con quien llega a tener su nombre conocido, tanto que Él mismo le prometió a Abraham: «y engrandeceré tu nombre».

El tema no es tener o dejar de tener un nombre grande; pero sí el *anhelo* de eso. Los de Babel, a quienes Dios dispersó, querían un gran nombre. Abraham no estaba buscando eso.

También podemos ver esa diferencia en las palabras de Jesús:

> Porque el que se enaltece será humillado, y el que se humilla será enaltecido. (Mateo 23:12)

El texto habla de quien quiere exaltarse y termina humillado. También habla de quien se humilla (y no le importa el enaltecerse) y por eso, será exaltado. Eso no significa que Dios «haga la contra» o que Él solo da lo contrario de lo que queremos. Quien aprende y practica la humildad está preparado para ser exaltado sin que se pierda en el proceso, porque mantiene un corazón blindado contra el orgullo. Pero quien busca la propia exaltación corre grave riesgo. Necesita ser frenado y aprender la lección sobre humildad.

Creo que esa ha sido la motivación para que muchos anhelen más, más de lo que fueron llamados a ser. Simple orgullo. Por otro lado, debemos ejercer fe para conquistar, incluso en el ministerio, y el lenguaje de la fe implica la capacidad de soñar con esas futuras conquistas. Sin embargo, en nombre de la fe, muchos desean ser más de lo que deberían ser o hacer en el Reino de Dios. Además, sus ambiciones no siempre son una respuesta al llamado divino. Muchas veces apenas revelan el clamor interior del propio ego en búsqueda de reconocimiento y proyección.

El apóstol Pablo, en la segunda epístola a los corintios, señala un principio importante respecto al ministerio: nadie debe ir más allá de la esfera de acción que ha sido determinada por Dios. Vea las palabras destacadas:

> Mas nosotros no nos gloriaremos desmedidamente, *sino dentro de la medida de la esfera que Dios nos señaló como límite* para llegar también hasta vosotros. *Pues no nos excedemos a nosotros mismos,* como si no os hubiéramos alcanzado, ya que nosotros fuimos los primeros en llegar hasta vosotros con el evangelio de Cristo; no gloriándonos desmedidamente, esto es, en los trabajos de otros, sino teniendo la esperanza de que conforme vuestra fe crezca, nosotros seremos, *dentro de nuestra esfera, engrandecidos aún más por vosotros.* (2 Corintios 10:13-15, LBLA, énfasis añadido)

Ciertamente, debo tener fe para recibir lo que Dios me prometió o lo que preparó para mí, pero no debo tratar de creer o luchar por aquello que no es de Su voluntad para mi vida. El Padre Celestial es quien nos da la fe para alcanzar aquello que Él, en Su gracia, planeó para cada uno de nosotros. La orientación bíblica es precisa: Nadie debe pensar sobre sí mismo más de lo que debería.

> Digo, pues, por la gracia que me es dada, a cada cual que está entre vosotros, que *no tenga más alto concepto de sí que el que debe tener*, sino que *piense de sí con cordura*, conforme a la medida de fe que Dios repartió a cada uno. (Romanos 12:3, énfasis añadido)

¡Esto es muy grave! Algunos son guiados por su ego, y no por Dios, a creer que son más de lo que realmente son. A estos, la Palabra de Dios los llama de mentirosos: «has probado a los que se dicen ser apóstoles, y no lo son, y los has hallado mentirosos» (Ap 2:2). No creo que de repente esas personas se levantaran en una mañana y decidieran mentir sobre su apostolado. Si pudiéramos volver en el tiempo y preguntarles si realmente creían ser apóstoles, seguramente contestarían que sí. Sin embargo, al proclamarse como lo que realmente no eran, fueron catalogadas por Dios como mentirosas. ¡Fueron engañadas por su propio ego!

Quien recibe un llamado específico de la parte de Dios debe permanecer en el lugar de su llamado. Sin embargo, tanto ayer como hoy, es recurrente dejarse llevar por la ambición de ser más de lo que Dios ha determinado. ¿Cuál fue el motivo de la revuelta de Coré? La respuesta aparece en el momento en que Moisés reprende a los hijos de Coré:

> Dijo más Moisés a Coré: Oíd ahora, *hijos de Leví*: *¿Os es poco* que el Dios de Israel os haya apartado de la congregación de Israel, acercándoos a él para que ministréis en el servicio del tabernáculo de Jehová, y estéis delante de la congregación para ministrarles, y que te hizo acercar a ti, y a todos tus hermanos los hijos de Leví contigo? *¿Procuráis también el sacerdocio*? (Números 16:8-10, énfasis añadido)

Ellos eran levitas, parte de la tribu de Israel que servía en el ministerio, sin embargo, no eran sacerdotes, función que el Eterno le había delegado a un grupo menor dentro de la misma tribu. Actuaron como si la porción que les había sido confiada no tuviera importancia, como si no fuera suficiente, razón por la cual ambicionaron la asignación ajena: el sacerdocio.

¿Por qué creían aquellos hombres que su posición tenía poca importancia? Si era lo que el Señor quería y esperaba de ellos, ¿cómo eso podría tener poca relevancia? No obstante, como buscaban reconocimiento humano (y no de Dios), no se conformaron con permanecer en el lugar de su llamado.

¿Cuándo se le puede considerar infiel a alguien? Cuando se rehúsa a hacer aquello que le fue asignado por Dios. Aun así, la infidelidad no puede ser vista solo en ese comportamiento. ¡Infiel no es solo aquel que hace menos, sino también es aquel que quiere hacer más de lo que fue llamado a hacer!

Ese tipo de comportamiento, de querer hacer más y cruzar las fronteras de su llamado, suele ser un reflejo del orgullo. Vea el ejemplo del rey Uzías:

> Mas cuando ya era fuerte, su corazón *se enalteció* para su ruina; porque se rebeló contra Jehová su Dios, entrando en el templo de Jehová para quemar incienso en el altar del incienso. Y entró tras él el sacerdote Azarías, y con él ochenta sacerdotes de Jehová, varones valientes. Y se pusieron contra el rey Uzías, y le dijeron: *No te corresponde a ti, oh Uzías*, el quemar incienso a Jehová, sino a los sacerdotes hijos de Aarón, que son consagrados para quemarlo. Sal del santuario, porque has prevaricado, y no te será para gloria delante de Jehová Dios. (2 Crónicas 26:16-18, énfasis añadido)

¿Cómo el rey pudo pensar que la responsabilidad de quemar el incienso, designada solo a los sacerdotes levitas, podría ser transferida a él? La respuesta está clara en el texto: «se enalteció». No estoy diciendo que las personas no deban ser proactivas en las cuestiones sencillas del cotidiano, sino que hay tareas específicas que Dios designa para personas específicas en el ministerio.

ENTIENDA SU LUGAR

Todo ministro debe entender dos cosas. Primero, entender cuál *es* su lugar en Dios y en el ministerio. Y segundo, entender cuál *no es* su lugar.

Aunque parezca tan obvio, es fundamental conocer no solamente el llamado divino, sino también los límites de ese llamado.

Los discípulos de Juan el Bautista tuvieron un conflicto interno porque Jesús bautizaba más gente que el propio Juan. Hay una estupenda lección que debemos aprender con ese episodio:

> Después de esto vino Jesús con sus discípulos a la tierra de Judea, y estaba allí con ellos, y bautizaba. Juan también bautizaba en Enón, cerca de Salim, porque allí había mucha agua y muchos venían y eran bautizados. Porque Juan todavía no había sido metido en la cárcel. Surgió entonces una discusión entre los discípulos de Juan y un judío acerca de la purificación. Y vinieron a Juan y le dijeron: Rabí, mira, el que estaba contigo al otro lado del Jordán, de quien diste testimonio, está bautizando y todos van a Él. Respondió Juan y dijo: Un hombre no puede recibir nada si no le es dado del cielo. Vosotros mismos me sois testigos de que dije: «Yo no soy el Cristo, sino que he sido enviado delante de Él». El que tiene la novia es el novio, pero el amigo del novio, que está allí y le oye, se alegra en gran manera con la voz del novio. Y por eso, este gozo mío se ha completado. Es necesario que Él crezca, y que yo disminuya. (Juan 3:22-30, LBLA)

Para entenderlo mejor, vamos a dividir y detallar los eventos:

1. **La situación**. Tanto Jesús como Juan el Bautista bautizaban a las personas en Enón, y el pueblo iba hasta allí (versículos 22-24). El hecho de que la multitud comparecía refleja la popularidad de los dos ministerios.
2. **El cuestionamiento**. Los discípulos de Juan el Bautista se molestaron por el hecho de que Jesús, el que había sido bautizado y «ascendido» por el testimonio de su maestro, ahora no solo estaba bautizando (lo que anteriormente era exclusividad de Juan), sino que también ya estaba recibiendo más gente que el propio Juan el Bautista (versículos 25,26). Es evidente la frustración que sentían por haber sido superados por la «competencia», lo que, personalmente, me hace acordar de la reacción de muchos ministros cuando ven el ministerio de otros creciendo más que el de ellos mismos.

3. **La respuesta de Juan el Bautista** (versículos 27-30). Aquí encontramos una gran lección que nos dio Juan el Bautista, registrada por la inspiración del Espíritu Santo con el propósito de nuestro aprendizaje. Él reconocía que era solo el antecesor de Cristo, apenas el amigo del novio, no el novio. Su misión era tan solo ayudar a la novia en su relación con el novio, no tomar el lugar del novio. Juan reconocía la alegría de haber cumplido su llamado. Sabía que el ministerio de Jesús debía crecer, y el de él disminuir.

Comprender lo que somos en Dios, así como nuestro llamado y nuestro propósito en Él, es tan importante como entender quiénes no somos, a que fuimos llamados a ser, o a hacer. Esa característica es evidente en Juan el Bautista aun antes del episodio anteriormente mencionado. Cuando los judíos tenían dudas acerca de quién sería el profeta que arrastraba las multitudes al desierto (después de casi 400 años de silencio, sin expresivas manifestaciones proféticas), decidieron preguntarle. Y las respuestas del antecesor de Cristo demuestran la plena conciencia de su lugar, tanto de quién él *era* como de quién *no era*:

> Este es el testimonio de Juan, cuando los judíos enviaron de Jerusalén sacerdotes y levitas para que le preguntasen: ¿Tú, quién eres? Confesó, y no negó, sino confesó: Yo no soy el Cristo. Y le preguntaron: ¿Qué pues? ¿Eres tú Elías? Dijo: No soy. ¿Eres tú el profeta? Y respondió: No. Le dijeron: ¿Pues quién eres? para que demos respuesta a los que nos enviaron. ¿Qué dices de ti mismo? Dijo: Yo soy la voz de uno que clama en el desierto: Enderezad el camino del Señor, como dijo el profeta Isaías. (Juan 1:19-23)

Cuando entendieron que no era el Cristo, cuestionaron la autoridad de Juan el Bautista respecto a la práctica del bautismo de arrepentimiento:

> Y los que habían sido enviados eran de los fariseos. Y le preguntaron, y le dijeron: ¿Por qué, pues, bautizas, si tú no eres el Cristo, ni Elías, ni el profeta? Juan les respondió diciendo: Yo bautizo con agua; mas en medio de vosotros está uno a quien vosotros no conocéis. Este es el que viene después de mí, el que es antes de mí, del cual yo no soy digno de

> desatar la correa del calzado. Estas cosas sucedieron en Betábara, al otro lado del Jordán, donde Juan estaba bautizando. (Juan 1:24-28)

En ese momento, Juan contestó de manera incompleta y no concluyente. Dijo solo que bautizaba con agua, pero que el Cristo manifestaría un bautismo superior. La respuesta plena solamente se les dio al día siguiente:

> *El siguiente día* vio Juan a Jesús que venía a él, y dijo: He aquí el Cordero de Dios, que quita el pecado del mundo. Este es aquel de quien yo dije: Después de mí viene un varón, el cual es antes de mí; porque era primero que yo. Y yo no le conocía; mas para que fuese manifestado a Israel, por esto vine yo bautizando con agua. (Juan 1:29-31, énfasis añadido)

El precursor concluye la respuesta pendiente del día anterior con claridad y firmeza: su bautismo tan solo tenía el objetivo de manifestar al Mesías. Pero lo que llama la atención es cuando Cristo aparece, en el mismo día en que Juan concluye su respuesta y reconoce quién es y quién no es, y quién no debería ser. Siempre habrá un «porvenir» en la vida de quien entiende su lugar y no usurpa la gloria divina. Creo que «el momento adecuado» para que Jesús aparezca, brille, se revele en nosotros y a través de nosotros es cuando entendemos quién es quién en la historia.

La grandeza de Juan el Bautista fue destacada por el Señor Jesús: «De cierto os digo: Entre los que nacen de mujer no se ha levantado otro mayor que Juan el Bautista; pero el más pequeño en el reino de los cielos, mayor es que él» (Mt 11:11). Hay otros motivos para esa declaración, pero al decir que el menor es mayor, Cristo aclara uno de esos motivos: la capacidad de Juan de no exaltarse, ni de promoverse más allá de su llamado.

Muchos se pierden buscando la gloria y la proyección que no les pertenecen. Sufren la misma condenación del diablo. O sea, líderes que son el retrato opuesto de quien fue Juan el Bautista, como es el caso de Diótrefes:

> Yo he escrito a la iglesia; pero Diótrefes, al cual *le gusta tener el primer lugar* entre ellos, no nos recibe. Por esta causa, si yo fuere, recordaré las

> obras que hace parloteando con palabras malignas contra nosotros; y no contento con estas cosas, no recibe a los hermanos, y a los que quieren recibirlos se lo prohíbe, y los expulsa de la iglesia. (3 Juan 1:9-10, énfasis añadido)

Es muy difícil creer que un líder no aceptaba recibir al apóstol Juan (y a ninguno de los hermanos que se relacionaban con él) en su congregación, pero aquel ciudadano llegó a este punto. ¿Cómo alguien rechazaría ser ministrado por uno de los doce apóstoles del Cordero y, en especial, del discípulo amado?

La respuesta está en el texto bíblico: a Diótrefes «le gusta tener el primer lugar entre ellos». La verdad es que nadie podía brillar bajo el mismo foco reflector que Diótrefes. Eso es más que inmadurez, es una enfermedad emocional.

Lastimosamente es verdad que muchos buscan su propio reino, y no el de Dios. Las actitudes revelan la inversión. Así como hay un lenguaje corporal que expone emociones e intenciones de quien las expresa, también hay un lenguaje emocional tan revelador como aquel. Consideremos, por ejemplo, la actitud de Nabucodonosor al erigir aquella estatua de oro:

> El rey Nabucodonosor hizo una *estatua de oro* cuya altura era de sesenta codos, y su anchura de seis codos; la levantó en el campo de Dura, en la provincia de Babilonia. Y envió el rey Nabucodonosor a que se reuniesen los sátrapas, los magistrados y capitanes, oidores, tesoreros, consejeros, jueces, y todos los gobernadores de las provincias, para que viniesen a la dedicación de la estatua que el rey Nabucodonosor había levantado. Fueron, pues, reunidos los sátrapas, magistrados, capitanes, oidores, tesoreros, consejeros, jueces, y todos los gobernadores de las provincias, a la dedicación de la estatua que el rey Nabucodonosor había levantado; y estaban en pie delante de la estatua que había levantado el rey Nabucodonosor. Y el pregonero anunciaba en alta voz: Mándase a vosotros, oh pueblos, naciones y lenguas, que al oír el son de la bocina, de la flauta, del tamboril, del arpa, del salterio, de la zampoña y de todo instrumento de música, os postréis y adoréis la estatua de oro que el rey Nabucodonosor ha levantado. (Daniel 3:1-5, énfasis añadido)

Normalmente no se reflexiona sobre lo que llevó al rey de Babilonia a construir la estatua. Pienso que esa historia está directamente conectada al suceso narrado en el capítulo anterior. Como la estructura bíblica está dividida en capítulos, casi nunca conectamos lo que se dice un capítulo con lo que está en el siguiente. Las Escrituras no fueron escritas con esa división; capítulos y versículos se han introducido posteriormente para facilitar la localización de los textos. Sin embargo, aun conscientes de eso, no siempre manejamos correctamente el sentido de continuidad.

¿Qué pasó anteriormente?

Nabucodonosor tuvo un sueño, y el profeta Daniel le dio la interpretación profética. Él soñó con una estatua de cuatro tipos diferentes de metal: «La cabeza de esta imagen era de oro fino; su pecho y sus brazos, de plata; su vientre y sus muslos, de bronce; sus piernas, de hierro; sus pies, en parte de hierro y en parte de barro cocido» (Dn 2:32-33).

Cada metal representaba un imperio mundial, un reino que dominó toda la tierra en aquellos días: «Tú (Nabucodonosor) eres aquella cabeza de oro. Y después de ti se levantará otro reino inferior al tuyo; y luego un tercer reino de bronce, el cual dominará sobre toda la tierra. Y el cuarto reino será fuerte como hierro; y como el hierro desmenuza y rompe todas las cosas, desmenuzará y quebrantará todo» (Dn 2:38-40).

¿Cuál era el propósito del sueño?

Dios no solamente comunicaba los acontecimientos futuros, las sucesiones de reinados que irían a ocurrir. El objetivo era anunciar la venida del Reino de Dios. La piedra que destruía la estatua indicaba que el Altísimo terminaría el reino de los hombres para establecer Su propio Reino:

> Y en los días de estos reyes *el Dios del cielo levantará un reino* que no será jamás destruido, ni será el reino dejado a otro pueblo; desmenuzará y consumirá a todos estos reinos, pero él permanecerá para siempre, de la manera que viste que del monte fue cortada una piedra, no con mano, la cual desmenuzó el hierro, el bronce, el barro, la plata y el oro. El gran Dios ha mostrado al rey lo que ha de acontecer en lo por venir; y el sueño es verdadero, y fiel su interpretación. (Daniel 2:44-45, énfasis añadido)

Básicamente, el mensaje divino al rey de Babilonia era, en otras palabras, lo siguiente: «Si piensas que vas a permanecer en el poder, estás muy equivocado. El dominio mundial cambiará de manos por más tres veces antes que Yo acabe con la alegría de ustedes por gobernar el mundo. Yo estableceré mi propio gobierno. Mi Reino es eterno; ¡el de ustedes, no!»

¿Usted cree que fue una coincidencia el hecho de que, luego de recibir el mensaje, el rey Nabucodonosor haya ordenado levantar una gran estatua, hecha totalmente de oro? Para mí, el mensaje emocional por detrás de ese comportamiento era un grito del alma del rey de Babilonia. Se trata de una posible manera de decir: «¡Yo no soy solo la cabeza de oro que será sucedida por otros gobernantes, soy la estatua entera y seré el único a reinar!».

En el capítulo 4, vemos un nuevo mensaje divino, que no se debe considerar como desconectado de los anteriores. El capítulo comienza con el rey de Babilonia glorificando a Dios, después del episodio del horno:

> Nabucodonosor rey, a todos los pueblos, naciones y lenguas que moran en toda la tierra: Paz os sea multiplicada. Conviene que yo declare las señales y milagros que el Dios Altísimo ha hecho conmigo. ¡Cuán grandes son sus señales, y cuán potentes sus maravillas! Su reino, reino sempiterno, y su señorío de generación en generación. (Daniel 4:1-3)

Sin embargo, eso no significa que la raíz del orgullo fue completamente tratada. Así que Nabucodonosor tiene un segundo sueño que el profeta Daniel igualmente lo interpreta:

> El árbol que viste, que crecía y se hacía fuerte, y cuya copa llegaba hasta el cielo, y que se veía desde todos los confines de la tierra, cuyo follaje era hermoso, y su fruto abundante, y en que había alimento para todos, debajo del cual moraban las bestias del campo, y en cuyas ramas anidaban las aves del cielo, tú mismo eres, oh rey, que creciste y te hiciste fuerte, pues creció tu grandeza y ha llegado hasta el cielo, y tu dominio hasta los confines de la tierra. Y en cuanto a lo que vio el rey, un vigilante y santo que descendía del cielo y decía: Cortad el árbol y destruidlo; mas la cepa de sus raíces dejaréis en la tierra, con atadura de hierro y de bronce en la hierba del campo; y sea mojado con el rocío del cielo, y con las bestias del campo sea su parte, hasta que pasen sobre él siete tiempos; esta es la interpretación, oh rey, y la sentencia del Altísimo, que ha venido sobre

> mi señor el rey: Que te echarán de entre los hombres, y con las bestias del campo será tu morada, y con hierba del campo te apacentarán como a los bueyes, y con el rocío del cielo serás bañado; y siete tiempos pasarán sobre ti, hasta que conozcas que el Altísimo tiene dominio en el reino de los hombres, y que lo da a quien él quiere. Y en cuanto a la orden de dejar en la tierra la cepa de las raíces del mismo árbol, significa que tu reino te quedará firme, *luego que reconozcas que el cielo gobierna.* (Daniel 4:20-26, énfasis añadido)

Al cabo de un año, a pesar de la advertencia profética, el rey fue nuevamente envuelto por el orgullo:

> Al cabo de doce meses, paseando en el palacio real de Babilonia, habló el rey y dijo: ¿No es ésta la gran Babilonia que yo edifiqué para casa real con la fuerza de mi poder, y para gloria de mi majestad? (Daniel 4:29-30)

Observe los términos «la fuerza de mi poder» y «gloria de mi majestad». En ese mismo instante, el juicio anunciado se cumplió:

> Aún estaba la palabra en la boca del rey, cuando vino una voz del cielo: A ti se te dice, rey Nabucodonosor: El reino ha sido quitado de ti; y de entre los hombres te arrojarán, y con las bestias del campo será tu habitación, y como a los bueyes te apacentarán; y siete tiempos pasarán sobre ti, *hasta que reconozcas que el Altísimo tiene el dominio en el reino de los hombres, y lo da a quien él quiere.* (Daniel 4:31-32, énfasis añadido)

La expresión «hasta que reconozcas» revela que no basta solo «saber» que Dios reina y es Señor absoluto. ¡Necesitamos vivir como quien tiene plena conciencia de eso!

El propósito divino por detrás del proceso era que Nabucodonosor aprendiera la verdad. Eso me lleva a pensar que, al resistirse en aprender de la forma más sencilla, muchos ministros pueden ser sometidos a procesos dolorosos de tratamiento divino.

¿Cuándo Dios devolvió el reino para Nabucodonosor? Después de la humillación, vino el reconocimiento esperado. Con reverencia al gobierno divino, sin querer tomar el lugar de Dios, ocurrió la restauración:

> Mas al fin del tiempo yo Nabucodonosor alcé mis ojos al cielo, y mi razón me fue devuelta; y bendije al Altísimo, y alabé y glorifiqué al que vive para siempre, cuyo dominio es sempiterno, y su reino por todas las edades. Todos los habitantes de la tierra son considerados como nada; y él hace según su voluntad en el ejército del cielo, y en los habitantes de la tierra, y no hay quien detenga su mano, y le diga: ¿Qué haces? En el mismo tiempo mi razón me fue devuelta, y la majestad de mi reino, mi dignidad y mi grandeza volvieron a mí, y mis gobernadores y mis consejeros me buscaron; y fui restablecido en mi reino, y mayor grandeza me fue añadida. Ahora yo Nabucodonosor alabo, engrandezco y glorifico al Rey del cielo, porque todas sus obras son verdaderas, y sus caminos justos; y él puede humillar a los que andan con soberbia. (Daniel 4:34-37)

Sabemos que las cosas que fueron escritas, para nuestra enseñanza se escribieron (Ro 15:4), para amonestarnos a nosotros (1 Co 10:11). Por lo tanto, ¿qué podemos aprender con este suceso?

Sé que el Señor no tiene problemas en darnos un trono y una corona. Él no hizo eso solamente con Nabucodonosor. Observe:

> Y alrededor del trono había veinticuatro *tronos*; y vi sentados en los tronos a veinticuatro ancianos, vestidos de ropas blancas, con *coronas de oro* en sus cabezas. (Apocalipsis 4:4, énfasis añadido)

Confieso que, cuando era niño, me entusiasmé con la posibilidad de que algunos pudieran sentarse en tronos en el cielo. Quienesquiera que sean los 24 ancianos, yo pensaba que ellos lograron obtener una gran dádiva. Además de tronos, también tendrán coronas. Solo imaginar que pudiera ser uno de nosotros, ya me entusiasmaba.

Pero tenemos que entender que Dios no concede un trono y una corona a ninguno de nosotros con el fin de usurpar Su lugar. Los tronos y las coronas se nos dan solo con un propósito: que sepamos cuándo debemos depositarlas delante de Aquel que de hecho reina. Esa es la parte del mensaje que muestra el contrapunto de la exaltación dada por el Señor. Es necesario saber postrarse delante de Aquel que posee el verdadero trono.

> Y siempre que aquellos seres vivientes dan gloria y honra y acción de gracias al que está sentado en el trono, al que vive por los siglos de los siglos, los veinticuatro ancianos *se postran delante del que* está sentado en el trono, y adoran al que vive por los siglos de los siglos, y *echan sus coronas delante del trono*, diciendo: Señor, digno eres de recibir la gloria y la honra y el poder; porque tú creaste todas las cosas, y por tu voluntad existen y fueron creadas. (Apocalipsis 4:9-11, énfasis añadido)

Que jamás nos atrevamos a ocupar cualquier tipo de trono si no conseguimos bajar de él y postrarnos delante de Dios. Que jamás nos atrevamos a usar cualquier corona si no es para colocarla en el suelo, delante del trono del Creador. Al Señor, y solamente a Él, ¡sea dada la gloria!

¿REPUTACIÓN ANTE QUIÉN?

Cuando seamos capaces de entender la importancia de no buscar honra para nosotros mismos, la preocupación de lo que las personas piensan de nosotros será menor y el foco mayor será en cómo Dios nos ve. Muchos buscan reputación ante los hombres, cuando deberían preocuparse por su reputación ante el Señor.

El contraste entre los comportamientos de Saúl y David es enorme. Dios rechazó a Saúl y eligió a David, pero usualmente no creemos que la preocupación equivocada con la reputación pueda haber sido el factor determinante en la elección divina.

El rey Saúl demostraba valorar más la reputación delante de los hombres que delante de Dios, razón por la cual decidió desobedecer la orden divina a cambio de quedar bien con el pueblo, que ya lo estaba abandonando (1 S 13:8-12). El rey David, aun después de pecar, no demostró preocupación con lo que podría perder delante de los hombres, sino con cuanto de aquel pecado afectaría su relación con Dios: «No me eches de delante de ti, Y no quites de mí tu santo Espíritu. Vuélveme el gozo de tu salvación» (Sal 51:11-12).

Después de haber pecado, la única cosa que que Saúl vio como una pérdida fue la posición delante de los hombres; por eso pidió que Samuel lo honrara delante del pueblo (1 S 15:30). A su vez, David, tras pecar, demostró un gran pesar por haber herido el corazón de Dios, tanto que admitió: «Contra ti, contra ti solo he pecado, Y he hecho lo malo delante de tus ojos» (Sal 51:4).

Se puede ver el desprendimiento con relación a la reputación humana, incluso en el desacuerdo entre David y Mical, cuando el rey volvía a casa después de traer de vuelta el arca de la alianza para Jerusalén. Mical, que llevaba en ella el legado de Saúl, su padre, despreció la actitud de David, acusándolo de exposición excesiva ante el pueblo (2 S 6:16; 20-22). Su preocupación era sobre lo que las personas iban a pensar del rey. Pero a David no le importaba eso, pues sabía que el verdadero Rey no era él, sino Aquel que estaba representado en el arca (2 S 6:14-15; 20-22).

¡Cuantos vienen fracasando en esto! Consideremos el pecado de Ananías: él no se preocupó en agradar al Dios que todo lo ve y conoce, sino a los hombres que no sabían que él había retenido parte de la ofrenda. ¿Por qué alguien donaría la mayor parte de la venta de una propiedad, si no quería, de hecho, entregar al Señor sus bienes materiales? ¿Cuál otra razón motivaría la ofrenda? Imagino que Ananías entregó una buena parte de sus recursos financieros como «una compra de popularidad», a cambio de «conquistar la estima» de los demás cristianos de la comunidad. Se preocupó más con la reputación delante de los hombres que con la reputación delante de Dios.

De la misma manera, el problema de Simón, exmago de Samaria, no fue solamente haber ofrecido dinero para adquirir de los apóstoles el don de impartir el Espíritu Santo mediante la imposición de manos. Normalmente nos acordamos solo de la parte en que Pedro lo reprendió por eso.

Si usted tiene en cuenta quién fue Simón antes que el evangelio llegara a Samaria, comprenderá mejor esa historia:

> Pero había un hombre llamado Simón, que antes ejercía la magia en aquella ciudad, y había engañado a la gente de Samaria, haciéndose pasar por algún grande. A éste oían atentamente todos, desde el más pequeño hasta el más grande, diciendo: Este es el gran poder de Dios. Y le estaban atentos, porque con sus artes mágicas les había engañado mucho tiempo. (Hechos 8:9-11)

Él había sido la gran figura de la ciudad. De repente, Felipe viene proclamando el evangelio de Cristo con poder y «le roba el éxito», con varias señales y milagros llevados a cabo (Hch 8:5-8).

Creo que el verdadero motivo que hizo que Simón ofreciera dinero a Pedro tenía que ver con el anhelo de recuperar la estimación que había perdido. Él estaba dispuesto a «comprar» la popularidad (Hch 8:18-20). En ese anhelo, pecó contra Dios (Hch 8:21-24).

Por otra parte, Felipe recibe la orden divina de abandonar una ciudad en medio a un gran avivamiento para ir a evangelizar a un hombre.

¡Qué contraste! Diferente de Simón, a Felipe lo que le importaba no era la audiencia de las multitudes, sino la sonrisa en el rostro del Señor.

Necesitamos elegir delante de quién queremos mantener la reputación. Un episodio bíblico que me conmueve es el de la muerte de Esteban.

El ministerio de ese hombre era una verdadera potencia, tanto en la palabra como en los dones del Espíritu. Sin embargo, aunque haya sido tan alentador, tuvo poca duración. Se convirtió en el primer mártir.

Esteban no priorizaba la aprobación humana, basta con analizar el resultado de su prédica: «Oyendo estas cosas, se enfurecían en sus corazones, y crujían los dientes contra él» (Hch 7:54). En cambio, logró reputación delante del Señor:

> Pero Esteban, lleno del Espíritu Santo, fijó la mirada en el cielo y vio la gloria de Dios, y a Jesús de pie a la derecha de Dios. —¡Veo el cielo abierto —exclamó—, y al Hijo del hombre de pie a la derecha de Dios! (Hechos 7:55-56, NVI)

En toda la Biblia, usted verá ejemplos de reyes sentados en tronos en las audiencias públicas. Los textos también hablan siempre de Jesús sentado a la diestra de Dios. Pero, en la visión de Esteban, ¡Jesús estaba de pie! Eso «contradice» el estándar. Creo que Cristo mandaba un mensaje a su siervo: «¡Esteban, a alguien como tú yo lo recibo de pie!».

Esa es la única honra que vale. ¡Vivamos para obtenerla!

Como afirmó el apóstol Pablo, es posible enorgullecerse incluso por las gloriosas experiencias con Dios (2 Co 12:7). Por lo tanto, nunca dejemos de guardar el corazón, haciendo eso evitaremos caer en el mismo error y, consecuentemente, en la misma condenación del Diablo.

17

ROSTRO DESCUBIERTO

«Es bueno que desenmascaremos nuestros pecados, para que ellos no nos desenmascaren». (Thomas Watson)

Este capítulo presenta tanto una advertencia como un camino de prevención. Quiero iniciarlo dando los créditos debidos a quien me ayudó a ver verdades tan importantes. Oí por primera vez este principio a través del pastor Lawrence Khong, de Singapur, en una ministración suya en noviembre del 1997, en la ciudad de Londrina, Paraná. Utilizaré varios textos bíblicos, aplicaciones e ilustraciones diferentes del mensaje original, pero la idea central acerca del comportamiento de Moisés es la misma de la prédica que escuché hace algunos años.

Aprovecho la oportunidad para registrar aquí mi gratitud a Dios por el contenido que aprendí y también por la vida del hermano Lawrence. Él fue una bendición para mi vida en esa época y lo sigue siendo. La verdad que él me ayudó a conocer se transformó en un sendero sobre el cual apoyo mi caminata espiritual y ministerial hasta hoy.

Todo empezó con un comportamiento específico de Moisés, destacado y reprochado por el apóstol Pablo:

> Y no como Moisés, que ponía un velo sobre su rostro, para que los hijos de Israel no fijaran la vista en el fin de aquello que había de ser abolido. (...) Por tanto, nosotros todos, mirando a cara descubierta como en un

> espejo la gloria del Señor, somos transformados de gloria en gloria en la misma imagen, como por el Espíritu del Señor. (2 Corintios 3:13-18)

Al decir: «no como Moisés», el apóstol no señala una virtud del gran libertador de Israel. En realidad, esa sería la parte fácil de entender en la vida y en el comportamiento de Moisés: él fue la figura más importante del Antiguo Pacto, siendo que el propio Dios afirmó que él estaba por encima de los demás profetas. Moisés profetizó la venida del Mesías en los siguientes términos: «El Señor vuestro Dios os levantará profeta de entre vuestros hermanos, como a mí».

A pesar de eso, lo que Pablo destaca es un error de aquel hombre. Inspirado por el Espíritu Santo, el apóstol relaciona el uso del velo por Moisés a ni más ni menos que fingimiento. Una actitud de disimulación, de falta de transparencia.

Tal error no es exclusividad de Moisés. Todo líder, para no decir todo cristiano, en algún momento, también estará luchando para no cometer tal error.

¿POR QUÉ MOISÉS CUBRIA EL ROSTRO?

Cuando yo era niño, gracias a la influencia que he recibido de las enseñanzas de la escuela bíblica dominical, creía que Moisés se ponía el velo para que las personas no se asustaran con el brillo de su rostro, o sea, *para que no vieran* la gloria. Pablo desmiente el mito y afirma que el motivo era justamente lo contrario: ¡para que los israelíes no vieran que la gloria estaba desapareciendo!

Al mirar atentamente el relato bíblico, en el libro de Éxodo, eso queda evidente:

> Y aconteció que descendiendo Moisés del monte Sinaí con las dos tablas del testimonio en su mano, al descender del monte, no sabía Moisés que la piel de su rostro resplandecía, después que hubo hablado con Dios. Y Aarón y todos los hijos de Israel miraron a Moisés, y he aquí la piel de su rostro era resplandeciente; y tuvieron miedo de acercarse a él. Entonces Moisés los llamó; y Aarón y todos los príncipes de la

> congregación volvieron a él, y Moisés les habló. Después se acercaron todos los hijos de Israel, a los cuales mandó todo lo que Jehová le había dicho en el monte Sinaí. Y cuando *acabó Moisés de hablar* con ellos, *puso un velo sobre su rostro.* Cuando venía Moisés delante de Jehová para hablar con él, se quitaba el velo hasta que salía; y saliendo, decía a los hijos de Israel lo que le era mandado. Y al mirar los hijos de Israel el rostro de Moisés, veían que la piel de su rostro era resplandeciente; y volvía Moisés a poner el velo sobre su rostro, hasta que entraba a hablar con Dios. (Éxodo 34:29-35, énfasis añadido)

Aunque las personas se hayan asustado al ver resplandecer el rostro de su líder, el texto sagrado revela que Moisés les habló de cara limpia, sin ningún velo. El hombre de Dios se puso el velo solo después de hablar a los israelitas, y lo hizo no solo la primera vez que su rostro brilló. Siempre que salía de la presencia del Señor, su comportamiento se repetía:

1. Hablaba al pueblo las palabras de Dios.
2. El pueblo veía que su rostro brillaba.
3. Moisés cubría su rostro con un velo hasta volver a la presencia del Señor, cuando, entonces, salía otra vez con el rostro resplandeciente de la gloria divina.

La razón presentada por Pablo en la epístola a los Corintios es que Moisés no quería que los israelitas vieran que, con el tiempo, la gloria desaparecía. Aquella manifestación no era permanente. Cada vez que el gran líder de Israel entraba en la presencia de Dios, recibía una «recarga», pero, entre una ida y otra, la gloria desvanecía. Como ya había aparecido en público brillando, no quería que la gente notara la disminución progresiva de la luz. Para muchos líderes, después de haber brillado delante del pueblo, la gran dificultad es ser visto sin gloria, sin unción. Muchos de nosotros tenemos una desesperada disposición a ocultar las debilidades y las limitaciones. Esa es una de las «enfermedades» que puede afectar al liderazgo: *el complejo de súperhéroe.* Cuando estamos llenos de gloria, exhibimos el rostro resplandeciente para todos. Cuando no estamos tan llenos, vestimos un velo de engaño para que las personas piensen que aún estamos brillando, aunque de hecho ya no lo estemos más.

Ese error tiene un nombre: *disimulación*. ¡Peor que equivocarse es querer encubrir lo que se hizo! Esa actitud es antigua, comenzó con Adán y Eva. La dificultad de la primera pareja en admitir el pecado hizo con que se escondieran:

> Entonces fueron abiertos los ojos de ambos, y conocieron que estaban desnudos; entonces cosieron hojas de higuera, y se hicieron delantales. Y oyeron la voz de Jehová Dios que se paseaba en el huerto, al aire del día; y el hombre y su mujer se escondieron de la presencia de Jehová Dios entre los árboles del huerto. (Génesis 3:7-8)

Parece que este es un estándar de comportamiento del ser humano desde el inicio de la humanidad. Repetidamente se puede ver en la vida de los líderes que, debido al nivel de exposición pública y responsabilidad de ser hombres (o mujeres) de Dios, no quieren que jamás alguien vea cualquier rasgo de debilidad o pecado en sus vidas.

Fue exactamente eso lo que pasó con David. Él cometió pecado al adulterar con Betsabé, pero eso no oscurecería su imagen pública si terminara por ahí, hasta que la mujer lo notificó sobre el embarazo. Entonces, los intentos por ocultar el error solo empeoraron la situación. El pecado progresó de un adulterio a un homicidio, con la consiguiente pérdida del hijo engendrado (2 S 11:6-25). Si el rey David hubiese reconocido el pecado en vez de hacer todo lo posible para ocultarlo, la historia habría sido muy diferente, y las consecuencias no habrían sido tan graves.

El hombre que era considerado como un héroe nacional, aquel que las mujeres lo recibían con canticos al regresar de las guerras, el ungido de Dios. ¿Cómo el gran rey sería evaluado por el pueblo que lideraba si apareciera sin el brillo de Dios?

Está claro que el líder debe ser un modelo para el rebaño y cuidarse para no perder jamás el ejemplo. Él debe, por supuesto, vencer las debilidades. ¡Lo que él no puede hacer es intentar ocultar las debilidades que ya lo vencieron un día!

Cuando un líder cristiano oculta una *limitación* (no estoy hablando sobre pecado ahora), su actitud puede parecer cualquier otra cosa, ¡pero sigue siendo *disimulación*!

El apóstol Pedro, un hombre de plena estatura espiritual, una de las columnas de la Iglesia, cuando estuvo en Antioquia, demostró una propensión hacia el fingimiento, para que su imagen no quedara «rayada» delante de los demás líderes en Jerusalén:

> Pero cuando Pedro vino a Antioquía, le resistí cara a cara, porque era de condenar. Pues antes que viniesen algunos de parte de Jacobo, comía con los gentiles; pero después que vinieron, se retraía y se apartaba, porque tenía miedo de los de la circuncisión. Y en su simulación participaban también los otros judíos, de tal manera que aun Bernabé fue también arrastrado por la hipocresía de ellos. Pero cuando vi que no andaban rectamente conforme a la verdad del evangelio, dije a Pedro delante de todos: Si tú, siendo judío, vives como los gentiles y no como judío, ¿por qué obligas a los gentiles a judaizar? (Gálatas 2:11-14)

El tema en cuestión no era ocultar un pecado, sino solo un punto de vista, una opinión, un nivel de libertad que Pedro disfrutaba en su relación con los gentiles y que, obviamente, los hermanos que vinieron de Jerusalén para Antioquia no estaban de acuerdo. Lo que hizo Pedro fue clasificado por el autor de Gálatas como una acción de disimulación, de farsa. Pablo aun destacó el hecho de que tanto Pedro como los judíos tenían el mismo comportamiento: «no andaban con rectitud en cuanto a la verdad del evangelio».

Así como ocurrió con Moisés y David, el apóstol Pedro estaba preocupado con su imagen. ¿Qué iban a hablar de él si supieran de su convivencia con los gentiles? Los líderes suelen no querer demostrar debilidad, aunque no sea realmente una debilidad, y solo pueda ser interpretada como tal.

Pero al decir «no somos como Moisés, que ponía un velo tapando el rostro», Pablo muestra que, por haber entendido las consecuencias, prefirió actuar con absoluta honestidad:

> Sin embargo, si quisiera gloriarme, no sería insensato, porque diría la verdad; pero lo dejo, para que nadie piense de mí más de lo que en mí ve, u oye de mí. (2 Corintios 12:6)

El contexto de la afirmación indica que Pablo hablaba acerca de sus experiencias con visiones celestiales. En otras palabras, el apóstol declaraba: «Yo podría impresionar a los hombres contando mis experiencias con Dios, pero no quiero que la opinión de ellos sobre mí se base en eso. Quiero que ellos piensen acerca de mí de lo que se puede ver, de manera sencilla, en la convivencia diaria». Él dice claramente: «No quiero que piensen que soy más de lo que realmente soy».

Personalmente, entiendo un poco la actitud de Pablo porque yo he sido y sigo siendo testigo del ejemplo de uno de los pastores de nuestra iglesia en Curitiba, Francisco Gonçalves. Cuando yo tenía apenas tres años, él tuvo una experiencia extraordinaria. ¡Fue arrebatado en espíritu por siete días! Se acostó para dormir en una noche de domingo y, de repente, un ángel entró en su habitación declarando que había sido enviado de parte del Dios Altísimo con el propósito de mostrarle algunas cosas; lo tomó por la mano y se fueron para lo que me gusta llamar de «tour celestial». Francisco «volvió» de aquel arrebatamiento una semana después, en la tarde del domingo siguiente. Como Francisco no se despertaba, la familia llegó a llamar a un médico que, al examinarlo, dijo que todos los signos vitales estaban bien y solo los aconsejó que esperasen.

Las cosas que el pastor Francisco vio y escuchó durante aquel tiempo son sorprendentes. Cuando lo conocí y supe de su experiencia, hace veintiseis años, le pregunté el motivo por el cual casi no hablaba sobre el tema. Él contestó que fuimos llamados para predicar la Palabra de Dios, y no nuestras experiencias. Insistí diciéndole que las experiencias se podrían contar como una manera de ilustrar y aplicar las verdades bíblicas, y no de substituirlas. En la impetuosidad común de la juventud, repliqué: «Si fuera yo el que me hubiese quedado por siete días en el cielo, ya habría escrito un libro». Delante de eso, Francisco apenas argumentó diciendo: «¡Por eso nunca te fuiste!» O sea, «este tipo de experiencia no es para un chismoso como tú». Tuve ganas de decir: «¡Discúlpeme por la vergüenza que pasé!», pero entendí que el silencio era la mejor manera de terminar aquella conversación.

Compartí este tema porque, así como Pablo, el pastor Francisco me enseñó mucho acerca de no hacer que los otros piensen que somos más espirituales de lo que realmente somos. Él siempre me decía que el hombre de Dios debía ser visto en la sencillez de la relación cotidiana, no en una actuación exagerada de espiritualidad.

Diferente de Moisés y muchos de nosotros, Pablo prefería quitarse la máscara y presentarse de la forma más sincera y autentica posible. Hay una razón para la postura firme del apóstol, que trataremos más adelante: *¡sin transparencia y honestidad no hay transformación!*

El apóstol Pablo valoraba mucho ese principio, no solamente en su propia vida, sino también en la vida de aquellos en quienes invertía en el discipulado. Muchas veces me he preguntado: ¿qué vio Pablo en Timoteo? Aquel discípulo necesitó ser animado varias veces para que no descuidara los dones que había recibido, para que no dejara que nadie lo despreciara por ser joven. Además de eso, no tenemos registros históricos de grandes conquistas ministeriales de Timoteo. ¿Qué vio Pablo entonces en aquel discípulo que produjo una fuerte identificación con él? Hoy la respuesta me parece clara: una fe no fingida.

> Pues el propósito de este mandamiento es el amor nacido de corazón limpio, y de buena conciencia, y de fe no fingida. (1 Timoteo 1:5)

Otras versiones usan la expresión «fe sincera». En la segunda epístola a Timoteo, Pablo destaca nuevamente la fe no fingida (2 Ti 1:5), asignándola directamente a la persona de Timoteo. Todo esto demuestra cuánto el apóstol valoraba el tema de la transparencia, la honestidad y la autenticidad.

CONSECUENCIAS DE CUBRIR EL ROSTRO

Hay algo impresionante en la enseñanza de Pablo, que debe servir como una fuerte advertencia contra el uso del velo sobre el rostro. El «velo del engaño» que un líder usa puede ser transmitido a sus liderados y discípulos:

> Pero el entendimiento de ellos se embotó; porque hasta el día de hoy, cuando leen el antiguo pacto, les queda el mismo velo no descubierto, el cual por Cristo es quitado. Y aun hasta el día de hoy, cuando se lee a Moisés, el velo está puesto sobre el corazón de ellos. (2 Corintios 3:14-15)

Observe la expresión «les queda el mismo velo». El apóstol escribió esta epístola más de mil quinientos años después de Moisés. Sin embargo, dice que «hasta el día de hoy les queda el mismo velo». Por supuesto que no se refiere acerca del mismo paño físico usado por el gran legislador de Israel, incluso porque el texto dice que «el velo está puesto sobre el corazón de ellos», afirmación que indica una connotación espiritual.

La Palabra de Dios revela que la actitud de fingimiento de Moisés se convirtió en una especie de engaño espiritual en el corazón de los israelitas, que estaban orgullosos de ser discípulos de Moisés (Jn 9:28). Líderes que deciden disimular pueden transferir un pésimo legado a sus liderados y discípulos.

Por otra parte, una «fe no fingida» también es transmitida de una generación a otra:

> Trayendo a la memoria la fe no fingida que hay en ti, la cual habitó primero en tu abuela Loida, y en tu madre Eunice, y estoy seguro que en ti también. (2 Timoteo 1:5)

La fe no fingida que Pablo alaba en la vida de Timoteo, su hijo espiritual, había sido transferida de la abuela Loida su madre Eunice y de su madre hacia él. Esa es la herencia que los padres deberían transmitir a sus hijos y que cada líder debería transferir a sus liderados.

Esas consecuencias, en mi opinión, ya serían suficientes, sin embargo, hay otro motivo para que se llenen de temor los que recurren al uso del velo: sin descubrir el rostro, no hay transformación.

LA GLORIA VIENE CUANDO SE QUITA EL VELO

La transformación solo ocurre con el rostro descubierto. Si no nos «quitamos la máscara», ciertamente el poder transformador del Espíritu Santo no se manifestará:

> Por tanto, nosotros todos, mirando a cara descubierta como en un espejo la gloria del Señor, somos transformados de gloria en gloria en la misma imagen, como por el Espíritu del Señor. (2 Corintios 3:18)

¿Usted ya se dio cuenta de la intensidad y de la velocidad de transformación que ocurren en la vida de un nuevo converso? Sin embargo, ¡en algún momento de la caminata, el cambio de vida empieza a quedarse estancado, y el motivo no es porque el proceso de formarse con la imagen de Jesús se haya completado!

Después de más de veintisiete años de ministerio, observando el comportamiento de los cristianos, puedo afirmar que eso es un hecho. La transformación en la vida de los creyentes en general parece perder fuerza con el tiempo. Creo que una de las principales razones es que, al inicio de la vida cristiana, luego de la conversión, todos reconocen las áreas que carecen de cambio y se alegran por cada transformación alcanzada, y hasta testifican. Pero, después de un tiempo y de obtener muchas victorias, cuando el creyente comienza a ser reconocido por los hermanos como maduro y espiritual, la tendencia es que no sea más tan transparente o sincero respecto a sus debilidades. ¡Y eso viene desde los tiempos bíblicos!

Vea, por ejemplo, lo que pasó cuando la Palabra de Dios fue predicada en Éfeso:

> Y muchos de los que habían creído venían, confesando y dando cuenta de sus hechos. Asimismo muchos de los que habían practicado la magia trajeron los libros y los quemaron delante de todos; y hecha la cuenta de su precio, hallaron que era cincuenta mil piezas de plata. Así crecía y prevalecía poderosamente la palabra del Señor. (Hechos 19:18-20)

¿Por qué la Palabra de Dios crecía y prevalecía en Éfeso?

No solo porque había sido predicada, sino porque las personas, después de recibir el mensaje, reconocían e incluso confesaban sus pecados públicamente. Estudie cada avivamiento de la historia y descubrirá que hubo confesión de pecados. Ese es el tema. Cuando las personas reconocen debilidades, el poder del Espíritu Santo puede manifestarse en ellas.

¡Eso es doctrina bíblica!

Dios solo opera el poder transformador *cuando* reconocemos el área problemática. Más que eso, Él *solo* opera en el área donde admitimos que hay problemas. Vea lo que pasó con el profeta Isaías cuando tuvo una visión del Señor en el templo:

> Entonces dije: ¡Ay de mí! Que soy muerto; porque siendo hombre inmundo de labios, y habitando en medio de pueblo que tiene labios inmundos, han visto mis ojos al Rey, Jehová de los ejércitos. Y voló hacia mí uno de los serafines, teniendo en su mano un carbón encendido, tomado del altar con unas tenazas; y tocando con él sobre mi boca, dijo: He aquí que esto tocó tus labios, y es quitada tu culpa, y limpio tu pecado. (Isaías 6:5-7)

Ya he escuchado muchas veces la pregunta: «¿Cuál es el misterio de tocar en la boca?». Siempre contesto que no hay ningún misterio. Fue el resultado de la oración que hizo el profeta reconociendo la impureza en sus labios. Si Isaías hubiera orado «soy un hombre de ojos impuros», entonces el toque santificador sería sobre sus ojos. Mis hijos, en uno de nuestros cultos domésticos, afirmaron que, según esa lógica, ¡algunos creyentes carecen de una «ducha de brasas»!

Esa es una verdad bíblica incontestable. Dios solo actúa en las áreas donde reconocemos nuestros pecados. El propio Señor Jesús enseñó acerca de este principio:

> Aconteció que estando Jesús a la mesa en casa de él, muchos publicanos y pecadores estaban también a la mesa juntamente con Jesús y sus discípulos; porque había muchos que le habían seguido. Y los escribas y los fariseos, viéndole comer con los publicanos y con los pecadores, dijeron a los discípulos: ¿Qué es esto, que él come y bebe con los publicanos y pecadores? Al oír esto Jesús, les dijo: Los sanos no tienen necesidad de médico, sino los enfermos. No he venido a llamar a justos, sino a pecadores. (Marcos 2:15-17)

Cuando Jesús, en esta metáfora, se compara a un «médico», está hablando de sí mismo como *Salvador*. Cuando habla del «enfermo» que necesita de la sanación del médico, se refiere al *pecador*, aquel que necesita perdón del Salvador. Pero también menciona un tercer personaje: el «sano». No se trata de un justo que no necesita al Salvador, esa idea es refutada en otro fragmento de las Escrituras: «Como está escrito: No hay justo, ni aun uno» (Ro 3:10).

¿Si no hay nadie que pueda ser justo sin Cristo, quien es el «sano» que, en la parábola, no necesita un médico? La verdad es que el texto no describe a un hombre realmente «sano» (justo), sino a uno que *cree que es*. Por considerarse justo, también no reconoce la necesidad de un Salvador. O sea, una persona que no admite ni los propios errores, tampoco admitirá la dependencia de una medicina divina: la sangre de Jesús. El problema es que no hay salvación sin arrepentimiento y reconocimiento de pecados. Así como en la conversión, ese principio permanece por toda la vida cristiana. Cuando desvelamos el rostro somos transformados. Cuando disimulamos, aparentando no tener ningún pecado, la transformación simplemente no puede ocurrir. El Espíritu Santo solo manifestará Su poder transformador en aquellas áreas que han sido expuestas a Él de manera sincera y honesta.

Pero, además de reconocer las debilidades delante de Dios, que ya las conoce, aunque el hombre no lo admita, también hay necesidad de hacerlo *delante de los hombres*.

Hay una diferencia entre confesar los errores a Dios y hacerlo para los hombres. El *perdón* viene con la confesión a Dios, pero la *sanación* viene con la confesión a los hombres:

> Confesaos vuestras ofensas unos a otros, y orad unos por otros, para que seáis sanados. La oración eficaz del justo puede mucho. (Santiago 5:16)

Los protestantes, en nombre de la Reforma y en el fervor de restaurar las verdades bíblicas abandonadas por la Iglesia, salieron de algunos extremos para entrar en otros. Grupos evangélicos decidieron «arrojar al bebé junto con el agua sucia de la bañera», ocasionando una confusión sobre el tema «confesión de pecados».

Por la enseñanza bíblica, si alguien confiesa el pecado directamente a Dios, recibirá perdón:

> Si confesamos nuestros pecados, él es fiel y justo para perdonar nuestros pecados, y limpiarnos de toda maldad. (1 Juan 1:9)

Sin embargo, por querer arreglar desvíos doctrinarios, ¡creamos nuevos desvíos! Condicionar el perdón divino solamente al perdón de un sacerdote, o a quien quiera que sea, tampoco está alineado con las Escrituras Sagradas.

Vamos a volver al texto de Santiago. El apóstol trata del tema de la confesión de nuestros pecados los unos a los otros. No se trata de confesión *en la vertical*, para Dios, sino *en la horizontal*, para los hermanos.

Lo que él indica es que el propósito de la confesión para los hombres es diferente. No se confiesa para recibir perdón, sino «para que seáis sanados». Al exponer para otros hermanos las áreas de error y pecado, el hombre se abre para recibir *sanación*. No es voluntad de Dios de solo seguir en un ciclo donde siempre se perdona a alguien por el mismo pecado. Más que eso, ¡el Señor quiere darnos victoria sobre ese pecado!

He visto, por ejemplo, numerosas situaciones de hermanos que tuvieron problemas con la pornografía. Todos cuentan la misma historia: permanecieron, por mucho tempo, llorando y confesando sus caídas delante de Dios. Sin embargo, solamente cuando se abrieron con otros y confesaron el problema es cuando finalmente obtuvieron victoria.

Es por eso que la religiosidad es tan dañina. Además de perpetuar la mentira, cuyo padre es el propio diablo, la persona que finge espiritualidad entra en una condición de estancamiento en la vida espiritual, en la cual no podrá haber transformación.

Por otra parte, cuando admitimos y reconocemos las debilidades es cuando el poder de Dios puede manifestarse y actuar:

> Y me ha dicho: Bástate mi gracia; porque mi poder se perfecciona en la debilidad. Por tanto, de buena gana me gloriaré más bien en mis debilidades, para que repose sobre mí el poder de Cristo. Por lo cual, por amor a Cristo me gozo en las debilidades, en afrentas, en necesidades, en persecuciones, en angustias; porque cuando soy débil, entonces soy fuerte. (2 Corintios 12:9-10)

Que tremenda definición de gracia: ¡el poder de Dios que se perfecciona en nuestras debilidades! Las debilidades son nuestras, el poder contra ellas es de Dios. ¡El apóstol dice que aprendió a regocijarse en reconocer debilidades y limitaciones simplemente porque ese es el camino para la acción del poder de Dios en el hombre!

Caminar con el rostro descubierto no nos libera solo del alto costo, espiritual y emocional, de vivir de «teatro», sino también permite que seamos moldeados y transformados por el Señor.

RASGAR EL CORAZÓN, Y NO LOS VESTIDOS

Es el momento de quitar las máscaras, sacar el velo del rostro y andar en honestidad y transparencia. Esa es la esencia del verdadero arrepentimiento y también el anhelo que debe reinar en todo corazón que desea rendirse totalmente a Dios. Creo que era acerca de eso que hablaba el profeta Joel, por medio del Espíritu Santo, a los israelitas de su tiempo:

> Por eso pues, ahora, dice Jehová, convertíos a mí con todo vuestro corazón, con ayuno y lloro y lamento. *Rasgad vuestro corazón, y no vuestros vestidos*, y convertíos a Jehová vuestro Dios; porque misericordioso es y clemente, tardo para la ira y grande en misericordia, y que se duele del castigo. (Joel 2:12-13, énfasis añadido)

¡Guau! ¡Rasgar el corazón y no los vestidos! ¿Qué es lo que dice la Biblia?

Las Escrituras relatan varias veces la costumbre de los hebreos de rasgar las vestiduras para, luego, mostrar públicamente las ropas de luto que estaban ocultas:

> Al oír la queja de la mujer, el rey se rasgó las vestiduras. Luego reanudó su recorrido por la muralla, y la gente pudo ver que bajo su túnica real iba vestido de luto. (2 Reyes 6:30, NVI)

El rey de Israel salió en público vestido normalmente. De repente, rasgó sus vestiduras usuales para mostrar que, de hecho, estaba enlutado. Los verdaderos sentimientos de aquel rey respecto a la crisis que vivía el pueblo se manifestaron en el momento en que él rasgó las vestiduras. Era una manera de decir: «¡Ustedes me están viendo con ropas normales, pero mi interior está enlutado!»

Por medio del profeta Joel, Dios pidió que los israelitas rasgaran el corazón, para revelar el verdadero estado, como una comprobación de arrepentimiento. ¡Sinceridad y transparencia tienen un gran poder en la lucha contra el pecado! El Señor quería que el pueblo mostrara cómo realmente estaba en su interior, pues a Él no le importa la apariencia, lo que le interesa a Dios es el corazón.

> Y Jehová respondió a Samuel: No mires a su parecer, ni a lo grande de su estatura, porque yo lo desecho; porque Jehová no mira lo que mira el hombre; pues el hombre mira lo que está delante de sus ojos, pero Jehová mira el corazón. (1 Samuel 16:7)

El hombre intenta mantener su apariencia, porque es así que otros hombres lo ven y lo miden: desde el exterior. Vea que Dios desea transparencia, no para conseguir ver el corazón, pues eso Él ya lo conoce. Él quiere que el hombre aprenda a mostrar su propio interior a otros hombres, que naturalmente no pueden verlo. Esa transparencia es valiosa para Dios y útil para la maduración del hombre, que es llamado para caminar de gloria en gloria, sin la necesidad de ocultarse cuando la gloria se desvanece.

Que el entendimiento de estas verdades nos ayude a abandonar cualquier expresión de hipocresía, de modo que, por la gracia de Dios, andemos como Pablo: con el rostro descubierto.

18

PRESERVE LA SANTIDAD

«Del mismo modo que la luz del sol, aunque no tiene favoritos, no puede reflejarse en un espejo polvoriento del mismo modo en que lo haría en un espejo limpio». (C. S. Lewis)

En la década del 90, cuando aún estaba en el comienzo de mi ministerio pastoral, tuve una experiencia memorable. Nuestro equipo pastoral se turnaba en la prédica de los cultos, y yo estaba asignado para el próximo domingo. Como tenía un viaje programado para aquel fin de semana y regresaría solamente el domingo por la tarde, intenté preparar el mensaje con antelación.

Sin embargo, el sábado por la mañana, me desperté con un sentir en mi espíritu de que el mensaje de Dios para nuestra iglesia no era el que yo había planeado. Me quedé un tanto molesto, porque, por un lado, quería ser un mensajero fiel para transmitir lo que el Señor había reservado para Su pueblo y, por otro lado, no había más tiempo para preparar una nueva prédica, considerando la intensa agenda de ministraciones del día. No quería equivocarme y no podía imaginar cómo lograr hacerlo de la manera correcta. Durante todo ese día me venía siempre el mismo sentimiento, en mi espíritu, por repetidas veces.

Después del último culto de la noche, todavía participé de una reunión con el liderazgo de la iglesia. En seguida, mi esposa y yo separamos un tiempo para ministrar al pastor y a su esposa. Me acosté muy tarde. Me acuerdo de haberme acostado orando:

«Padre, Tu Palabra dice que a Tus amados les das hasta cuando duermen... Mañana tendré otro día muy ocupado, además de mi viaje de regreso. ¡Si tienes otra palabra para la celebración de este domingo, te pido que hables conmigo esta noche!»

Así que tuve un sueño. No es algo que me ocurre a menudo, pero yo sabía, aun antes de despertarme, que aquel sueño era profético, que Dios estaba hablando conmigo.

Me vi en una dimensión diferente de cualquier otra cosa que conocía o que aun conoceré. Alguien se acercaba a mí, por mis espaldas, a mi derecha. Quería darme vuelta para ver quién era, pero sentía que no tenía autorización para ello. Aquella persona empezó a hablarme:

«El sentir que tuviste en tu espíritu durante el día está correcto. Es la testificación del Espíritu Santo en ti. El mensaje que preparaste podrá ser predicado en otro culto, pero, para este domingo, el Señor tiene una palabra específica que deberá transmitirse a la iglesia».

¿Pero cuál sería el mensaje? Esa era la pregunta en mi interior. De repente, delante de mí surgió un texto bíblico. El pasaje de las Escrituras que veía era el siguiente:

> Las moscas muertas hacen heder y dar mal olor al perfume del perfumista; así una pequeña locura, al que es estimado como sabio y honorable. (Eclesiastés 10:1)

Entendí que ese sería el texto principal, el punto de partida del sermón. Me acuerdo todavía de la preocupación que sentí al considerar el contenido de ese versículo. ¿Qué podría resultar de ello? Al fin y al cabo, no es exactamente el tipo de versículo que la mayoría de nosotros lleva subrayado en la Biblia, lleno de apuntes, o uno de los que se sabe de memoria.

En aquel momento, la persona del sueño, que todavía estaba detrás de mí, empezó a orientarme. Dijo que había dos mensajes en el versículo: el *literal* y el *simbólico*; también confirmó que el Señor quería que yo predicara el mensaje simbólico, como advertencia profética. Entonces le pregunté: «Si no logro entender ni siquiera el mensaje literal, ¿cómo podré entender el simbólico?».

En seguida esa persona aclaró las dos cosas, pacientemente.

UN POCO DE ALGO MALO COMPROMETE MUCHA COSA BUENA

La persona me explicó lo que indicaba el texto: un poco de algo malo compromete muchas cosas buenas. Pocas moscas, a lo mejor una sola, pueden comprometer bastante el perfume. Así que estableció la comparación: «Es como dice un dicho popular que ustedes tienen: Uno puede hacer siempre bien las cosas, pero con una mala, te crucifican».

En aquella época, el perfume no era industrializado como lo es actualmente. Se trataba de un producto sencillo, casero. Las esencias eran extraídas de plantas y flores sumergidas en aceite, ya que éste tiene la capacidad de retener olor y sabor de aquello que permanece en él. Esa técnica todavía es empleada en la gastronomía. Se introducen sazonadores y condimentos en el aceite para que absorba tanto el olor como el sabor de lo que se le ha agregado. Es evidente que, cuanto más tiempo se queda, más intensos resultan tanto el sabor como el olor.

La producción del perfume no era inmediata, sino un proceso a largo plazo. Por tanto, mientras duraba el proceso, el aceite debería ser debidamente almacenado y protegido. Si cayeran insectos en el recipiente, el mal olor de ellos podría comprometer el perfume que estaba en preparación. En otras palabras, un poco de *algo malo* (insectos que huelen mal) puede comprometer muchas *cosas buenas* (todo el perfume del frasco).

La alegoría fue utilizada en Eclesiastés para indicar que un poco de necedad (estulticia) compromete mucha sabiduría y honra. Él me explicó que ese era el mensaje literal. Entonces el «visitante» de mi sueño prosiguió: «El mensaje simbólico es el siguiente: El aceite del perfumista tipifica la unción del Espíritu Santo. El perfume indica el buen testimonio o la capacidad de reflejar a Cristo (2 Co 2:15). Mientras las moscas muertas, un insecto asociado a la basura y los cuerpos en descomposición, significan impurezas. La tolerancia que muchos cristianos tienen con las impurezas les viene robando mucho más de lo que se imaginan. Lo que está faltando en la Iglesia no es unción. El problema es que la unción queda comprometida por las impurezas.

La pregunta que se debe hacer es: «¿Por qué las moscas cayeron en el aceite del perfumista?». Me acuerdo que pensé mientras reflexionaba sobre el versículo: «El texto bíblico no provee ese detalle. Solo dice que las moscas llegaron allá, pero no dice cómo».

Sin embargo, la respuesta está implícita, es *una cuestión de lógica*. ¡Las moscas solo cayeron en el perfume porque estaba descubierto, destapado, desprotegido! La verdad es que muchos cristianos no están siendo cuidadosos y bajan la guardia para pequeñas impurezas. Se excusan al decir que no están en pecado, pero no se dan cuenta de que, poco a poco, están siendo conducidos hacia él.

En aquel sueño, el Señor enfatizó que muchos pecados graves empezaron con tolerancia a pequeñas impurezas. Por eso, yo estaba siendo asignado para proclamar una convocación para un estatus de pureza.

A lo largo de veinticinco años de pastoreado, ministré a muchas parejas devastadas por el adulterio. En la mayoría de los casos, el problema comenzó con pequeños coqueteos, fantasías mentales y juegos emocionales. El descuido con pequeñas impurezas abrió la puerta para lo peor. No se trata de legalismo, sino de celo, de cuidado, porque las pequeñas concesiones pueden traer grandes estragos. Además, *vigilancia* (cuidado, atención) es un mensaje bíblico (Mc 14:38). Fíjese como el libro de Cantares habla de zorras pequeñas que destruyen completamente un viñedo:

> Cazadnos las zorras, las zorras pequeñas, que echan a perder las viñas;
> Porque nuestras viñas están en cierne. (Cantares 2:15)

La palabra hebraica traducida como «zorras pequeñas» es *qatan*. De acuerdo con el Léxico de Strong, significa: «joven, pequeño, insignificante, sin importancia». Vea que el versículo habla antes de zorras, después usa el termino *qatan*, que fue traducido como «zorra pequeña» porque indica algo nuevo y pequeño, por lo tanto, una posible referencia a cachorros. Pero el sentido de «insignificante, sin importancia» no puede ser ignorado. Creo que el uso de la palabra *qatan* podría indicar no solo cachorros de zorra, sino la idea de que la propia zorra, ya adulta y plenamente desarrollada, sea pequeña y, aparentemente, insignificante. Aun así, tiene poder destructivo contra las viñas.

Nuestra santidad debe ser intensa y completa. No podemos tolerar pequeñas impurezas, creyendo que no causarán daño. El predicador argentino Sergio Scataglini, en su libro *El fuego de su santidad*, dice:

> Nadie compraría una botella de agua mineral cuya etiqueta dijera: «98 % de agua mineral pura y 2 % de agua cloacal». Sin embargo, muchos cristianos han permitido que las aguas cloacales espirituales se infiltren en sus vidas.

No hay *pecaditos* sin consecuencias en la vida cristiana. Todos ellos, por menores que parezcan, tienen el poder de comprometer cosas buenas como el óleo y el perfume. No digo que no haya diferencia de gravedad entre tipos de pecados, porque la Palabra de Dios es clara acerca de esa diferencia. Vea la afirmación divina acerca del pecado de los hijos de Elí, el sacerdote: «Era, pues, muy grande delante de Jehová el pecado de los jóvenes» (1 S 2:17). El propio Jesús, hablándole a Pilatos, dijo: «el que a ti me ha entregado, mayor pecado tiene» (Jn 19:11).

He escuchado prédicas que afirman que no existe *pecado pequeño* y *pecado grande*, que todos ellos son iguales. Amablemente, no estoy de acuerdo. Pecados pueden ser iguales en el sentido de separar al hombre de Dios, pero no son iguales en las consecuencias que producen. Ni delante de Dios, ni delante de las personas. Sin embargo, ¡hay una enorme diferencia entre reconocer que pecados producen diferentes consecuencias y creer que hay *pecaditos* sin ninguna consecuencia!

Cuando creemos que no hay consecuencias, nos descuidamos. Y, si dejamos descubierto el frasco de óleo, el accidente es apenas una cuestión de tiempo. Dios quiere restaurar la manifestación de Su gloria en la Iglesia, pero no hay avivamiento sin santificación.

Una vez más recurro a John Bevere, uno de los escritores y profesores que más aprecio. En su libro *Matar la kriptonita*, uno de los mejores libros sobre santidad que he leído en toda mi vida, Bevere presenta una alegoría muy contemporánea. La ficción de *Superman*, creada en la década del 30, se hizo conocida en todo el mundo por las historietas o bien por la pantalla del cine. Hay algunas comparaciones que se pueden desarrollar con fines pedagógicos: el «hombre de acero» no es de este mundo y nosotros tampoco somos. Él tiene superpoderes, igual que nosotros. Él lucha contra el mal para establecer el bien, misión igual a la nuestra. Pero algo le roba la fuerza al superhéroe: la kriptonita. Ella tiene la capacidad de neutralizar sus poderes y debilitarlo, incapacitándolo de cumplir su misión. Nosotros también tenemos una *kriptonita espiritual*, que produce en nosotros los mismos efectos: el pecado. Si no lo mantenemos distante, sabotearemos la verdadera dimensión de gloria que podríamos disfrutar.

EL MAYOR PATRIMONIO

Las Escrituras demuestran que el proyecto de Dios para nosotros involucra santidad. Pero, ¿por qué ella es tan importante?

En primer lugar, la santidad no tiene un fin en sí misma. En verdad, su presencia o ausencia determinará si el hombre obtendrá o no lo que el Creador planeó para la humanidad: *intimidad* y *comunión* con Él. Eso revela lo esencial que es vivir en santidad: sin ella, no cumplimos la esencia del propósito divino, que es relacionamiento.

Además de eso, si el pecado es transgresión de la ley (1 Jn 3:4), o desobediencia a los mandamientos divinos, en contraposición, la santidad tiene todo que ver con obediencia a la Palabra de Dios. Entonces, ¿cuál es el valor y la importancia de guardar los mandamientos del Señor?

> El que tiene mis mandamientos, y los guarda, ése es el que me ama; y el que me ama, será amado por mi Padre, y yo le amaré, y me manifestaré a él. (Juan 14:21)

El valor de la obediencia, que es una expresión de santidad, está en el hecho de que ella nos hace disfrutar más de Dios. Jesús prometió revelarse a los que Lo obedecen. Así es, *revelar* es sinónimo de *manifestar*. La palabra griega usada en los manuscritos originales es *emphanizo* y, según Strong, significa: «manifestar, exhibir, tornar visible, mostrarse, aparecer, ser aparente, hacerse conocer». La versión Dios Habla Hoy (DHH) optó por la siguiente traducción: «y yo también lo amaré y me *mostraré* a él».

Por lo tanto, la obediencia es una expresión de amor a Cristo, que nos hace probar más de Su amor y de la revelación de Su persona. Probablemente ha sido delante de la constatación de ese principio bíblico que San Agustín afirmó: «Decir que amamos a Dios mientras vivimos una vida sin santidad es la mentira más grande».

El apóstol Pablo también enseñó acerca de la relación entre santidad y una comunión íntima con el Señor:

> ¿Y qué acuerdo hay entre el templo de Dios y los ídolos? Porque vosotros sois el templo del Dios viviente, como Dios dijo: Habitaré y andaré entre ellos, Y seré su Dios, Y ellos serán mi pueblo. Por lo cual, Salid de en medio de ellos, y apartaos, dice el Señor, Y no toquéis lo inmundo; Y yo os recibiré, Y seré para vosotros por Padre, Y vosotros me seréis hijos e hijas, dice el Señor Todopoderoso. (2 Corintios 6:16-18)

El cumplimiento de la promesa divina «habitaré y andaré entre ellos» está condicionado a la actitud correcta del hombre: «Por lo cual, Salid de en medio de ellos, y apartaos, dice el Señor». Esa actitud correcta nos hace disfrutar del resultado prometido por el Padre Celestial: «Yo os recibiré». Solamente después de enfatizar la responsabilidad humana de separación, de santidad, es que Pablo concluye la aplicación práctica:

> Así que, amados, puesto que tenemos *tales promesas, limpiémonos* de toda contaminación de carne y de espíritu, perfeccionando la santidad en el temor de Dios. (2 Corintios 7:1, énfasis añadido)

El apóstol nos invita a visualizar el cumplimiento de las promesas, condicional a nuestra santificación. En las palabras de John Bevere:

> La santidad, por lo tanto, no es un fin en sí misma, como lo dibujan los legalistas. Es la entrada a la verdadera intimidad con Jesús (...) Al evitar la enseñanza sobre la santidad, lo que hemos hecho ha sido bloquear el camino que lleva a la intimidad con nuestro Rey, que es lo que cada verdadero creyente más desea, ¡más que cualquier otra cosa!

Ante eso, es importante cuestionar: Si Dios es nuestro mayor valor, y la santidad es el camino para disfrutarlo, ¿sería exagerado declarar que la santidad es uno de nuestros «patrimonios» más valiosos?

La santidad vale más que nuestra propia vida. Es lo que las Sagradas Escrituras muestran cuando hablan de resistir hasta el punto de derramar la propia sangre en la *lucha* contra el pecado:

> Por tanto, nosotros también, teniendo en derredor nuestro tan grande nube de testigos, despojémonos de todo peso y del pecado que nos

> asedia, y corramos con paciencia la carrera que tenemos por delante, puestos los ojos en Jesús, el autor y consumador de la fe, el cual por el gozo puesto delante de él sufrió la cruz, menospreciando el oprobio, y se sentó a la diestra del trono de Dios. Considerad a aquel que sufrió tal contradicción de pecadores contra sí mismo, para que vuestro ánimo no se canse hasta desmayar. Porque aún no habéis resistido *hasta la sangre, combatiendo contra el pecado.* (Hebreos 12:1-4, énfasis añadido)

Cuando la Biblia habla acerca de no haber resistido hasta el punto de derramar sangre, no está insinuando que la guerra contra el pecado nos hiere, sino que, si es necesario, lleguemos hasta el más alto nivel de lucha: morir en la pelea contra el pecado, pero no rendirse. La versión Dios Habla Hoy usa las siguientes palabras: «Pues ustedes aún no han tenido que llegar hasta la muerte en su lucha contra el pecado».

Tal declaración debería hacernos ver el valor y temer delante de la importancia de la santidad. ¡Ella vale más que la propia vida! Probablemente ese fue el entendimiento que hizo con que Sadrac, Mesac y Abednego no se postraran delante de la estatua construida por el rey de Babilonia, aun bajo la evidente sentencia de muerte para quien lo hiciera. Lo mismo debe haber alentado a Daniel, que prefirió enfrentar la cueva de los leones a negar a Dios como su Señor.

Encontramos el mismo mensaje en la enseñanza de Cristo:

> Oísteis que fue dicho: No cometerás adulterio. Pero yo os digo que cualquiera que mira a una mujer para codiciarla, ya adulteró con ella en su corazón. Por tanto, si tu ojo derecho te es ocasión de caer, sácalo, y échalo de ti; pues mejor te es que se pierda uno de tus miembros, y no que todo tu cuerpo sea echado al infierno. Y si tu mano derecha te es ocasión de caer, córtala, y échala de ti; pues mejor te es que se pierda uno de tus miembros, y no que todo tu cuerpo sea echado al infierno. (Mateo 5:27-30)

Sé que la mayoría de los estudiosos trata esa declaración como una instrucción figurada, y no literal, incluso porque el pecado no está solo en lo que nuestros miembros hacen, una vez que ellos ejecutan los deseos interiores. Alguien puede quedarse ciego, pero imaginar lo que no debería. Alguien puede quedarse manco y, aun así, desear agarrar lo que no debería. El punto incuestionable en el enfoque de Jesús es que honrar a Dios con una posición de santidad vale más que preservar los miembros del propio cuerpo. Obviamente que el Señor es nuestro bien más precioso, nuestro mayor patrimonio. Sin embargo, no podemos ignorar que es la santidad, o la falta de ella, es lo que determina si veremos y disfrutaremos de Él. Conforme está escrito:

> Seguid la paz con todos, y la *santidad*, sin la cual nadie verá al Señor. (Hebreos 12:14, énfasis añadido)

Evitar la santidad es evitar la propia persona del Señor y la comunión que podríamos mantener con Él. Pero preservar la santidad, tan necesaria y fundamental, involucra el cuidado de no dejar el frasco de óleo expuesto, descubierto.

John Bevere dice:

> Santidad no es algo negativo; por el contrario, es una de las verdades más positivas del Nuevo Testamento. Cuando realmente entendemos su potencial, ¡lo gritamos desde los tejados!

SEA PRECAVIDO

Ya vimos que la santificación es una obra tanto divina como humana. Ninguna de las dos partes trabaja sola. Además, las Escrituras Sagradas revelan que Dios nos eligió y nos llamó *para* la santidad. En ese sentido, la responsabilidad de estar firme es del hombre:

> Pero nosotros debemos dar siempre gracias a Dios respecto a vosotros, hermanos amados por el Señor, de que *Dios os haya escogido* desde el principio para salvación, *mediante la santificación* por el Espíritu y la fe en la verdad, a lo cual os *llamó* mediante nuestro evangelio, para alcanzar la gloria de nuestro Señor Jesucristo. Así que, hermanos, *estad firmes*, y retened la doctrina que habéis aprendido, sea por palabra, o por carta nuestra. (2 Tesalonicenses 2:13-15, énfasis añadido)

Hay un llamado y una capacitación divina para que seamos santos, pero la responsabilidad de preservar el aceite y mantenerlo protegido «de las moscas» es totalmente nuestra. Permanecer firme, vigilar y preservar la santidad son aspectos que reflejan el rol humano en el proceso santificador.

En aquel sueño, que he relatado al inicio del capítulo, la persona que me orientaba acerca de la prédica dijo también: «Muchos cristianos siguen jugando con las pequeñas impurezas. A medida en que avanzan hacia ellas, lentamente, y no ven ningún daño inmediato, terminan ilusionándose, como si no estuvieran caminando rumbo a la ruina. Como una metáfora del peligro de esa actitud, cuéntales la historia de tu primo que no podía ensuciar sus zapatillas».

Les describiré lo que pasó. Cuando era un jovencito de doce años, viví una situación inusitada con un primo. El día había empezado lluvioso, y eso se extendió, dejándonos «aislados» en casa, sin poder salir para jugar. Al final de la tarde, cuando la lluvia nos dio una tregua y finalmente pudimos salir de la reclusión doméstica, mi primo decidió estrenar las zapatillas nuevas que sus padres le habían regalado. Cuando mi tía lo vio, inmediatamente protestó, diciendo:

«De ninguna manera te voy a permitir que salgas a jugar con las zapatillas nuevas!».

Mi primo, frustrado, replicó:

«Pero, mamá... Ya hace unos días que gané mis zapatillas nuevas y todavía no las pude estrenar».

Mi tía le contestó:

«Esas zapatillas no son para jugar, sino para *pasear*». Creo que solamente mi generación entiende esa distinción que hacían nuestros padres.

Y ella prosiguió:

«Ha llovido todo el día y yo no tengo idea de dónde van a jugar. ¡Vas a volver con las zapatillas sucias y después me toca a mí lavarlas!».

Pero el muchachito insistió:

«Pero prometo que no voy a ensuciarlas. Prometo tener cuidado».

La respuesta fue inmediata:

«Esa es una promesa que no tienes la mínima condición de cumplir. ¡La respuesta sigue siendo no!».

En resumen, la discusión se extendió por un tiempo, y ninguno de ellos parecía estar dispuesto a ceder. Hasta que mi primo dijo:

«Por favor, mamá, déjame salir con las zapatillas nuevas. Si vuelvo con una sola mancha, puedes castigarme con la peor paliza de mi vida».

Inmediatamente, la madre le gritó, en tono de desahogo:

«Ahora te voy a permitir que salgas con las zapatillas solo para darte una paliza a la vuelta. ¡Te voy a esperar con el cinturón en la mano!».

Así que él logró lo que quería. Al principio estaba todo cuidadoso y, mientras andábamos aleatoriamente, evitaba caminar cerca de los charcos en la acera o en la calle.

Había muchas casas en construcción en el barrio donde crecí. Uno de los juegos que más nos gustaba era usar esas casas como área de recreación. Mi primo y yo amábamos frecuentar aquel tipo de lugar.

Mientras caminábamos por un barrio cercano, avistamos nuestro blanco. La construcción ya estaba en la etapa final, con losa y techo, faltaba instalar puertas y ventanas y concluir el acabado. No tenía muralla ni portón y, diferente de hoy día, hace más de treinta años, los constructores no ponían ningún tipo de impedimento para que alguien entrase.

Me acuerdo de que mi primo protestó porque yo no lo había llevado allí antes (él vivía en otra ciudad) y me invitó a entrar para explotar el nuevo lugar de aventuras. Le contesté:

«¿Y por dónde piensas entrar en esa casa?».

Les voy a dibujar el escenario completo. La casa estaba siendo edificada en un terreno entre otras dos casas ya construidas, donde vivía gente. Por lo tanto, aunque no tuviera una muralla enfrente, había muros en ambos lados y solo se podía entrar por la parte de adelante. El terreno era pequeño y debía tener alrededor de 10 metros de ancho.

En el pequeño espacio de la entrada, había algunos obstáculos: un montón de ladrillos en una de las paredes y un montón de piedras trituradas que son empleadas en la construcción, apoyadas en la otra pared. Entre los ladrillos y las piedras había un montón de tierra y arena. En el medio de todo eso, quedaba solo un enorme charco de agua. Yo no podía ver por donde él podría entrar sin ensuciarse sus zapatillas nuevas.

«Yo me las arreglaré», dijo mi primo.

«Acuérdate que tu mamá te espera lista para pegarte», le dije. Me acuerdo bien de su respuesta: «Yo soy invencible».

Nada de lo que yo le dijese lo podría disuadir de la idea de entrar en la casa. Después de un rápido análisis, declaró:

«Ya sé por dónde podemos entrar. Hay un pequeño puente por encima del charco de agua».

Ese pequeño puente era un tablón de madera, de esos que se usan para hacer las cajas de hormigón. Realmente cruzaba un extremo al otro del charco. Lo advertí que, con su peso, la madera se curvaría, pero él discrepó y afirmó con toda seguridad:

«Estoy seguro de que es posible pasar por allí».

Y él se fue, despacito, con pasos lentos y cuidadosos. La madera chirrió un poco y también se dobló un poco, pero la verdad es que él logró cruzar sin ensuciarse las zapatillas. Ya del otro lado, celebró. Sin embargo, en vez de simplemente entrar en la casa, que era el objetivo inicial de la travesía, él decidió volver.

«Sabes qué? ¡Fue muy fácil! Ahora voy a cruzar otra vez, solo que caminando normalmente».

Nuevamente, repitió la hazaña de no ensuciarse las zapatillas. Así que concluyó, una vez más, que había sido demasiado fácil.

Entonces dijo: «Ahora voy a cruzar corriendo... yo soy invencible!».

Mientras corría, el impacto del pie hacía que la madera chocara en el barro, salpicando para todos lados. Sin embargo, no sé cómo, mi primo llegó al otro lado sin ninguna mancha de suciedad en sus calzados.

«Te dije que soy invencible!».

En ese momento, yo ya estaba casi creyendo en su invencibilidad.

Fue entonces que él creyó que podría hacerlo mejor y anunció: «Ahora voy a cruzar saltando por el tablón».

«¡No hagas eso! Ya estás adentro por segunda vez. Acuérdate que tu mamá te está esperando para darte una paliza. No necesitas hacerlo».

«Soy invencible y voy a probarlo al cruzar saltando por la tabla», insistía tercamente.

Esta vez, al llegar a la mitad del camino, el peso de su cuerpo saltando hizo que el tablón se doblara tanto que sus dos pies se hundieron completamente en el barro. Yo presenciaba indignado. Él, sorprendido, como si algo imposible hubiera pasado, me miró y dijo:

«¡Se ensuciaron!».

Enseguida, añadió: «¿Sabes qué? Ahora que ya están sucias...».

Con esas palabras, saltó del tablón para dentro del charco. Probablemente para intentar salpicarme agua, o quizás, mojarse y ensuciarse la ropa, no sé bien su motivación. Sin embargo, en aquel momento, experimenté uno de los peores sustos de mi vida.

¡Mi primo simplemente desapareció delante de mí!

No lograba entender lo que había pasado. ¿Cómo alguien podría desaparecer dentro de un charco? Me quedé inerte, atónito, intentando entender lo que había ocurrido, pero sin ninguna reacción. Hasta que, después de un minuto, él emergió de aquel charco gritando:

«¡Esto es hondo!».

Había un pozo allí y la madera señalizaba el peligro. La abertura medía, como máximo, un metro cuadrado. Con la lluvia de todo el día, el pozo se llenó, rebozó y se convirtió en un enorme charco. Cuando el muchacho corrió y saltó sobre el tablón, hizo que se desplazara del lugar original. Cuando mi primo saltó en el agua colorada de tierra, creyendo que se trataba de un simple charco, ¡dio en el clavo del hoyo del pozo!

Lo peor de todo fue que, cuando se hundió, él descubrió que el pozo estaba lleno de desechos. Se quedó enganchado en un trozo de alambre atascado en algunas ramas de árbol, con poco espacio para movimientos y ninguna visibilidad. Aquel episodio casi se convirtió en un trágico ahogamiento. El mensajero de aquel sueño me afirmó categóricamente: «Muchos, en la iglesia, se portan de manera parecida. Ellos se arriesgan a algo pequeño, que casi parece imposible ensuciarlos. Por sentir que salieron ilesos, adquieren coraje para arriesgarse un poco más. En algún momento, el sentimiento de invencibilidad los deja ciegos y, en vez de que sean cuidadosos, empiezan a exponerse cada vez más. Siguen así, progresivamente, hasta que sucede lo peor».

La vigilancia debe hacer parte del celo por la santidad en nuestras vidas. En las palabras de Richard Whately: «Aunque ni siempre recurramos a la condena de nosotros mismos, siempre es mejor sospechar de nosotros mismos».

19

EL TEMOR DEL SEÑOR

«El enemigo más grande del cristianismo no es el anticristianismo, sino el subcristianismo».
(Stanley Jones)

La valoración de la santidad posee, en mi opinión, dos aspectos diferentes. Uno es el lado positivo, o sea, lo que *ganamos* con eso. El otro es el lado negativo, lo que *perdemos* sin eso.

Al tratar sobre la intimidad con Dios como la mayor ganancia y también el propósito primario de la santidad, el enfoque fue el aspecto positivo. En este capítulo, quiero llamar su atención sobre lo que perdemos por la falta de santidad.

El primer aspecto está vinculado al *amor* del Señor, mientras que el último, al *temor* del Señor. Es importante recordar que ambos son importantes y se complementan.

Jesús describió el amor como un ingrediente indispensable para la obediencia: «El que tiene mis mandamientos, y los guarda, ése es el que me ama» (Jn 14:21). Al mismo tiempo, necesitamos del temor porque también es ingrediente necesario para el perfeccionamiento de la santidad, como dijo el apóstol Pablo: «perfeccionando la santidad *en el temor de Dios*» (2 Co 7:1, énfasis añadido).

MACROVISIÓN

Es indispensable que el cristiano vea todo el panorama cuando analice cualquier tema de las Escrituras. Es imprescindible tener una macrovisión para evitar engaños. Lo que la Biblia dice en su *totalidad*, y no solo en *algunas partes*, es lo que define la verdad. Como dice el salmista: «La suma de tu palabra es verdad» (Sal 119:160). Por lo tanto, es necesario construir el entendimiento a partir de la suma de todas las menciones bíblicas acerca de lo que se quiere entender.

El profeta Isaías dijo: «Porque mandamiento tras mandamiento, mandato sobre mandato, renglón tras renglón, línea sobre línea, un poquito allí, otro poquito allá» (Is 28:10). La oración «un poquito allí, otro poquito allá» refleja bien como los preceptos y las reglas están esparcidos por las Escrituras. Por lo tanto, es necesario armar el rompecabezas con todas las piezas.

¿Por qué estoy diciendo esto?

Porque muchos creyentes insisten en intentar entender a Dios a partir de uno de los aspectos de quien es Él. Así que, sin prestar atención a todo el panorama, suceden los equívocos.

En cierta ocasión, he conversado con dos hermanos en Cristo que parecían estar en un duelo teológico. Uno abogaba sobre la bondad de Dios y el otro, por la severidad. Uno acusaba al otro de basar la revelación en solo uno de los dos testamentos de la Biblia, ambos con buenos argumentos y varios pasajes bíblicos en el gatillo. Ellos me preguntaron: «¿Dios es bueno o es severo?».

Les dije que tenía dos respuestas: «Dios no es ni uno ni lo otro, como si fuesen características excluyentes. ¡Él es las dos cosas! La Biblia dice en Romanos 1:22 sobre la *bondad* de Dios y la *severidad* de Dios. ¿Por qué quieren elegir una cosa o la otra cuando Él es las dos cosas?».

«¿Y cuál es la segunda respuesta?», preguntaron. «Después de todo ya dijiste que Dios es los dos: bondadoso y severo...», siguió diciendo uno de ellos.

«La segunda respuesta a la pregunta de si Dios es bueno o severo es:

«Depende», afirmé.

«¿Depende de qué?».

«Depende de la actitud y del comportamiento de cada uno». Vea:

> Mira, pues, *la bondad* y *la severidad* de Dios; la severidad ciertamente para con los que cayeron, pero la bondad para contigo, si permaneces en esa bondad; pues de otra manera tú también serás cortado. (Romanos 11:22, énfasis añadido)

El texto habla de la severidad para los que cayeron, pero también de la bondad para los que creen y permanecen en la propia bondad divina. La verdad es que siempre procuramos creer que Dios trata al hombre basado en quién es Él. De esta forma, dejamos de entender que, por otro lado, Él también trata al hombre según el comportamiento de éste.

Los versículos anteriores muestran que ese es exactamente el contexto de la afirmación de Pablo:

> Pues las ramas, dirás, fueron desgajadas para que yo fuese injertado. Bien; *por su incredulidad* fueron desgajadas, pero tú *por la fe* estás en pie. No te ensoberbezcas, *sino teme*. Porque si Dios no perdonó a las ramas naturales, a ti tampoco te perdonará. (Romanos 11:19-21, énfasis añadido)

La severidad se manifestó a los que cayeron, y cayeron por su propia incredulidad. La bondad se manifestó a aquellos que creyeron, y estos permanecen firmes por su propia fe, un estado que no es irreversible. La advertencia bíblica es que todos pueden caer y, si sucede, habrá un juicio divino. Por eso, el apóstol dice que incluso para aquellos que están de pie, firmes en la bondad de Dios, debe existir temor. El temor, así como el amor, puede ayudar a no pasar de la bondad a la severidad divina.

Algunos intentan vender una imagen equivocada de que el temor al Señor es algo anticuado, que pertenece solo al Antiguo Testamento. ¡Eso no es cierto! Tanto la indicación de la presencia del temor en los creyentes como la exhortación a tenerlo siempre se enfatizan en el Nuevo Testamento. Veamos algunos pasajes bíblicos:

- «Y sobrevino *temor* a *toda persona*» (Hch 2:43, énfasis añadido). En «toda persona» significa que, en todos ellos, colectivamente, y también en cada uno de ellos, individualmente, había temor.
- «Y vino *gran temor* sobre toda *la iglesia* y sobre todos los que oyeron estas cosas» (Hch 5:11, énfasis añadido). El resultado, después

del juicio divino sobre Ananías y Safira, fue gran temor en la iglesia (y no simplemente en el medio de los no creyentes).

- «Entonces *las iglesias* tenían paz por toda Judea, Galilea y Samaria; y eran edificadas, andando *en el temor del Señor*, y se acrecentaban fortalecidas por el Espíritu Santo» (Hch 9:31, énfasis añadido). Es bueno fijarse no solo en el temor del Señor presente en la iglesia, pero también en el hecho de que este aparece vinculado a la obra de consuelo del Espíritu Santo. No son excluyentes; al contrario, ellos se mezclan.
- «Conociendo, pues, el *temor* del Señor…» (2 Co 5:11, énfasis añadido). Pablo usa esa expresión en pleno Nuevo Pacto, en el tiempo de la gracia. Por consiguiente, el temor no se restringe al Antiguo Pacto.
- «Someteos unos a otros en el *temor de Dios*» (Ef 5:21, énfasis añadido). La relación del temor con la persona de Cristo, en una epístola escrita a la iglesia neotestamentaria, encierra cualquier posibilidad de discusión.
- «… ocupaos en vuestra salvación con temor y temblor» (Fil 2:12).

¿Y cuál es la razón del temor? La Palabra de Dios muestra que el motivo está vinculado al entendimiento de que hay juicio divino:

> Así que, tomando el Reino inmóvil, *retengamos la gracia* por la cual sirvamos a Dios, agradándole con *temor y reverencia*. Porque nuestro Dios es *fuego consumidor*. (Hebreos 12:28-29, JBS, énfasis añadido)

Fíjese que el mismo versículo habla tanto de «retener la gracia», revelación del Nuevo Pacto, como de «temor y reverencia», o sea, ambos coexisten. ¡Además de eso, la razón presentada para el santo temor es que Dios es fuego consumidor! El texto no dice que Dios *fue*, y sí que Él *todavía* sigue siendo fuego consumidor.

¿AMOR O TEMOR?

Cuando trato del tema del juicio o de la corrección de Dios, me doy cuenta de que muchos, incluso ministros, quedan visiblemente molestos.

Algunos, ignorantemente, ya protestaron diciendo: «¡Si crees en el juicio divino, es porque todavía estás en la ley, y no en la gracia!».

¡Los versículos anteriores contradicen eso! ¿Si no hay juicio en la gracia, entonces porque murieron Ananías y Safira?

Y alguien debería haberle avisado a Jesús que no enviara aquel duro mensaje a la iglesia de Tiatira. Sobre una mujer llamada Jezabel, dice:

> Y le he dado tiempo para que se arrepienta, pero no quiere arrepentirse de su fornicación. He aquí, yo la arrojo en cama, y en gran tribulación a los que con ella adulteran, si no se arrepienten de las obras de ella. Y a sus hijos heriré de muerte, y todas las iglesias sabrán que yo soy el que escudriña la mente y el corazón; y os daré a cada uno según vuestras obras. (Apocalipsis 2:21-23)

Si eso no es juicio, ¿qué puede ser entonces?

El apóstol Pedro también habló del juicio sobre la Iglesia, y no solo sobre los impíos, aunque haya diferencias entre los dos:

> Porque es tiempo de que el *juicio* comience *por la casa de Dios*; y si primero comienza por nosotros, ¿cuál será el fin de aquellos que no obedecen al evangelio de Dios? (1 Pedro 4:17, énfasis añadido)

Cierta vez, cuando hablaba sobre las recompensas de la gracia, que incluyen no solo bendiciones y galardón, sino también disciplina y juicio, alguien rebatió diciendo: «Pero a mí me enseñaron a obedecer a Dios por amor, y no por miedo».

De pronto le contesté: «¡Te enseñaron bien! Jesús fue el que dijo que aquel que tiene sus mandamientos y los guarda, ése es el que Lo ama. Esa es la motivación correcta de la obediencia. Pero, si usted no ama lo suficiente para obedecer, ¡entonces es mejor tener miedo!».

El juicio no será anulado para quien ha dejado de amar y obedecer. Una cosa no excluye la otra. Debo amar a Dios y temer a Dios. Debo obedecer por amor y también con la consciencia transmitida por Él mismo en Su Palabra: habrá consecuencia para la desobediencia.

Déjeme darle un ejemplo. Ya estoy casado con Kelly hace más de dos décadas. Amo a mi esposa. Porque la amo, jamás pensaría en hacerle daño. Por lo tanto, según mi juramento cuando entramos en el pacto matrimonial, me he mantenido fiel a ella (y así permaneceré). El amor ha preservado nuestro pacto.

Sin embargo, eso no anula el hecho de que hay advertencias bíblicas con relación al adulterio y sus consecuencias. Además del mandamiento de la ley mosaica «No cometerás adulterio» (Ex 20:14), hay varios otros avisos en la Biblia para aquellos que cometen adulterio. Todos hablan de las terribles consecuencias de este pecado y señalan una cosecha amarga.

> Porque los labios de la mujer extraña destilan miel, y su paladar es más blando que el aceite; *mas su fin* es amargo como el ajenjo, agudo como espada de dos filos. Sus pies descienden a la muerte; Sus pasos conducen al Seol. (Proverbios 5:3-5, énfasis añadido)

La advertencia sobre el fin del adulterio, relacionándolo con la muerte y el infierno, necesita ser atendida. Pero las consecuencias no son solo espirituales, lo que ya debería ser motivo suficiente para mantener al hombre alejado de tal práctica, sino que también se reflejan en otras áreas:

> Aleja de ella tu camino, y no te acerques a la puerta de su casa; para que no des a los extraños tu honor, y tus años al cruel; *no sea que* extraños se sacien de tu fuerza, y tus trabajos estén en casa del extraño; y gimas al final, cuando se consuma tu carne y tu cuerpo, y digas: ¡Cómo aborrecí el consejo, y mi corazón menospreció la reprensión…! (Proverbios 5:8-12, énfasis añadido)

> ¿Y por qué, hijo mío, andarás ciego con la mujer ajena, Y abrazarás el seno de la extraña? Porque los caminos del hombre están ante los ojos de Jehová, y él considera todas sus veredas. *Prenderán al impío sus propias iniquidades, y retenido será con las cuerdas de su pecado.* El morirá por falta de corrección, y errará por lo inmenso de su locura. (Proverbios 5:20-23, énfasis añadido)

> Porque el mandamiento es lámpara, y la enseñanza es luz, y camino de vida las reprensiones que te instruyen, para que te guarden de la mala mujer, de la blandura de la lengua de la mujer extraña. No codicies su

> hermosura en tu corazón, ni ella te prenda con sus ojos; porque a causa de la mujer ramera el hombre es reducido a un bocado de pan; y la mujer caza la preciosa alma del varón. ¿Tomará el hombre fuego en su seno sin que sus vestidos ardan? ¿Andará el hombre sobre brasas sin que sus pies se quemen? Así es el que se llega a la mujer de su prójimo; *no quedará impune* ninguno que la tocare. (Proverbios 6:23-29, énfasis añadido)

> Pero el que comete adulterio es *falto de juicio*; el que así actúa se *destruye a sí mismo*. No sacará más que golpes y vergüenzas, y no podrá borrar su humillación. (Proverbios 6:32-33, NVI, énfasis añadido)

Aun sobre la mujer adúltera, las Sagradas Escrituras siguen mostrando los resultados y las consecuencias:

> Con palabras persuasivas lo convenció; con lisonjas de sus labios lo sedujo. Y él en seguida fue tras ella, como el buey que *va camino al matadero*; como el ciervo que cae *en la trampa*, hasta que una flecha le abre las entrañas; como el ave que se lanza contra la red, *sin saber que en ello le va la vida*. Así que, hijo mío, escúchame; presta atención a mis palabras. No desvíes tu corazón hacia sus sendas, ni te extravíes por sus caminos, *pues muchos han muerto por su causa; sus víctimas han sido innumerables*. Su casa *lleva derecho al sepulcro*; conduce a las habitaciones de la muerte. (Proverbios 7:21-27, NVI, énfasis añadido)

Como si no bastaran todas las afirmaciones del Antiguo Testamento, constatamos que el Nuevo Testamento se une con el Antiguo. Vea esa advertencia a la Iglesia:

> Honroso sea en todos el matrimonio, y el lecho sin mancilla; pero a los fornicarios y a los adúlteros *los juzgará Dios*. (Hebreos 13:4, énfasis añadido)

Fíjese que la declaración de que Dios juzgará a los adúlteros se hizo en el Nuevo Pacto; o sea, todavía hay juicio. ¿Por qué el Señor quería que nosotros supiéramos que hay juicio para los que rompen sus principios? Porque si el amor no es suficiente para mantenernos en obediencia, el temor colaborará con eso.

Decidí serle fiel a mi esposa hasta la muerte porque la amo. Pero, si en algún momento, me falta la conciencia de amor necesaria, el temor de las claras consecuencias estará allí, como mi paracaídas de reserva. Ningún paracaidista salta del avión esperando usar el paracaídas de reserva, pero, si es necesario, el paracaídas estará allí y evitará la muerte. Utilizando esa analogía, espero que nunca necesite el paracaídas de reserva del temor al Señor. Sin embargo, me siento cómodo sabiendo que está ahí. ¡Más allá del beneficio evidente proveniente del temor al Señor, las personas que intentan negar la importancia del temor niegan la propia palabra de Dios! Santiago escribió que «¡La compasión triunfa en el juicio!» (Stg 2:13).

Merece la pena destacar que Dios nunca empieza por el juicio, sino por la misericordia. Pero la misericordia no anula el juicio, ella lo precede. ¡Si no se acoge la misericordia, ciertamente el juicio vendrá!

En la gracia, así como en la ley, hay recompensa por cada acción. No me refiero solo al galardón para las buenas obras, sino al juicio contra las malas obras. La ley de siembra y siega no fue anulada y no se limita solo a la contribución financiera, eso también vale para las acciones del hombre. Pablo advierte, en pleno Nuevo Pacto, que no se bromea con Dios:

> No os engañéis; Dios no puede ser burlado: pues todo lo que el hombre sembrare, eso también segará. Porque el que siembra para su carne, de la carne segará corrupción; mas el que siembra para el Espíritu, del Espíritu segará vida eterna. (Gálatas 6:7-8)

En la carta a los colosenses, apoya la misma idea:

> Y todo lo que hagáis, hacedlo de corazón, como para el Señor y no para los hombres; sabiendo que del Señor recibiréis la recompensa de la herencia, porque a Cristo el Señor servís. Mas el que hace injusticia, recibirá la injusticia que hiciere, porque no hay acepción de personas. (Colosenses 3:23-25)

Hay una recompensa que viene del Señor no solo cuando actuamos de manera correcta, haciendo bien las cosas (de todo nuestro corazón para Dios, y no para los hombres), sino también cuando nos equivocamos. El apóstol afirma que aquellos que cometen injusticia «recibirán como *consecuencia* por la injusticia que practicaron». Quien determina la cosecha no es la bondad o la severidad de Dios, es la semilla de nuestras elecciones y actitudes.

Es simpático cómo los cristianos quieren creer en las buenas recompensas por parte de Dios, y no en las malas. ¡El sistema de recompensas es el mismo! Y lo que se recibe como recompensa depende de quien elige las acciones, y no del Padre Celestial. Vea como Pablo muestra que las recompensas funcionan de la misma manera para los pecados y para las buenas obras.

> Los *pecados* de algunos son evidentes aun antes de ser investigados, mientras que los pecados de otros se descubren después. *De igual manera* son evidentes las buenas obras y, aunque estén ocultas, tarde o temprano se manifestarán. (1 Timoteo 5:24-25, NVI, énfasis añadido)

Fíjese que el apóstol habla de pecados y también de buenas obras. Entre una cosa y otra, él usa la expresión «de igual manera», que significa «del mismo modo, igualmente, así como». Si no hubiese recompensa por los pecados en el Nuevo Pacto, como algunos sostienen, entonces tampoco habría recompensa por buenas obras.

PROPÓSITO DEL JUÍCIO DIVINO

No obstante, aun cuando hablamos de la cosecha de acciones equivocadas y del juicio sobre los pecados, todavía hay una faceta del amor y la misericordia de Dios que se revela en esas retribuciones. El mensaje divino transmitido por Hageo revela eso. Dios dijo que había herido al pueblo de Israel por haberlo dejado por último, así como a Su casa.

¿Y por qué el Señor los hirió?

¿Por venganza?

¿Mera represalia?

¡Claro que no!

El propio Señor da la respuesta:

> Os herí con viento solano, con tizoncillo y con granizo en toda obra de vuestras manos; *mas no os convertisteis a mí*, dice Jehová. (Hageo 2:17, énfasis añadido)

La oración «mas no os convertisteis a mí» señala lo que Dios realmente esperaba: arrepentimiento. Esa idea también está presente en los juicios del Nuevo Pacto. Cuando Pablo sentencia al inmoral de Corinto (1 Co 5:1) y determina el juicio sobre él, entregándolo a Satanás, revela que el propósito no era la venganza: «el tal sea entregado a Satanás para destrucción de la carne, a fin de que el espíritu sea salvo en el día del Señor Jesús» (1 Co 5:5). Hasta en una dimensión de juicio como aquella, con la salud del cuerpo comprometida, ¡se esperaba que hubiese salvación para el espíritu! En otras palabras, que la persona, aunque bajo juicio, en un lecho de enfermedad y quizás incluso de muerte, pudiera arrepentirse y lograr su salvación.

La misericordia divina empieza dando tiempo para el arrepentimiento: «Y le he dado tiempo para que se arrepienta, pero no quiere arrepentirse de su fornicación» (Ap 2:21). Como dijo John Blanchard: «Dios siempre avisa antes de herir».

Vimos que Pablo distinguió juicio inmediato de juicio futuro (1 Ti 5:24). El problema es que algunos confunden *longanimidad* con *impunidad,* cuando, en realidad, son cosas muy distintas. Cuando se desprecia la longanimidad, el juicio empieza. Pero aun cuando viene el juicio, el propósito es generar arrepentimiento y restauración.

Aunque no haya arrepentimiento, en los casos en que la ofrenda divina de amor y de misericordia es despreciada, el amor de Dios todavía debe ser reconocido en el efecto que el juicio tendrá sobre los observadores. Por eso Jesús, después de anunciar el juicio sobre aquella mujer de la iglesia de Tiatira, dijo: «Y a sus hijos heriré de muerte, y todas las iglesias sabrán que yo soy el que escudriña la mente y el corazón; y os daré a cada uno según vuestras obras» (Ap 2:23). En otras palabras, si la persona no se arrepiente con el juicio, ¡que al menos sirva de lección para evitar que otros pequen!

Eso fue lo que pasó en los días de Josué, cuando mataron a Acán ante la nación. El juicio sobre él alertó a los demás para que no pecasen. Lo mismo sucedió cuando Ananias y Safira murieron: «Y vino *gran temor* sobre toda la *iglesia*, y sobre todos los que oyeron estas cosas» (Hch 5:11, énfasis añadido). Necesitamos entender que hay amor y auxilio para la santidad incluso en la corrección y juicio de Dios.

Por supuesto que habrá un juicio final e irreversible, pero las primeras manifestaciones de ese juicio en el tiempo presente pretenden llevar al hombre al arrepentimiento y a la restauración.

CORRECCIÓN Y DISCIPLINA

Para algunos, tal vez sea más fácil entender el significado cuando usamos las palabras *corrección* y *disciplina*, en vez de *juicio*. Esto se debe a que, al escuchar la palabra juicio, muchos tienden a confundir el trato de Dios con el impío y el tratamiento divino hacia Sus hijos. Son cosas muy diferentes. Charles Spurgeon, al distinguir las dos cosas, afirmó: «La espada de la justicia ya no nos amenaza, pero la vara de la corrección paternal sigue vigente».

Así como la Biblia intercala el uso de las mismas palabras, a mí también me gusta hacerlo. Por lo tanto, quiero ilustrar, a través de las Escrituras, la relación entre los conceptos de *juicio para arrepentimiento, corrección y disciplina*.

Antes de hablar que «sin la santidad, nadie podrá ver al Señor», el autor de la carta a los Hebreos aborda la disciplina y la corrección que Dios, como Padre, aplica a Sus hijos. Ciertamente, también se presenta el propósito de la corrección: «Y aquellos, ciertamente por pocos días nos disciplinaban como a ellos les parecía, pero este para lo que nos es provechoso, para que participemos de su santidad» *(He 12:10)*.

Observe que, entre la mención de la lucha contra el pecado y el estímulo que seguirá la santificación, el enfoque del mensaje es sobre disciplina y corrección:

> Porque aún no habéis resistido hasta la sangre, *combatiendo contra el pecado*; y habéis ya olvidado la exhortación que como a hijos se os dirige, diciendo: Hijo mío, *no menosprecies la disciplina del Señor*, Ni desmayes cuando eres reprendido por él; Porque *el Señor al que ama, disciplina, Y azota a todo el que recibe por hijo*. Si soportáis la disciplina,

> Dios os trata como a hijos; porque ¿qué hijo es aquel a quien el padre no disciplina? Pero *si se os deja sin disciplina*, de la cual todos han sido participantes, entonces sois *bastardos, y no hijos*. Por otra parte, tuvimos a nuestros padres terrenales que nos disciplinaban, y los venerábamos. ¿Por qué no obedeceremos mucho mejor al Padre de los espíritus, y viviremos? Y aquellos, ciertamente por pocos días nos disciplinaban como a ellos les parecía, *pero este para lo que nos es provechoso, para que participemos de su santidad*. Es verdad que ninguna disciplina al presente parece ser causa de gozo, sino de tristeza; pero después da fruto apacible de justicia a los que en ella han sido ejercitados. Por lo cual, levantad las manos caídas y las rodillas paralizadas; y haced sendas derechas para vuestros pies, para que lo cojo no se salga del camino, sino que sea sanado. Seguid la paz con todos, y la *santidad*, sin la cual nadie verá al Señor. (Hebreos 12:4-14, énfasis añadido)

¡No hay santificación sin corrección y disciplina! El texto afirma claramente que «pero este (Dios) para lo que nos es provechoso, para que participemos de su santidad».

Constatamos el mismo estándar desde el Antiguo Pacto. Corrección y disciplina no son exclusivas del Nuevo Pacto. Vea la declaración de David:

> Con *castigos por el pecado corriges* al hombre, Y deshaces como polilla lo más estimado de él; Ciertamente vanidad es todo hombre. (Salmo 39:11, énfasis añadido)

La palabra hebraica usada en el texto original para «corriges» es *yacar* y, de acuerdo al Léxico de Strong, significa: «castigar, disciplinar, instruir, amonestar, enseñar». Ya la palabra traducida como «castigos» es *towkechah*, cuyo significado es: «reprensión, corrección, censura, punición, castigo, reprimenda».

No hay como negar lo que está explícito en esa declaración. Dios enseña por medio de los preceptos de Su Palabra, pero también corrige, permitiendo que el hombre sea herido en aquello que es importante para él. Sin embargo, la corrección no es una mera venganza, sino una oportunidad para el arreglo espiritual:

> Antes que fuera yo humillado, descarriado andaba; Mas ahora guardo tu palabra. (Salmo 119:67)

El Nuevo Testamento coincide con el Antiguo respecto a la corrección, relacionándola con el propio amor de Dios, el Padre que corrige a los hijos que ama. Basta fijarse en las palabras de Jesús:

> Yo reprendo y castigo a todos los que amo; sé, pues, celoso, y arrepiéntete. (Apocalipsis 3:19)

Tenemos que entender el valor de la santidad en su aspecto positivo, como un medio para la intimidad con Cristo y una forma de disfrutar de la bondad de Dios. De la misma manera, que podamos comprender que la falta observancia de la santidad conlleva perjuicios, por lo tanto, debe evitarse, para no provocar la manifestación de la severidad de Dios.

No pierda de vista que, incluso cuando Dios necesita aplicar la corrección y, en casos extremos, el juicio, sigue habiendo una expresión de Su amor. Permanece el intento del Padre Celestial de guiarnos hacia el arrepentimiento y a la restauración, así como enseñar a otros para que no repitan el mismo error.

20

TODO O NADA

«Cualquier enseñanza concerniente a la santificación o a la santidad que nos diga que realmente no necesitamos hacer nada, y que la mayor súplica dirigida a nosotros es para que paremos de intentar hacer algo por nuestra santificación, es evidentemente una contradicción doctrinaria». (Martyn Lloyd-Jones)

La santificación del hombre fue planeada por Dios desde la eternidad. Ha sido proporcionada por el sacrificio de Cristo en la cruz. Él nos dio Su Espíritu y las demás herramientas necesarias para la ejecución de Su proyecto eterno, haciendo posible de que sea vivido por la humanidad. Sin embargo, tal proyecto jamás se disfrutará sin la participación del propio hombre.

Comienza con arrepentimiento y fe. Involucra obediencia. Necesita cooperación para salir de la etapa *inicial* de la santificación hacia la *progresiva*, en la cual está el perfeccionamiento de la santidad en el temor al Señor. También requiere fidelidad hasta el día final, cuando se cumplirá el plan divino a través de la *glorificación*.

Una vez establecida la responsabilidad del hombre de vivir y perseverar en santidad hasta el final, así como la importancia de hacerlo con amor y temor, en este capítulo abordaremos el tema de la intensidad. Pero antes, es importante destacar el desafío que enfrenta la iglesia en los días actuales y venideros. Evaluar esta realidad quizás nos ayude a entender mejor cuán necesario es el contraste de: una vida santa.

TIEMPOS DIFÍCILES

Los últimos días serán marcados por una característica distinta del resto de la historia de la humanidad: «Ahora bien, ten en cuenta que en los últimos días vendrán tiempos difíciles» (2 Ti 3:1, NVI). No significa que no hubo dificultad a lo largo de la historia, sino que las cosas empeorarán.

Es muy importante preguntarse en qué sentido, exactamente, las cosas serán peores. Cuando era niño, creía que se trataba del aspecto natural, circunstancial. Sin embargo, un examen, no tan criterioso, de la historia de la humanidad, indica una mejora significativa en la calidad de vida, al menos en la mayoría de los aspectos. Vivimos en la era de los avances científicos y tecnológicos que se desarrollan exponencialmente.

Vea el tema de la salud. Si, por un lado, surgieron nuevas enfermedades como el SIDA, por otro lado, los descubrimientos de la industria farmacéutica ya logran controlar enfermedades que antes mataban a millones de personas.

Las viviendas son, en general, mucho mejores que las de antes, cuando se vivía en casas de piedra, madera o tiendas, incluso en los países más pobres. El confort es incomparablemente superior. Ni Salomón, en toda su gloria, se acostó en un colchón como el mío. Mientras aquella mujer samaritana de Juan 4 necesitaba buscar agua en un cántaro, hoy tenemos agua corriente. Aire acondicionado para el calor, calefacción para el invierno.

¿Y el transporte? Mientras Pedro, en Hechos 10, tardó dos días para viajar de Jope hasta Cesarea, por la costa del Mediterráneo, yo hice el mismo trayecto en una furgoneta, acompañado por un equipo de filmación, en poco más de 40 minutos, sentado, a la sombra y con aire acondicionado, sin derramar una sola gota de sudor.

Además de los vehículos, ¿cómo no ser agradecido por los viajes en avión? Hago larguísimos viajes en poquísimo tiempo, en comparación a los siglos pasados, para predicar la Palabra en los sitios más lejanos de mi país y del mundo.

Por supuesto que aún habrá problemas en el futuro, que ni siquiera podemos mensurar. La superpoblación de las metrópolis, la industrialización del alimento que compromete la salud, el estilo de vida estresante, entre otros. Entretanto la capacidad humana de detectar esos problemas y encontrar soluciones es sorprendente, especialmente con el avance tecnológico.

Considere las técnicas de irrigación en los desiertos de Israel, así como el descubrimiento de procesos de desalinización del agua. El reciclaje de aguas residuales se ha mostrado sorprendente en muchos países.

Estoy seguro de que estas afirmaciones muy pronto estarán desactualizadas, con novedades que hoy ni puedo imaginar, incluso mientras escribo este libro. No pretendo usarlas para defender la interpretación que viene a continuación, lo describo solo para airear el pensamiento hasta la próxima cuestión: ¿dónde, exactamente, las cosas van a empeorar en los últimos días?

Una vez más, la Biblia explica:

> *Porque* habrá hombres amadores de sí mismos, avaros, vanagloriosos, soberbios, blasfemos, desobedientes a los padres, ingratos, impíos, sin afecto natural, implacables, calumniadores, intemperantes, crueles, aborrecedores de lo bueno, traidores, impetuosos, infatuados, amadores de los deleites más que de Dios, que tendrán apariencia de piedad, pero negarán la eficacia de ella; a éstos evita. (2 Timoteo 3:2-5, énfasis añadido)

El apóstol Pablo, luego de afirmar que vendrían tiempos difíciles, usa la palabra «porque», un indicativo de que explicará la razón de su afirmación. La palabra griega, usada en los manuscritos originales es *gar*, una partícula primaria que señala una conjunción. El significado, según Strong es «porque, pues, una vez que, entonces». La versión Reina Valera Contemporánea trae «*y que*».

En los últimos días, los tiempos serán difíciles en área de la espiritualidad, y estas dificultades se atribuyen a ciertas características del carácter que el apóstol señala como el *porqué* de los tiempos difíciles. Los hombres serán «amadores de sí mismos, avaros, vanagloriosos, soberbios, blasfemos, desobedientes a los padres… amadores de los deleites más que de Dios».

Pero, al afirmar que los hombres *serán* así, la Biblia no quiere decir que ya no fueron así desde el principio. Las condenas del diluvio y de la destrucción de Sodoma lo confirman. Lo que señala la Palabra de Dios es que esas características solo *empeorarían* en los últimos días. Los «tiempos difíciles» tratan de la degradación del comportamiento humano y, consecuentemente, de la sociedad, en niveles jamás vistos.

Además, hay una indicación de cómo esa realidad afectará a los cristianos, no solo a los impíos.

Dos de las características enumeradas por el apóstol enfatizan que el texto se refiere a la dificultad de vivir la fe cristiana de forma pura y sencilla, porque se refieren a la corrupción de los valores que deberían nortear la iglesia, y no el mundo. Observe:

1. «... amadores de los deleites más que de Dios» (v. 4).
2. «... tendrán apariencia de piedad, pero negarán la eficacia de ella» (v. 5).

¿Qué significa amar más a los deleites que a Dios? El pecador, inconverso, no ama a Dios. Al contrario, la Biblia dice que, antes de la reconciliación, ¡nosotros éramos enemigos de Dios! (Ro 5:10) El impío no puede ser considerado amigo, luego, el texto no se refiere a los impíos, sino a los cristianos. Pablo apunta a un deterioro del relacionamiento con Dios, en el cual las personas pierden progresivamente la intimidad con el Señor y se acercan cada vez más a los deleites.

La segunda frase también comprueba que el destinatario es el cristiano, pues menciona «apariencia de piedad». ¿Dónde exactamente se puede ver eso en la vida de los impíos? ¡Ellos definitivamente no son piadosos, ni siquiera fingen que lo son! La referencia del texto es a personas convertidas, que pasaron a vivir un cristianismo fingido. Con apariencia de piedad, pero negando su eficacia. ¿Qué eficacia? ¡El poder transformador y santificador de Cristo!

Esa es la definición bíblica de tiempos difíciles. La sal resulta insípida y no sirve más para su propósito. Se vive un cristianismo vergonzoso, muy lejos del proyecto eterno de santidad diseñado por Dios. Un tiempo de apostasía. Observe otra afirmación de Pablo a Timoteo acerca de los mismos tiempos finales:

> Pero el Espíritu dice claramente que en los *postreros tiempos* algunos *apostatarán de la fe*, escuchando a *espíritus engañadores* y a *doctrinas de demonios*; por la *hipocresía* de *mentirosos* que, teniendo *cauterizada la conciencia*. (1 Timoteo 4:1-2, énfasis añadido)

Nuevamente, cuando mencionan como distintiva la apostasía de los últimos tiempos, las Escrituras no definen tal característica como exclusividad del fin. La Palabra de Dios relata casos de apostasía desde el inicio de la era cristiana. Una vez más, el énfasis del apóstol se refiere al empeoramiento significativo de los síntomas, ellos ya existían, no son nuevos, pero serán mucho peores. No se trataba del pesimismo de Pablo, o bien una interpretación equivocada basada en las circunstancias de aquellos días. Él acredita esa afirmación al Espíritu Santo. Estamos delante de una revelación importante acerca del futuro.

¿Cuál es la razón de la advertencia?

Es para que la iglesia no fuera sorprendida y para que estuviera preparada en los últimos días.

Me alegro de que el versículo no diga que *todos* apostatarán de la fe, solo *algunos*. Sin embargo, la Biblia afirma que el *reino de las tinieblas*, indicado en los términos «espíritus engañadores» y «demonios», tendrá armas para usar en la guerra final contra la fe cristiana: la hipocresía, la mentira y una consciencia cauterizada.

Serán tiempos difíciles para vivir la doctrina sana, porque la oposición no vendrá solamente del lado de afuera, sino también del lado de dentro. Esa fue la preocupación que me impulsó a fortalecer, por medio de este libro, la doctrina de la santidad. La oposición interna ocurrirá por medio de enseñanzas contrarias, de una doctrina enferma, no saludable. Hombres estarán sedientos por oír solamente lo que desean, una sed que será saciada por predicadores que, además de ya tener su propia consciencia cauterizada, aún demostrarán un verdadero hambre por el reconocimiento y la popularidad de hombres.

> Porque *vendrá un tiempo* en que *no soportarán la sana doctrina*, sino que aun teniendo comezón de oír se amontonarán *maestros conforme a sus propios malos deseos*, y *apartarán de la verdad sus oídos* y se volverán a las *fábulas*. (2 Timoteo 4:3-4, RVC, énfasis añadido)

Bajo el riesgo de ser redundante, afirmo una vez más: el apóstol no dice que aquel tipo de persona solo existirá en el futuro, sin acontecimientos en su propia época. El enfoque está en la predominancia de tales características al final de los tiempos.

RESISTENCIA A LA SANA DOCTRINA

¿Por qué las personas no soportarán la sana doctrina? Porque están siendo lentamente programadas por la sociedad, desde afuera, y por enseñanzas engañosas, desde adentro, para cambiar sus valores y manera de pensar. El mensaje transformador del Evangelio convoca a un cambio de mentalidad:

> No os conforméis a este siglo, sino *transformaos* por medio de la *renovación de vuestro entendimiento*, para que comprobéis cuál sea la buena voluntad de Dios, agradable y perfecta. (Romanos 12:2, énfasis añadido)

No hay cambio de comportamiento sin cambio de valores. El creyente solo deja de estar en los moldes mundanos cuando permite que la revelación de la Palabra de Dios, nuestro supremo manual de valores celestiales, lo coloque en los moldes divinos. Esa es una de las razones por la cual los cristianos que casi no se involucran con la lectura, la meditación y el estudio bíblico, presentan dificultad para abandonar determinados comportamientos. Sin embargo, lo contrario también es cierto. Hay creyentes que permiten que su mente sea «renovada» para el mal. Fíjese, por un momento, en los cambios de valores de las últimas décadas. Escenas de sexo que son exhibidas hoy día en el cine con gran naturalidad, avergonzarían a muchos *no cristianos* en la década del 50. Las personas se están acostumbrando, de a poco, también por causa de los medios de comunicación, a cosas que antes las escandalizarían. Los periódicos actuales, en sus sitios web, publican videos de atropellamientos y asesinatos sin discriminación alguna. Existen numerosos videojuegos y juegos en los cuales los niños invierten incontables horas practicando el común acto de homicidio. Nuestra sociedad se acostumbra, progresivamente, al pecado y la cultura del placer. Cristianos deciden seguir hacia un nuevo matrimonio, en un deliberado rechazo a la enseñanza bíblica. Al fin y al cabo, ellos luchan por el derecho de «ser feliz», y eso tiene más peso de lo que Dios determinó en su Palabra acerca del casamiento. Viendo películas o series, muchos esperan por el éxito de un triángulo amoroso; aunque fuera del ambiente de entretenimiento declaren que son totalmente contrarios al comportamiento de los personajes.

La humanidad no está necesariamente peor de lo que era en el pasado, ya que esa es una cuestión inherente a su naturaleza. Sin embargo, nunca estuvimos tan expuestos a un continuo bombardeo que busca debilitar nuestros valores. Ya hay iglesias que defienden la unión homosexual e incluso, entre ministros homosexuales, celebran ese tipo de casamiento.

¿Y qué decir de la apariencia de piedad? Algunos cristianos, incluyendo ministros, defienden la inmoralidad y el adulterio, no por convicción ideológica, sino por sus prácticas. Otros deshonestos, acumulan ganancias de manera contradictoria a la enseñanza bíblica.

A medida que aumenta la cantidad de personas que relativizan los valores establecidos por Dios, también crece la presión interna sobre los que todavía no lo hicieron. Pero lo correcto sigue siendo correcto y lo malo sigue siendo malo. ¡No significa que, si todo el mundo está haciendo lo malo, eso se haya convertido en lo correcto!

Cuando la Biblia habla de resistir a la sana doctrina, con la fuerza que eso tendría en los últimos tiempos, es evidente que no se refiere a un cambio de un día para el otro. Es un proceso lento de reprogramación de valores. El único antídoto contra ese veneno cultural que impregna la sociedad es: volver a la Palabra.

Como ya lo he dicho, el problema de las falsas enseñanzas es antiguo. Aunque esté empeorando, no es algo nuevo. Los apóstoles tuvieron que lidiar con eso:

> Si alguno *enseña otra cosa*, y *no se conforma a las sanas palabras de nuestro Señor Jesucristo*, y a *la doctrina que es conforme a la piedad*, está envanecido, nada sabe, y delira acerca de cuestiones y contiendas de palabras, de las cuales nacen envidias, pleitos, blasfemias, malas sospechas, disputas necias de hombres corruptos de entendimiento y privados de la verdad, que toman la piedad como fuente de ganancia; apártate de los tales. (1 Timoteo 6:3-5, énfasis añadido)

Acerca de los falsos maestros, describe: «corruptos de entendimiento y privados de la verdad». No obstante, la inclinación a las *contiendas de palabras* demuestra que no eran, necesariamente, privados de *conocimiento*, solo de la *verdad*. ¡Que nadie se engañe! Uno puede tener mucho conocimiento y estar privado de la verdad. Aquellos hombres eran buenos argumentadores, con buenos cuestionamientos, pero no se movían en la verdad de la Palabra de Dios y vivían al contrario de la enseñanza de Cristo, el Verbo de Dios.

Me preocupo actualmente por el hecho de que no todo falso maestro es ignorante. La nueva generación idolatra a los *youtubers* como la anterior lo hacía con atletas y artistas. Es espantoso como los jóvenes, programados para valorar el nuevo formato mediático, absorben la enseñanza de cualquier *youtuber*, sin ningún filtro. Hay mucha gente nueva en la fe, con poco bagaje de vida cristiana, sin historia o tiempo suficiente para haber madurado doctrinariamente y también en las prácticas de vida cristiana, enseñando a la generación actual lo que es cierto y lo que no lo es. Lo que se puede y lo que no se puede. ¡Ojo, Padres! La responsabilidad de criar a los hijos en la amonestación del Señor (Ef 6:4) es de ustedes. No delegue a terceros, especialmente para quien es nuevo en la fe y posee una doctrina precaria o incluso equivocada.

No estoy generalizando. Sería contradictorio de mi parte, ya que uso los mismos medios. Es evidente que hay gente buena enseñando por medio de estas herramientas, pero también hay mucho «veneno espiritual».

> Pero hubo también falsos profetas entre el pueblo, como *habrá entre vosotros falsos maestros*, que introducirán *encubiertamente herejías destructoras*, y aun negarán al Señor que los rescató, atrayendo sobre sí mismos destrucción repentina. Y *muchos* seguirán sus *disoluciones*, por causa de los cuales *el camino de la verdad será blasfemado*, y por avaricia harán mercadería de vosotros con *palabras fingidas*. Sobre los tales ya de largo tiempo la condenación no se tarda, y su perdición no se duerme. (2 Pedro 2:1-3, énfasis añadido)

Habrá falsos maestros. Una vez más, la conjugación futura no anula la existencia anterior de falsas enseñanzas, el énfasis está en su incremento. Fíjese en la expresión «entre vosotros». Pedro denuncia una oposición interna a la verdad de la Palabra. ¡Sí, los falsos maestros surgen dentro de la propia iglesia! El adjetivo «destructoras», aplicado a tales herejías, evidencia el poder devastador contra la vida cristiana de aquellos que les prestan oídos. Además, el estilo de vida distorsionado será imitado por muchos, lo que difamará el camino de la verdad. Los falsos maestros defienden el pecado, en vez de la santidad, con acciones y con «palabras falsas» para justificar las elecciones contrarias a la Palabra de Dios. La Reina Valera Contemporánea tradujo el versículo 2 así: «Muchos imitarán su conducta indecente, y por causa de ellos se hablará mal del camino de la verdad».

Creo que la mayoría de los cristianos de hoy, incluyendo los ministros del Evangelio, no mensuran el peligro que ya se instaló entre nosotros. Y lo peor es que seguirá creciendo. En tiempos de globalización, el cristiano puede exponerse al engaño en gran escala, sin nunca haber dejado de frecuentar su propia iglesia, en la cual la prédica se mantiene fiel a las Escrituras. Las herramientas de gran alcance pueden «envenenar» a mucha gente con facilidad y rapidez. Por eso es necesario que se fundamente cada vez más la sana doctrina. ¡No basta solo con *no predicar* el error, sino que debemos combatirlo!

Era eso que hacían los apóstoles. Vea la preocupación de Pablo:

> Por lo demás, hermanos, gozaos en el Señor. A mí no me es molesto el *escribiros las mismas cosas, y para vosotros es seguro*. Guardaos de los perros, guardaos *de los malos obreros*, guardaos de los mutiladores del cuerpo. (Filipenses 3:1-2, énfasis añadido)

¿Qué estaba diciendo el apóstol?

Que él no se cansaría de repetir las mismas cosas. Sí, él está hablando acerca de repetir las mismas verdades ya anunciadas y enfatizadas antes.

¿Por qué? Porque «para vosotros es seguro». En otros términos, él dijo: «es para protegerlos». ¿Protegerlos de quién y de qué? De los malos obreros y de sus falsas enseñanzas.

Vea otra instrucción de Pablo, ahora para Tito:

> Porque es necesario que *el obispo sea irreprensible, como administrador de Dios*; no soberbio, no iracundo, no dado al vino, no pendenciero, no

> codicioso de ganancias deshonestas, sino hospedador, amante de lo bueno, sobrio, justo, santo, dueño de sí mismo, *retenedor de la palabra fiel tal como ha sido enseñada*, para que también *pueda exhortar con sana enseñanza y convencer a los que contradicen*. Porque hay aún muchos *contumaces, habladores de vanidades y engañadores*, mayormente los de la circuncisión, a los cuales *es preciso tapar la boca*; que trastornan casas enteras, *enseñando* por ganancia deshonesta *lo que no conviene*. (Tito 1:7-11, énfasis añadido)

Los ministros necesitan estar basados en la verdad y predicar la Palabra. Recae sobre ellos la responsabilidad de buscar alimento en la despensa celestial para servir a la familia de la fe. El enfoque de Pablo empieza con el requisito «irreprensible» y sigue destacando: «retenedor de la palabra fiel tal como ha sido enseñada». Además del bagaje doctrinario sano, el ministro también debería tener poder para «exhortar con sana enseñanza y convencer a los que contradicen». *Exhortar con la sana enseñanza* es prevenir el error, para que no entre en la vida de los creyentes. *Convencer a los que contradicen* es combatir el error, que ya se instaló en el corazón y en la mente de alguien.

TODO O NADA

¡Ahora sí! Intensidad. Hay una expectativa divina por la *intensidad* con la cual el hombre se dedica a la santidad o, en otras palabras, *cuánto* se involucra en el proyecto divino de santificación. ¿Qué es lo que Dios espera? Nada más que nuestro *todo*.

Quiero mostrarle, por las Escrituras, que el llamado para la santificación se encuadra en esta frase: es *todo* o *nada*.

Fíjese en las palabras de Cristo:

> El que es injusto, sea injusto todavía; y el que es inmundo, sea inmundo todavía; y el que es justo, practique la justicia todavía; y el que es santo, santifíquese todavía. (Apocalipsis 22:11)

Sí, son palabras de nuestro Señor Jesús. Algunos versículos antes del 11 describen a un ángel hablando con el apóstol Juan, pero la afirmación del ángel no es suya, sino de Cristo. Él solo cumple con su rol de mensajero, de acuerdo a lo indicado en Ap 1:1. Otra prueba de que son palabras de Cristo es la frase que aparece en seguida: «He aquí, yo vengo pronto». Obviamente no era el ángel anunciando que vendría, sino Jesús, por medio del ángel, notificando Su proyecto de regreso.

Destaco el hecho de que son las palabras de Jesús, pues se trata de una declaración fuerte. Además de ser, también, uno de los últimos mensajes de Cristo relatados en las Escrituras. No es que sea más importante que los demás, pero dentro del contexto de Su regreso y del desenlace de la obra santificadora, adquiere un sentido especial.

Al final, ¿qué significan las frases: «El que es injusto, sea injusto todavía; y el que es inmundo, sea inmundo todavía?».

Es obvio que Cristo, nuestro Salvador, espera que el impío se arrepienta, se regenere, que sea justificado y santificado. Él no expresa un deseo por la no conversión de los incrédulos. ¡De ninguna manera! Sería contradictorio a las propias Escrituras que afirman que Él «quiere que todos los hombres sean salvos y vengan al conocimiento de la verdad» (1 Ti 2:4). El Señor se refiere a aquellos que endurecieron el corazón por el engaño del pecado; a quien rechazó el llamado al arrepentimiento. Imagino que las frases significan algo como: «¡si quieren pecar, entonces que pequen de verdad!»

Mientras que las expresiones «el que es justo, practique la justicia todavía; y el que es santo, santifíquese todavía» indican que no solo hay santificación progresiva, sino también que debemos dedicarnos a ella de verdad. Creo que la intención fue algo como la siguiente frase: «si quieren ser santos, entonces santifíquense de verdad!».

Santidad no es algo que el hombre pueda darse el lujo de vivir parcialmente. Aunque no sea instantáneo, el proceso debe de ser vivido con plena dedicación e intensidad completa.

En varios aspectos de la vida cristiana, podemos percatarnos de que el Padre Celestial realmente desea todo de nosotros, no solo una parte. Observe lo que Jesús clasificó como el *mayor* mandamiento: «Y amarás al Señor tu Dios con todo tu corazón, y con toda tu alma, y con toda tu mente y con todas tus fuerzas» (Mc 12:30). No se trata solamente de amar a Dios, sino de amarlo con total amor. ¡Simplemente, con todo lo que hay en nosotros!

Cuando el tema es buscar al Señor, existe la misma expectativa divina: «y me buscaréis y me hallaréis, porque me buscaréis de todo vuestro corazón» (Jr 29:13). Así es. No basta solo con buscarlo. Es necesario poner todo el corazón en esa búsqueda, porque Dios espera nuestro todo.

¿Y cuando Jesús habla acerca de priorizar el Reino de Dios sobre las necesidades más básicas? Él enseñó que Su reino debe estar antes que la comida, la bebida y la vestimenta:

> No os afanéis, pues, diciendo: ¿Qué comeremos, o qué beberemos, o qué vestiremos? Porque los gentiles buscan todas estas cosas; pero vuestro Padre celestial sabe que tenéis necesidad de todas estas cosas. Mas buscad primeramente el reino de Dios y su justicia, y todas estas cosas os serán añadidas. (Mateo 6:31-33)

El lugar de importancia de Dios y de Su Reino, simplemente por encima de todo, es ampliamente presentado en la Biblia.

El apóstol Pablo afirmó que ni la propia vida era tan importante como obedecer al llamado divino (Hch 20:24). Detalles como este muestran la dimensión de entrega vivida por la iglesia desde su inicio.

Sin embargo, la generación de los últimos tiempos llevará consigo las marcas de indefinición y mezclas. Habrá cristianos que, no serán fríos ni calientes, y a pesar de la evaluación divina negativa a su respecto, imaginarán que están bien espiritualmente. Vemos ese escenario en la carta a la iglesia de Laodicea:

> Yo conozco tus obras, que ni eres frío ni caliente. ¡Ojalá fueses frío o caliente! Pero por cuanto eres tibio, y no frío ni caliente, te vomitaré de mi boca. Porque tú dices: Yo soy rico, y me he enriquecido, y de ninguna cosa tengo necesidad; y no sabes que tú eres un desventurado, miserable, pobre, ciego y desnudo. Por tanto, yo te aconsejo que de mí compres oro refinado en fuego, para que seas rico, y vestiduras blancas para vestirte, y que no se descubra la vergüenza de tu desnudez; y unge tus ojos con colirio, para que veas. (Apocalipsis 3:15-18)

La orden divina siempre fue la de separar lo santo de lo profano, y es en lo que la generación actual parece tener más dificultad que nunca en hacerlo. Si los ministros del Señor se omiten, aquellos que deberían ser los primeros a entender y practicar esa distinción, ¿cómo se puede esperar algo diferente de los demás?

Oro para que el mensaje de nuestros púlpitos anuncie todo el consejo de Dios, y no solo parte de él. El profeta Ezequiel denunció a los sacerdotes de su época no solamente por transgredir la ley divina, sino también por no separar lo santo de lo profano (Ez 22:26). Clamo al Señor para que nuestra generación igualmente se despierte para proclamar con pasión y autoridad el mensaje de santidad, así como denunciar toda la falsa enseñanza. Que sea desenmascarada toda mezcla con lo profano, toda relativización de valores, todo el engaño de que no hay más juicio contra la vida no consagrada, de que no hay consecuencias para los *pecaditos*. Que ministros comprometidos proclamen desde las azoteas que no se debe solo lidiar con el pecado, sino también con las impurezas y con la exigencia bíblica de asumir una posición de prevención, en constante vigilancia y de forma diligente.

Fuimos de un extremo al otro en pocas décadas. Salimos de donde *todo* era malo para el creyente hasta el punto donde *nada* parece malo. Obviamente, no pretendo rescatar aquel mensaje legalista y opresor, una distorsión de la enseñanza bíblica. Pero tampoco se puede concluir que el remedio sea el silencio sobre la verdadera santidad bíblica, aquella que no es un fin en sí misma, sino un puente para la intimidad con Dios.

Que podamos vivir la vida cristiana de manera que honremos al Señor, con amor sincero y profundo temor. Que, tras esta lectura, el Espíritu Santo no le dé descanso. Que Él conduzca su corazón al rincón del *todo o nada* y abra sus ojos. Que el deseo de disfrutar todo de Él sea tan intenso, pero tan intenso, al punto de que usted entregue simplemente todo sin sentirse obligado a hacerlo. Sin creer que la vida de santificación es un peso, porque sabe Quién está en la otra punta de la cuerda de la santificación. Y Él es suficiente.

Termino con las palabras de Jonathan Edwards:

> Dios valora la santidad en la criatura y la santidad es, esencialmente, valorar a Dios.

BIBLIOGRAFÍA

AGOSTINHO. *Confissões*. São Paulo, Mundo Cristão, 2017

ANDERSON, Neil T. e SAUCY, Robert L. *Santificação: como viver retamente em um mundo corrompido*. São Paulo, Vida, 2000.

BAXTER, Richard. *O Pastor Aprovado*, PES, 2013.

BEVERE, John. *Matar La Kriptonita: Destruye lo que roba tu fuerza*. New Kensington, PA USA, Whitaker House, 2018.

_____. *Coração ardente: acendendo o amor por Deus*. Rio de Janeiro, LAN, 2016.

_____. *Extraordinário: O que você está destinado a viver*. Rio de Janeiro, LAN, 2014. BORGES, Marcos. *Cura e edificação do líder*. Curitiba, Jocum Brasil, 2007.

_____. *O obreiro aprovado*. Curitiba, Jocum Brasil, 2008.

BRUNELLI, Walter. *Teologia para pentecostais: uma teologia sistemática expandida*. Rio de Janeiro, Central Gospel, 2016.

BURTNER, Robert W. e CHILES, Robert E. (compiladores). *Coletânea da Teologia de John Wesley*. São Paulo, IMB (Instituto Metodista Bennet), 1995.

CHAFER, Lewis Sperry. *Teologia Sistemática*. São Paulo, Hagnos, 2003. CLEMENTE. *Los Padres Apostólicos*. Mexico, DF, Editorial Clie, 2018.

COOKE, Tony. *Qualificados: servindo a Deus com honra e terminando a carreira com integridade*. Rhema Brasil, 2015.

ENGLE, Lou. *O DNA do nazireu*. Orvalho.Com, Curitiba, 2012.

ESPAÑOLA, Real Academia. Diccionario de la Lengua Española. Espasa; 23a edición, Madrid, 2013

FERREIRA, Aurélio Buarque de Holanda. Dicionário Aurélio da língua portuguesa. Curitiba, Positivo, 2010.

HAGIN, Kenneth E. *Como ser dirigido pelo Espírito de Deus*. Campina Grande, Rhema Brasil, 2017.

HYBELS, Bill. *Quem é você quando ninguém está olhando?* Belo Horizonte, Betânia, 2007. HUBER, Abe. *Discipulado Um a Um: Crescimento com qualidade*, MDA, 2012.

IVERSON, Dick. *Verdades que edificam*. Blumenau, Nova Letra, 2007. KEELEY, Robin. *Fundamentos da teologia cristã*. São Paulo, Vida, 2000. KEMPIS, Thomás. *Imitação de Cristo*. São Paulo, Mundo Cristão, 2017.

LOPES, Hernandes Dias. *Piedade e paixão: A vida do ministro é a vida do seu ministério*. São Paulo, United Press, 2017.

NEE, Watchman. *Lições para o viver cristão*. Árvore da Vida, 1999.

PIPER, John e MATHIS, David. O mistério da santificação: a operação do milagre em nós. São Paulo, Cultura Cristã, 2015.

RYLE, J. C. *Santidad*. Kindle Edition, Chapel Library, 2016.

STOCKSTILL, Larry. *O Remanescente: Restaurando a integridade do ministério pastoral*, LAN, 2010

SUBIRÁ, Luciano. *Voz de muitas* águas. Curitiba, Orvalho.Com, 2002.

______. *Uma questão de honra*. Curitiba, Orvalho.Com, 2015.

TOZER, A. W. *Verdadeiras profecias para uma alma em busca de Deus*. São Paulo, Editora dos Clássicos, 2003.

VINE, W. E., Unger, MERRIL F. e WHITE Jr, William. *Dicionário Vine*. Rio de Janeiro, CPAD, 2002.

WESLEY, John. *Explicação clara da perfeição cristã*. São Paulo, Imprensa Metodista, 1984.

NOTA: todas las citaciones del Léxico de Strong fueron extraídas de la versión on-line del *app* de la Olive Tree, el Bible Study, de la versión en portugués *Almeida con Números de Strong*.